MANUEL

A L'USAGE DES

MILICES NATIONALES

PAR

le Major O. ALLARD

DE LA GARDE CIVIQUE DE BRUXELLES

et le Lieutenant R. WILLEMS

DU RÉGIMENT DES CARABINIERS

La garde civique est chargée de veiller au maintien de l'ordre et des lois, à la conservation de l'indépendance nationale et de l'intégrité du territoire.

ART. 1er. *Code de la garde civique.*

◆•◆•◆

BRUXELLES

TYPOGRAPHIE DE Mlle WEISSENBRUCH

IMPRIMEUR DU ROI

45, RUE DU POINÇON, 45

1877

MANUEL

MILICES NATIONALES

MANUEL

A L'USAGE DES

MILICES NATIONALES

PAR

le Major O. ALLARD
DE LA GARDE CIVIQUE DE BRUXELLES

et le Lieutenant R. WILLEMS
DU RÉGIMENT DES CARABINIERS

> La garde civique est chargée de veiller au maintien de l'ordre et des lois, à la conservation de l'indépendance nationale et de l'intégrité du territoire.
>
> ART. 1er. *Code de la garde civique.*

BRUXELLES
TYPOGRAPHIE DE Mme WEISSENBRUCH
IMPRIMEUR DU ROI
45, RUE DU POINÇON, 45

1877

A MONSIEUR

LE

Lieutenant-Général RENARD

AIDE DE CAMP DU ROI

INSPECTEUR GÉNÉRAL DES GARDES CIVIQUES

DU ROYAUME DE BELGIQUE

L'article 122 de la Constitution prescrit l'existence de la garde civique, et l'article 123 prévoit la possibilité d'une mobilisation de celle-ci.

L'article 1er de la loi sur la garde civique porte ce qui suit :

« La garde civique est chargée de veiller au maintien « de l'ordre et des lois, à la conservation de l'indépen- « dance nationale et de l'intégrité du territoire. »

Le rôle de la garde civique est donc important.

C'est, comme le jury, une de nos grandes prérogatives, un de nos principaux devoirs.

Le caractère belge est ainsi fait, qu'il a horreur du chauvinisme. Mais il a, plus que tout autre, le culte du devoir, surtout quand il implique la défense d'une liberté.

Rendre ce devoir facile est, croyons-nous, un service utile au pays.

Or, il manquait un ouvrage d'une lecture attrayante, facile à parcourir et, en même temps, suffisamment complet pour résumer les manœuvres d'ensemble (tactique) et guider les officiers dans les cas particuliers où le salut dépend de leur initiative et de leur connaissance de l'art de la guerre.

Nous espérons combler cette lacune par la publication de notre ouvrage.

Dans tous les corps de la garde civique, des sociétés d'exercice et de théorie se sont formées, et nous avons vu dans diverses localités s'exécuter des manœuvres tactiques; preuves bien évidentes que le cadre a compris la nécessité d'acquérir des connaissances suffisantes pour se maintenir à la hauteur des pays voisins où le service, généralement obligatoire, fait de chaque citoyen un soldat exercé et discipliné.

Nous venons en aide à ce mouvement. Si nous avons été amenés à traiter un certain nombre de sujets, c'est que l'art militaire est un enchaînement qui ne permet pas de séparer les différentes branches qui le composent, et que l'application de l'une exige la connaissance des autres. Cependant, nous nous sommes efforcés de présenter toutes ces parties sous une forme essentiellement succincte.

Il fallait, en effet, un ouvrage assez développé pour rester compréhensible et assez condensé pour en faire le *vade mecum* de l'officier.

En un mot, notre manuel complète l'instruction d'un officier. Il le dispense de lire vingt fois la matière qu'il contient, en le compulsant dans une quantité d'ouvrages.

Il obtient *la plus grande somme de résultats* avec la moindre somme d'efforts.

1er mai 1877.

TACTIQUE.

——◦✕◦——

La tactique est l'art d'employer les troupes judicieusement et d'après le terrain, de les mettre toujours en état de tirer de leur spécialité le parti le plus
avantageux, et enfin, de les combiner de manière
qu'elles se protégent et se soutiennent réciproquement.

Elle comprend la grande et la petite tactique ou
tactique élémentaire.

La grande tactique est l'art de disposer et de faire
manœuvrer les troupes sur le champ de bataille. Elle
comprend les grands mouvements d'ensemble et les
manœuvres des trois armes réunies. Elle a rapport
aux évolutions des divisions, des corps d'armée et des
armées.

La tactique élémentaire comprend l'instruction de
détail, c'est à dire l'école du soldat, de compagnie
et de bataillon. C'est de celle-ci que nous nous occuperons principalement.

2

Résumé des principes généraux.

BUT A ATTEINDRE. — Battre, avec le moins de pertes possible, l'ennemi qu'on a devant soi, tout en lui en infligeant le plus possible.

AGENTS. — Officiers braves et calmes, prudents et pleins d'ardeur.

Plus le grade est élevé, plus le sang-froid doit être grand.

Les officiers doivent connaître leur service à fond et donner eux-mêmes l'exemple de la discipline, en obéissant militairement aux ordres reçus.

La troupe, par dessus toute chose, doit être disciplinée, rompue à toutes les formations possibles; nourrie, vêtue et ménagée de manière à pouvoir, au moment voulu, suffire à toutes les exigences du champ de bataille; sachant faire usage de ses armes en connaissance de cause et avec sang-froid; ayant l'intelligence et la pratique du terrain; connaissant ses officiers et leur accordant sa confiance; enfin, pour tous, patriotisme et fidélité au serment.

MOYENS. — Imposer notre volonté à l'ennemi, ne pas subir la sienne. S'il veut nous forcer à l'offensive, chercher, au contraire, à lui faire prendre ce rôle, si la défensive nous paraît plus avantageuse, et vice-versa.

Connaissance parfaite du terrain sur lequel on doit agir, qu'on obtient au moyen de reconnaissances ou par l'étude de cartes exactes.

Être renseigné d'une manière précise sur la force, la position et le moral de l'ennemi. Choisir les officiers les plus intelligents pour aller aux nouvelles et les plus instruits pour l'appréciation des positions.

Partir du principe qu'il ne faut pas chercher à prendre le taureau par les cornes, mais l'attaquer par le flanc.

Déterminer, en connaissance de cause, l'aile par laquelle on veut attaquer ; tourner le côté faible de l'ennemi.

Désigner d'une manière précise et positive le point de direction, en indiquant le but de l'opération.

Pour la défensive, savoir ménager des surprises à l'ennemi, s'il s'avance sur notre côté faible.

Profiter de ce qu'il détache des troupes sur tel ou tel point, soit pour le couper, soit pour enfoncer son centre ou l'une de ses ailes au moyen d'une vigoureuse contre-attaque.

Dans les combats avec armes combinées, laisser opérer l'artillerie avant de lancer l'infanterie.

Employer la cavalerie pour masquer un mouvement, en la faisant manœuvrer sur le flanc découvert de l'ennemi.

Enfin, faire alterner les trois armes, de manière qu'elles se soutiennent réciproquement.

Avoir toujours des réserves sous la main et savoir s'en servir à propos.

Prévoir la possibilité d'un échec momentané et, en vue de cette éventualité, se ménager une retraite sur plusieurs lignes et, si faire se peut, de position en position, jusqu'à ce qu'on puisse former une arrière-garde.

Souvent, par une retraite bien combinée, on amène la défaite d'un adversaire qui poursuit avec imprudence, de sorte que même la retraite peut conduire à la victoire.

Détails techniques. — Infanterie.

FORMATION. — Assez solide pour pouvoir résister; assez subtile pour permettre des surprises; assez maniable pour pouvoir se plier à toutes les configurations du terrain.

La colonne de compagnie, comme unité tactique, réunit ces diverses qualités.

Les compagnies d'un même bataillon agissent suivant les directions données par le chef de bataillon; elles forment les pions de son échiquier et, tout en s'avançant d'une manière indépendante les unes des autres, elles doivent demeurer en contact pour opérer dans un même but.

(C'est à l'art de garder constamment en main, pendant le combat, les différentes compagnies de son bataillon, que l'on reconnaît le vrai chef de bataillon.)

Tout avantage partiel doit être rapporté à l'ensemble, car la victoire n'est que la somme des avantages partiels.

Il en est de même pour les bataillons vis à vis des régiments, des régiments par rapport aux brigades et ainsi de suite.

POSITIONS ET APPROCHES. — La position à prendre doit être proportionnée à nos forces, en d'autres termes, le terrain doit être assez étendu pour arrêter, sur un espace aussi considérable que possible, l'ennemi qui s'avance, et assez concentré pour nous permettre de lui infliger des pertes en le repoussant sur chaque point attaqué.

Nous devons toujours être en mesure d'empêcher

une démonstration qui aurait pour but de nous affaiblir sur un autre point.

Éviter avec soin les positions dominées ; choisir, au contraire, les positions dominantes.

Ne pas chercher à défendre chaque pouce de terrain, mais se poster sur les points dominants assez rapprochés les uns des autres pour que les feux d'infanterie puissent se croiser sur l'ennemi qui tenterait de passer.

Exemple : Un pont flanqué de deux collines à portée de fusil l'une de l'autre (fusil rayé) ; troupe : trois compagnies ; chaque colline sera occupée par une compagnie ; derrière l'une des collines, la troisième compagnie sera portée en réserve.

Si l'on ne veut pas s'en servir, le pont sera détruit ; il sera simplement barricadé, si l'on prévoit la nécessité de le repasser ; sur le pont même, pas un seul homme ; si, en dépit du feu convergent des deux collines, l'ennemi réussissait à franchir la barricade, la compagnie de réserve, l'attaquant sur le flanc au sortir du défilé, le contraindrait à repasser l'obstacle sous le feu réuni des trois compagnies ; si l'ennemi tente le passage en aval ou en amont du pont, la compagnie de réserve se jette sur lui, tandis qu'il subit le feu plongeant de l'une des collines.

Cet exemple peut servir de base à une foule de suppositions avec combinaison des trois armes.

APPROCHE. — Dans l'attaque d'une position, choisir ou bien le côté faible, c'est à dire le terrain couvert qui s'étend entre l'ennemi et nous, et nous approcher, par ce moyen, sans révéler nos forces et à l'abri du feu ; ou bien le point dominant et du haut duquel nous pouvons faire plonger un feu en écharpe sur son flanc et même sur toute sa ligne.

Si nos forces sont suffisantes pour qu'une contre-attaque ne risque pas de nous couper, nous devons nous ménager une seconde approche, d'où partira l'assaut de la position, après que nous aurons fait une démonstration par la première approche et attiré, par ce moyen, l'attention et les forces de l'ennemi sur ce point.

Dans ce cas, il faut agir avec assez de promptitude, pour que l'ennemi ne puisse s'apercevoir que nous nous sommes affaiblis en détachant nos troupes, et choisir le point de démonstration de manière que la troupe ainsi détachée puisse venir à notre secours, si l'ennemi, éventant la ruse, s'efforçait de briser notre ligne d'attaque principale.

Si le terrain est nu, profiter, jusqu'au moment de l'assaut, de tout ce qui est talus, fossé ou ondulation parallèle à la position ennemie, pour s'en approcher. Comme les mouvements de cette nature ont presque toujours lieu sous le feu ennemi, il importe que l'infanterie s'élance homme par homme, en rampant ou au pas de course, de fossé en fossé ou de talus en talus. Les officiers, en tête de leurs pelotons, doivent se trouver les premiers en position.

Combat. — Le combat peut s'engager dans des positions diverses. Ou bien celui qui attaque est pressé d'enlever à l'ennemi le terrain qu'il occupe pour s'y loger lui-même : dans ce cas, attaque vigoureuse et simultanée sur plusieurs points, peut-être même sur tout le front et sur les deux flancs. Ou bien il s'agit seulement de battre l'ennemi et de lui infliger de fortes pertes, ou bien encore il importe de lui couper la retraite, de lui faire des prisonniers, de le forcer à capituler ou de lui imposer l'évacuation du pays : dans ces cas, attaques et démonstrations sur les flancs de l'ennemi et sur ses derrières.

Les dispositions doivent être simples ; leur énoncé, bref et clair.

Il ne faut pas avoir la prétention de tout prévoir, mais simplement indiquer en peu de mots : le but, le point de direction, l'ordre dans la suite des lignes ou colonnes, la ligne de retraite et le point où se trouve le commandant en chef.

Si le terrain est fort accidenté en même temps que couvert, il est bon, en arrivant dans une nouvelle position, d'indiquer de nouveau les dispositions.

Le chef doit avoir sous la main assez d'ordonnances ou d'officiers à envoyer sur un point quelconque de la ligne où un ordre devient nécessaire ; mais, autant que possible, il doit éviter pendant l'engagement de faire des changements aux ordres donnés auparavant.

Dès qu'il s'aperçoit que l'action des différentes unités converge vers le but indiqué, il doit laisser à chaque commandant en sous-ordre son indépendance et ne pas s'immiscer dans les détails.

Il faut avoir des réserves sous la main pour pouvoir soutenir le centre ou les ailes, mais les placer de manière qu'elles ne puissent pas embarrasser la retraite en cas d'échec.

Même après un succès complet, conserver toujours des réserves soit pour la poursuite, soit pour les avant-postes, soit enfin pour faire face à un retour offensif.

Éviter de faire sortir de la ligne un détachement

qui aurait dépensé trop de munitions : un ordre pareil démoralise la troupe ; il vaut mieux, dans ce cas, faire porter sous le feu de l'ennemi des munitions à ceux qui en manquent.

Ne pas négliger d'avoir toujours sur ses flancs et sur ses derrières des éclaireurs à cheval pour être informé à temps d'un mouvement ennemi sur l'un ou l'autre de ces points.

Enfin, apprécier promptement jusqu'où la poursuite *doit* et *peut* être faite pour causer le plus de mal à l'ennemi et demeurer au courant de sa retraite ; jusqu'où elle peut être poussée, en raison de la plus ou moins grande fatigue de nos troupes et des forces que nous avons sous la main.

Avertir immédiatement le commandant en chef et les corps voisins du résultat du combat, en décrivant exactement la position que l'on occupe, la route que l'on suit et les faits et gestes de l'ennemi.

Il faut résister aux écueils de l'amour-propre, car il arrive trop souvent qu'un chef, se sentant trop faible pour être sûr de réussir, risque néanmoins l'attaque, afin d'être seul à en recueillir la gloire en cas de succès. En pareille occurrence, ne jamais hésiter entre les chances de gloire et le devoir.

Le devoir, dans ce cas, consiste à demander des renforts, tout en attaquant bravement, ce qui n'exclut point la possibilité de remporter seul le succès.

Après le combat. — Poursuite et établissement des avant-postes. Inspection de la position ; se retrancher, s'il y a lieu ; soigner les blessés ; constater les pertes ; compléter les munitions ; nourrir la troupe ; ensevelir les morts.

Les *avant-postes* sont des détachements distribués

pour observer les points importants et pour garder les positions prises.

En avant, sur les flancs et sur les derrières, des cavaliers en éclaireurs, bien montés, connaissant la langue du pays, munis de bonnes cartes, du matériel nécessaire pour dresser un croquis et guidés par des officiers intelligents.

Un officier et quatre hommes apprennent beaucoup plus de choses et font infiniment moins de bruit que tout un peloton. Ces éclaireurs vont jusqu'à ce qu'ils trouvent l'ennemi; ils sont nuit et jour à l'affût et vivent comme ils peuvent.

Deux ordonnances à cheval doivent être attachés à chaque officier supérieur d'infanterie pour porter des nouvelles du commandant des avant-postes ou pour transmettre des ordres aux vedettes.

En avant des vedettes d'infanterie et aussi loin que le permettent la sécurité de la troupe et la proximité de l'ennemi, des piquets de cavalerie détachent des patrouilles dans toutes les directions pour surveiller le terrain pendant le jour; à la nuit tombante, ces piquets se retirent jusqu'au repli.

De nuit, les grand'gardes doivent envoyer des patrouilles sur toute la ligne de leurs vedettes.

A la nuit tombante, le repli envoie des renforts derrière les ailes ou sur les points importants situés en avant et que l'on n'a pu faire entrer dans la ligne des avant-postes; ces renforts rentrent au petit jour.

Une heure avant le lever du soleil, les grand'gardes et leurs vedettes doivent être relevées. Les piquets de cavalerie reprennent leur poste de jour.

De cette façon, on a des forces doubles (troupes qui relèvent et troupes relevées) précisément au moment de la journée que l'ennemi choisit le plus ordinairement pour tenter une attaque sur les avant-postes.

De nuit, les grand'gardes restent éveillées; au repli, la moitié des hommes peuvent dormir, mais à condition qu'ils soient prêts à prendre les armes au premier coup de feu.

Des patrouilles doivent constamment aller et venir entre les grand'gardes et le repli.

Le repli doit avoir de la cavalerie en suffisance pour relever les piquets et pour satisfaire au service d'ordonnances, tant pour le gros que pour les grand'-gardes.

Les ordonnances doivent faire une fois de jour déjà le chemin qu'elles auront à parcourir, afin de pouvoir s'y retrouver facilement la nuit.

L'artillerie des avant-postes restera au repli.

Les batteries changent de position pour la nuit; les chevaux restent harnachés, afin de pouvoir être immédiatement attelés dès qu'on signale un engagement sur la ligne des grand'gardes.

Autant que possible, et en tout cas, chaque fois que la troupe doit rester plusieurs jours aux avant-postes, faire des retranchements pour les grand'-gardes et pour les replis, et se ménager plusieurs lignes de position.

Chaque officier doit être muni d'une lunette de campagne et avoir sur lui des formules de rapports.

Les deux hommes d'une sentinelle peuvent, de jour, s'éloigner de quelques pas; de nuit, ils doivent rester coude à coude.

Police sévère, interdisant à qui que ce soit de sortir des avant-postes et soumettant ceux à qui, par

exception, on en permet l'entrée, à un examen rigou-
reux.

En pays ennemi, surveiller si les villages ou les
fermes d'un village correspondent au moyen de
signaux avec l'ennemi.

En résumé, aux avant-postes, ne croire que ce que
l'on voit, mais admettre la possibilité de tout et agir
en conséquence.

I. — INFANTERIE.

L'infanterie est la plus importante de toutes les
armes et elle en est l'élément essentiel. Elle agit par
le feu et par le choc ; son instruction est plus facile
et, par suite, plus vite acquise ; elle se suffit à elle-
même ; peut fatiguer la cavalerie ; marche sur tous
les terrains et, contrairement aux autres armes, sa
puissance augmente dans les terrains accidentés ;
outre la force physique, elle a la force morale qui
lui fait supporter facilement les privations.

Il y a deux espèces d'infanterie : l'infanterie de
ligne, qui forme les lignes de l'ordre de bataille, et
l'infanterie de position (carabiniers-chasseurs-éclai-
reurs), qui ne combat qu'à couvert et peut contre-
balancer l'artillerie.

Des feux. — Tirer beaucoup et de loin, dit le
maréchal Bugeaud, est le type de la mauvaise infanterie. C'est pourquoi on ne doit tirer qu'à bonne
portée, c'est à dire à 300 mètres au plus avec recom-
mandation de viser plutôt trop bas que trop haut.

Le feu à commandements est celui qui réunit la
plus grande somme d'avantages ; il donne le moyen
de régler l'intensité du feu par la succession rapide

ou lente des commandements; il permet au chef de contrôler les effets du feu et de rectifier au besoin les hausses, attendu qu'il voit les résultats produits par la première salve et qu'il peut remédier aussitôt à des erreurs dans l'appréciation des distances. Ce feu peut être arrêté à volonté, ce qui permet le passage immédiat du combat de feu à l'attaque à la baïonnette; et enfin, il impressionne davantage la cavalerie.

S'il faut subir des attaques successives par escadrons, on emploie les feux de rang.

Le feu à volonté permet au soldat de viser à l'aise, de donner un tir continu et vif, et s'applique très bien à l'état moral du soldat, en ce que, au milieu du danger, il n'exige pas une attention soutenue aux commandements des chefs. Mais, par contre, il a pour inconvénients de ne pouvoir être ni réglé ni modéré, ce qui conduit à une consommation excessive de munitions; de produire une fumée tellement épaisse, que le but disparaît complétement, et enfin, de présenter au chef de grandes difficultés pour maîtriser le feu, ce qui peut rendre impossible tout retour offensif.

Ce feu conviendra quand une troupe borde un retranchement ou est abritée derrière un obstacle du terrain; dans les surprises, et dans des cas exceptionnels où certaines phases du combat agiront d'une manière fâcheuse sur le moral des troupes.

Du choc. — Il doit toujours être préparé par le feu. Il est rare de voir deux troupes d'infanterie s'entrechoquer; l'une des deux cède ordinairement la place avant l'arrivée de l'autre. Le choc diminue au fur et à mesure du perfectionnement du tir et des armes. Il ne se produit plus guère que dans les combats de localités, les défilés, lorsqu'il y a lutte corps à corps.

Formations tactiques.

Pour marcher à l'ennemi, l'infanterie adopte soit l'ordre en colonne, soit l'ordre en ligne.

ORDRE EN LIGNE. — L'ordre mince ou l'ordre en ligne a l'avantage de présenter une grande ligne de feu ; d'occuper un grand espace de terrain ; de donner peu de prise à l'artillerie ; de se prêter à une attaque immédiate à la baïonnette, qui doit couronner une action de feu. Cette attaque aboutit à un choc réel (fort rare) ou à la retraite de l'ennemi avant le choc (cas ordinaire).

Mais cet ordre a certains inconvénients : il est peu maniable ; l'action des cadres est moins immédiate ; les flancs sont faibles ; il y a manque d'impulsion dans la charge à la baïonnette ; la marche est difficile.

Il est surtout employé dans la défensive.

ORDRE EN COLONNE. — L'ordre profond ou en colonne présente plus de consistance ; est très mobile ; la marche est facile et les hommes bien encadrés en subissent l'influence ; le soldat se sentant appuyé acquiert la confiance ; la troupe est dans la main du chef ; le choc doit avoir lieu, les premiers étant poussés par les autres, il y a donc succession d'efforts et ils deviennent toujours plus grands ; les flancs sont appuyés et la force d'impultion est plus vive.

C'est l'ordre par excellence pour l'offensive.

Mais il a des désavantages : offre peu de feu; est très exposé à celui de l'artillerie; ne favorise pas une attaque à la baïonnette, et le déployant, l'enthousiasme refroidit et arrête ou amoindrit l'élan. Il est difficile à réformer en cas d'échec.

Pour conclure, il est admis que, en dehors du feu de l'ennemi, on doit prendre la formation en colonne par compagnie; celle de la colonne double de compagnie dès qu'on est en plaine et dans le rayon du feu ennemi ; et en colonnes de compagnie en terrains accidentés.

La colonne sur front de deux compagnies peut mieux résister que la simple ligne et, à un moment donné, fournit les mêmes feux qu'elle, en faisant avancer les seconds pelotons pour exécuter des feux sur quatre rangs.

Le règlement actuel a remplacé cette formation par la colonne accolée au centre ayant à chaque aile une colonne de compagnie.

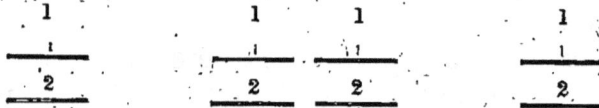

Si le terrain est coupé ou accidenté, on se servira de préférence des colonnes de compagnies. Cette formation permet au chef d'employer tout son bataillon à la fois ou successivement, et, dans ce dernier cas, il peut se ménager des réserves; toutes les formations tactiques possibles peuvent être prises; cette disposition favorise le combat à la débandade; permet de couvrir un grand espace de tirailleurs, les compagnies prenant de grands intervalles; dans un terrain coupé, les compagnies (soutiens et réserves) peuvent suivre facilement les tirailleurs.

Ces colonnes se déploient rapidement; par leur mobilité extrême, il leur est possible de se soustraire au feu de l'artillerie, à laquelle elles offrent peu de prise; attaquées par la cavalerie, elles se forment en carré et prennent des dispositions flanquantes.

Enfin, dans l'ordre serré comme dans l'ordre dispersé, la colonne peut maintenir plus de liaison entre ses différentes parties.

Mais il y a éparpillement des forces, les troupes ne sont plus dans la main du chef et il y a manque d'impulsion dans l'attaque à la baïonnette.

TIRAILLEURS OU ORDRE DISPERSÉ. — Les tirailleurs sont d'autant plus nécessaires, que le perfectionnement des armes devient plus grand. Ils servent à couvrir les colonnes en marche en présence de l'ennemi; en sont les éclaireurs; engagent le combat; repoussent les tirailleurs ennemis et dégagent ainsi les lignes adverses, ce qui permet de juger de leur position, de couvrir les colonnes d'attaque.

Ils rejoignent les bataillons lorsque ceux-ci marchent pour aborder l'ennemi, se jettent dans les intervalles et font le feu pendant que les autres agissent par le choc; ils permettent le déploiement à l'abri de leur feu, ou couvrent la retraite en cas d'échec.

Ils agissent sur les flancs des colonnes ennemies, sèment le trouble dans leurs rangs et éteignent le feu de l'artillerie.

Les tirailleurs en grandes bandes s'emploient pour traverser des terrains très accidentés (vignes, bois, etc.), pour attaquer ou défendre des positions ou retranchements.

Les troupes massées sont subordonnées à leurs mouvements.

Les tirailleurs marchent avec facilité, surmontent tous les obstacles, manœuvrent sur tous les terrains. Dans la tactique actuelle, les soutiens et les réserves n'ont pas uniquement pour mission de recueillir les tirailleurs dans un ralliement précipité. Ce sont des forces combattantes destinées à venir successivement renforcer la ligne engagée ; elles avancent avec les tirailleurs, se glissent de poste en poste et cherchent, par leurs feux de plus en plus rapprochés, à produire chez l'ennemi de ces ébranlements qui, seuls désormais, permettront aux masses assaillantes d'entrer en action avec des chances de succès.

Offensive.

Toute l'offensive repose sur ce principe, qu'il faut tâcher d'arriver sur l'ennemi le plus promptement possible pour essuyer le moins ses feux, force principale de la défensive, tandis que la force de l'offensive réside dans l'attaque à la baïonnette.

Une attaque à la baïonnette entreprise trop tôt échouera contre des troupes intactes exécutant le feu à bonne portée.

Pour réussir dans une attaque, il faut employer des formes tactiques qui permettent un grand déploiement de feux; faire usage des moindres accidents du terrain; préparer et protéger l'action des masses par de nombreux tirailleurs; faire des démonstrations opportunes sur le flanc de l'adversaire et être habile dans le tir. Il faut que le moment de l'attaque soit bien choisi; que les préparatifs aient été cachés à l'ennemi ; que la marche soit bien couverte et conduite avec vigueur ; qu'on ait eu soin de se ménager une réserve. Le point d'attaque doit être indiqué aux tirailleurs, afin qu'ils puissent diriger tous leurs efforts de ce côté, et enfin, quand le combat s'engagera sérieusement, ils devront converger vers la ligne ennemie, de façon que toute la masse de feux soit dirigée vers le point d'attaque choisi.

Quand le tir de l'ennemi est rasant, il faut se coucher, ce qui permet de profiter de tous les plis de terrain. De plus, la fumée dégageant d'abord les couches inférieures, l'homme couché voit déjà les troupes ennemies, alors que le soldat debout ne peut encore rien distinguer.

MARCHE GÉNÉRALE D'UNE ACTION OFFENSIVE, SOIT PAR UNE COMPAGNIE, SOIT PAR UN BATAILLON. — Le bataillon est couvert par les deux compagnies des ailes qui sont déployées en tirailleurs avec soutiens et réserves.

Les tirailleurs commencent le feu généralement avant d'arriver dans le rayon du feu de l'ennemi, il est donc bon de ne faire tirer que quelques hommes adroits pour l'appréciation des distances.

Arrivé à 300 ou 400 mètres, on tâte l'ennemi et, lorsqu'on veut prononcer le mouvement offensif, les groupes s'avancent par bonds successifs en suivant les irrégularités du terrain. Les tirailleurs renforcés par les soutiens s'avancent ainsi jusqu'au dernier abri, à 200 mètres de l'ennemi. Le feu alors devient très vif, et quand on est assez près des tirailleurs ennemis, on détache quelques groupes pour les attaquer en flanc.

3

Pendant ce temps, le bataillon s'est formé en colonne double de compagnie; dès que les tirailleurs ont atteint les dernières approches, les réserves se portent sur la ligne et font feu. Les tirailleurs, soutiens et réserves, cachent ainsi les mouvements du corps de bataille, qui peut s'avancer impunément sur la ligne. A ce moment, les tirailleurs le démasquent en se portant vers les ailes; le bataillon lance une salve et prononce son mouvement d'attaque soutenu, sur les flancs, par les tirailleurs.

Si l'ennemi résiste, on exécute une nouvelle salve suivie d'une charge à la baïonnette.

Si cette action a lieu par une compagnie isolée, le rôle du corps de bataille sera rempli par la réserve.

En cas de succès, la poursuite sera faite par les tirailleurs, suivis du corps de bataille; ou bien, on pourra se borner à exécuter des feux sur place.

En cas de revers, ce sont encore les tirailleurs qui protégent la retraite en se déployant vers le centre.

Dans le combat isolé d'un bataillon, on n'engagera que les troupes nécessaires en renforçant successivement la ligne et, lorsque la première ligne aura épuisé ou affaibli l'ennemi, les réserves pourront agir avec de grandes chances de succès.

Les combats traînants ou démonstratifs sont ceux qu'on livre quand on attend du renfort ou lorsqu'on veut opérer une diversion pour cacher son véritable point d'attaque, ou faire un mouvement tournant. Dans ce cas, on ne doit pas employer trop de troupes et ces combats ne doivent pas être poussés à fond, puisqu'ils ne sont ni offensifs ni défensifs; il faut laisser l'ennemi dans l'incertitude de ses projets.

Défensive.

Une bonne position défensive doit abriter les défenseurs contre la vue de l'ennemi ; avoir devant elle un champ de tir découvert qui expose l'ennemi au feu ; les flancs doivent être gardés ou appuyés pour éviter les surprises et avoir des débouchés en arrière en cas de retraite.

La défensive repose sur le feu. Le maréchal Bugeaud dit que, dans un lieu fort par l'art et par la nature, tous les avantages physiques sont pour la troupe postée. Toutefois, elle sera presque toujours débusquée si elle se borne à combattre de pied ferme, car une bonne défensive doit être, à un moment donné, offensive.

Celui qui se trouve derrière des obstacles exécute son feu avec calme et avec plus d'efficacité que l'assaillant ; il a souvent le temps de mesurer préalablement les distances. Comme principe, il ne faut exécuter les feux de ligne qu'aux distances rapprochées, après que les tirailleurs ont fait éprouver à l'assaillant le plus de pertes possible, et effectuer des chocs offensifs très courts en reprenant aussitôt après l'ancienne position.

MARCHE GÉNÉRALE D'UN COMBAT DÉFENSIF, SOIT POUR LA COMPAGNIE, SOIT POUR LE BATAILLON. — Le corps de bataille, c'est à dire deux ou trois compagnies pour le bataillon et le ou les pelotons pour la compagnie, sera déployé et à l'abri le plus possible, avec un champ de tir devant lui, qui oblige l'ennemi à marcher à découvert. Le terrain en avant aura été reconnu et mesuré s'il y a eu moyen.

Les tirailleurs suivis de leurs soutiens se seront portés en avant de la position. Les troupes ainsi postées, les tirailleurs ouvrent le feu (première et deuxième phase du combat).

L'adversaire prononçant son mouvement offensif, les tirailleurs, en profitant des accidents de terrain, se portent successivement sur la ligne des soutiens et tous exécutent des feux de salve (troisième phase).

L'ennemi continuant à réussir dans son attaque, les soutiens et les tirailleurs se replient sur la réserve, en prenant sur les flancs une position qui permette de lancer des feux croisés, pendant que la réserve tire des feux de salve (quatrième phase).

Enfin, la réserve, accompagnée sur les flancs par les tirailleurs et les soutiens, opère un mouvement offensif en chargeant à la baïonnette (cinquième phase).

Si c'est un bataillon qui combat et si l'ennemi brave le feu, les tirailleurs, soutiens et réserves, se portent en retraite en démasquant le bataillon qui, aussitôt, lance ses feux et se prépare à une marche à la baïonnette. Dans la quatrième phase, ce sont les réserves qui se portent sur la ligne des soutiens.

Échelons.

L'ordre échelonné est favorable pour préparer une attaque oblique, pour jeter sur un point déterminé de l'ennemi ses principales forces ou pour renforcer un point quelconque.

Le maréchal Bugeaud : « C'est par cette manœuvre que l'on n'engage que la partie qui doit combattre ; le reste est à la fois menaçant et offensif, il tient en échec une ou plusieurs parties de l'ordre de bataille ennemi et présente la meilleure protection qu'on puisse imaginer pour la partie attaquante. »

Des échelons à droite et à gauche de l'attaque valent infiniment mieux qu'une protection immédiate. Ils rendent les attaques de flanc très difficiles, car l'ennemi voit lui-même son flanc exposé aux échelons.

Cependant, on emploie plus souvent cet ordre pour s'éloigner de l'ennemi que pour s'en approcher.

Dans la retraite, cette formation permet de laisser en ligne les troupes qui ont le moins souffert.

La distance entre les échelons ne peut être ni trop grande, ni trop petite : elle varie selon la forme du terrain et la force des troupes ; elle ne peut dépasser la bonne portée des armes (200 mètres) ; si elle était trop restreinte, on obtiendrait des feux de ligne.

Les échelons doivent se défendre mutuellement ; la plus petite distance entre deux échelons voisins ne peut être inférieure à 70 mètres ; si elle était moindre, ils seraient de fait engagés en même temps.

Les échelons présentent des dangers dans leur marche ; c'est pourquoi il faut appuyer le premier à un obstacle, bois, marais, ruisseau, ou par d'autres troupes. Ils doivent aussi être placés de manière que l'artillerie ne puisse les enfiler dans toute leur longueur. Pour cela, on doit faire en sorte de diriger la marche des échelons de façon à la faire aboutir à un obstacle inerte.

Les échelons sont faibles par eux-mêmes.

Combats en retraite.

Les combats en retraite sont amenés par une attaque qui échoue ou par l'abandon d'une position; il y a encore les retraites feintes pour reprendre l'offensive sur des troupes échelonnées dans la poursuite.

Quand les derrières sont menacés ou qu'une attaque n'a pas réussi, on se retire en combattant.

Pour cette opération, il faut du calme, du sang-froid et de bonnes troupes, car généralement, elles sont épuisées et l'on peut être persuadé qu'il n'est pas possible, comme on le fait dans les exercices, de se retirer successivement, en échelons ou en échiquier : ce sont des mouvements peu praticables.

Les hommes ne resteront pas longtemps dans la position qu'ils auront choisie en se retirant; ils y feront feu et disparaîtront aussitôt.

Ce sont les retraites qui éprouvent le plus le moral du soldat; il faut se faire lion dans ces mouvements.

Avec un peu d'habitude de la guerre, on peut se procurer des succès d'arrière-garde qui relèvent singulièrement le moral d'une armée en retraite, et qui, par la même raison, rendent infiniment timide l'armée qui poursuit.

On doit choisir des débouchés et des points déterminés pour s'arrêter, bien reconnaître le terrain en arrière pour en profiter au moment donné et avoir ainsi sa retraite assurée.

Comme on a toujours le choix du terrain d'un

nouveau combat, on y masque des troupes de manière à embarrasser les flancs de la tête de la colonne qui s'est allongée en poursuivant.

Ce combat doit être brusque, les rôles bien tracés d'avance; il ne faut pas de tâtonnements, la tête de la colonne ennemie doit être enlevée, puis on se retire rapidement pour ne pas s'engager avec les forces qui suivent.

L'homme qui court ne s'arrête ordinairement plus, et s'il s'arrête, il fait mal le coup de feu. C'est pour ce motif que la retraite doit s'exécuter sans précipitation; mais il est rare qu'on soit complétement maître de ses hommes dans ces mouvements critiques.

Il est quelquefois possible de profiter d'une poursuite imprudente de l'ennemi, par exemple lorsqu'il s'élance trop vite; dans ce cas, une subdivision peut prendre position, et quand les tirailleurs sont arrivés à sa hauteur, ils la dégagent et la subdivision fait feu.

Tout ce que nous venons de dire s'applique aussi bien à la compagnie qu'au bataillon.

Contre la cavalerie.

On n'exécute que des feux à commandement.

Une troupe en ligne ou en carré doit conserver ses armes apprêtées pour n'ouvrir le feu qu'à environ 300 mètres, 350 au plus. Cette distance est celle à laquelle la cavalerie prend ordinairement le galop, et elle est parcourue en une minute. Il est inutile de tirer avant cette distance, et même pour un front restreint (carré de compagnie), on ne doit le faire qu'à partir de 100 mètres; à moins de 30 mètres, on ne tire plus, afin d'éviter que les chevaux blessés ne viennent s'abattre dans le carré.

La menace seule du feu, en tenant les hommes un peu en joue, agira déjà sensiblement sur l'état moral de la cavalerie : sous l'influence de la salve, qu'ils attendent à tout moment, les cavaliers raccourciront involontairement les rênes et modéreront l'allure.

Un bataillon dont les ailes sont appuyées ne doit pas hésiter à recevoir la charge en ligne déployée.

Deux ou trois petits carrés échelonnés, se flanquant mutuellement, sont plus redoutables qu'un seul grand carré, car une des faces de ce carré enfoncée, les autres seront bientôt mises en déroute, tandis que la perte d'un petit carré n'entraîne pas celle des autres.

Il y a un principe qui dit qu'il faut tirer sur les chevaux dans les charges et sur les cavaliers dans la retraite.

Si la troupe est sur une route que parcourt la cavalerie en chargeant, il faut chercher un abri sur le côté, et s'il ne s'en trouve pas, se former en ligne sur l'un des bords de la route; la cavalerie appuiera tout naturellement vers l'autre côté, essuiera le feu, et l'infanterie n'aura pas été exposée à subir un choc, ce qui lui serait désavantageux.

Après une charge de cavalerie, il serait imprudent de rompre immédiatement le carré; il faut, au contraire, tirer encore une salve et recharger les armes, car les attaques de la cavalerie se font ordinairement en échelons, elles sont donc partielles.

Le cheval parcourt :

Au pas, en une minute, 100 m. en faisant 120 pas.
Au trot, — — 210 m. — 200 —
Au galop, — 300 à 350 m. — 90 —

Une troupe de cavalerie se présentant à 280 mètres d'une ligne, pour la charger, parcourt cet intervalle en 41 secondes.

60 mètres au trot,		en 15 secondes.
160 — au galop,		
60 — à la charge,		en 26 secondes.
280 mètres.		41 secondes.

II. — CAVALERIE.

L'origine de la cavalerie remonte aux temps les plus anciens ; les peuples de l'antiquité la favorisaient, et tant que le courage personnel et la force corporelle primèrent dans la mêlée, la cavalerie décida presque toutes les victoires. Elle a toujours formé une arme tout à fait spéciale. L'invention de la poudre lui a porté la plus rude atteinte et le perfectionnement des armes à feu l'a obligée à changer de tactique, sans modifier cependant son objet.

La tactique de la cavalerie se résume en trois mots : éclairer, renverser et poursuivre.

RÔLE. — Toute armée qui s'avance se fait précéder au loin par de la cavalerie qui, tout en empêchant l'ennemi de pénétrer jusqu'à elle, doit faire en sorte de voir tout ce qui se passe pour en informer le commandant en chef. Elle déjouera les embuscades, éclairera les flancs, ira faire d'avance les réquisitions, rendra impraticable tel ou tel point important à l'ennemi, en détruisant les ponts, routes, voies ferrées, télégraphes, etc., enfin, tous les audacieux travaux des partisans.

Ce rôle est rempli par des corps indépendants de cavalerie [1] et d'artillerie à cheval.

La cavalerie remplit un second service qui est dévolu à la cavalerie divisionnaire [1], dont le rôle est plus restreint sur le champ de bataille. En effet, elle doit pourvoir d'abord au service de sa propre sûreté, indépendamment de celui des autres corps qui forment le premier rideau de troupes ; puis, suivant les circonstances, elle peut être appelée à combattre un ennemi de qualité inférieure, à le poursuivre ou à s'interposer entre les corps qui poursuivent et ceux qui sont poursuivis.

Emploi. — La cavalerie est surtout créée pour l'offensive ; dans les combats, elle renverse l'infanterie ennemie et complète les résultats obtenus par la nôtre ou par l'artillerie.

Cependant, on peut dire que le rôle de la cavalerie divisionnaire sur le champ de bataille, de principal qu'il était, est devenu secondaire. Il faut donc, pour qu'elle puisse profiter des rares instants propices qui se présenteront, qu'elle soit le plus mobile et le plus leste possible, qu'elle possède des chefs jeunes et hardis, et qu'elle acquière une grande perfection dans les charges.

Côté faible. — Sur ses flancs, la cavalerie est la plus faible des armes ; un seul escadron hardi, en s'y jetant, suffit pour briser l'attaque d'une troupe de la même arme dix fois plus nombreuse. Il n'y a que de bonnes combinaisons tactiques qui puissent la protéger dans ce cas ; c'est pourquoi il faut laisser en

---

[1] En Belgique, les quatre régiments de lanciers forment les corps indépendants, et les deux régiments de chasseurs avec les deux régiments des guides, la cavalerie divisionnaire.

arrière des ailes quelques escadrons en colonne destinés à tomber sur les flancs de l'adversaire.

La cavalerie trouve les éléments essentiels de ses succès non seulement dans l'habileté et la promptitude de ses manœuvres, mais dans une combinaison bien entendue avec les autres armes, et surtout avec l'artillerie. L'artillerie est l'auxiliaire le plus actif de la cavalerie; par son feu elle ébranle et contient l'ennemi, le contrarie dans ses formations et prépare ainsi le succès des charges.

DU CHEVAL ET DU CHOC. — L'arme principale de la cavalerie est le cheval; le sabre, la lance, le mousqueton, le pistolet et le revolver n'en sont que les armes secondaires.

Le cheval produit la vitesse et le choc; la vitesse est la qualité principale, car c'est grâce à elle que la cavalerie peut se porter rapidement ou inopinément d'un point du champ de bataille à l'autre; c'est par elle qu'elle peut se soustraire à la poursuite de l'ennemi et qu'elle peut compléter la victoire en poursuivant un ennemi battu.

Le choc est l'effet physique que produit le cheval dans les charges; quand l'infanterie a souffert du feu et que sa liaison tactique est rompue, le choc de la cavalerie produit son effet.

Cependant, le général Trochu dit que la cavalerie n'est pas tant l'instrument du choc que de l'effet moral qui désorganise et dont les résultats sont incalculables.

Combats et charges.

Toute attaque de cavalerie contre l'infanterie doit être préparée par le feu de l'infanterie ou de l'artillerie ; elle agit ensuite plutôt par la vitesse que par le choc.

La cavalerie combat à rangs serrés ou en fourrageurs.

Le moment favorable pour charger l'infanterie, c'est quand celle-ci est engagée dans un combat de feu contre l'infanterie ou l'artillerie de l'adversaire.

On charge 1° en ligne, 2° en colonne et 3° en fourrageurs.

La charge est l'action décisive de la cavalerie. La condition essentielle au succès de la charge est que la dernière période en soit courte et que les chevaux soient allongés au galop le plus vite sans être abandonnés ; les cavaliers restant unis et maîtres de leurs mouvements malgré la rapidité de l'allure.

Il faut se garder de commencer de trop loin ; au moment décisif l'ensemble et l'élan seraient perdus. Avant de prendre les dernières dispositions pour l'attaque, il faut chercher à se rapprocher de la position qu'occupe l'ennemi. A cet effet, on dérobe la marche en profitant de tous les couverts et de toutes les ondulations du sol ; on traverse rapidement les espaces battus par les feux ennemis ; on prend, au contraire, une allure moins vive dans les parties abritées et l'on en profite pour reprendre haleine.

En terrain uni, la charge commence ordinairement à 600 mètres environ (400 mètres au trot, 140 mètres au galop et 60 mètres en carrière). Cette distance est moindre en terrain accidenté. Quand la cavalerie pourra tomber sur l'ennemi par surprise, elle devra prendre immédiatement le galop ; ce cas se présentera surtout pour la cavalerie divisionnaire, qui souvent devra s'élancer par les intervalles de l'infanterie, soit pour compléter l'action de celle-ci, soit pour la protéger contre les attaques de la cavalerie ennemie.

Toute charge entreprise doit être poussée à fond, à moins qu'on ne rencontre tout à coup devant soi un obstacle infranchissable, qu'il avait été impossible de découvrir au début. Si, au moment d'aborder l'ennemi, on s'aperçoit qu'il est supérieur en nombre, il faut se précipiter sur lui avec résolution. On se ménagera ainsi un succès momentané et on en profitera sur-le-champ pour faire une retraite honorable. Agir autrement, c'est à dire tourner bride avant d'avoir tenté de jeter, par un choc énergique, le désordre dans les rangs ennemis, serait s'exposer à une perte certaine et complète.

Lorsqu'une charge a réussi, il faut se rallier promptement et tomber, s'il est possible, avec une subdivision sur le flanc de la troupe mise en déroute et la poursuivre avec vigueur.

ATTAQUE. — Pour attaquer l'infanterie ou l'artillerie, il importe d'être exposé le moins longtemps possible aux feux de l'ennemi et de l'aborder aussi vite que l'on pourra, tout en profitant des ondulations de terrain pour s'abriter pendant une partie de sa course.

Si l'infanterie est en ligne, on dirige l'attaque sur une des ailes ; si elle est en colonne, on la prend en flanc pour diviser la colonne et en disperser les tronçons ; enfin, si elle est en carré, il faut l'attaquer par subdivisions successives se suivant de 60 à 80 pas de distance et diriger les charges sur l'un des angles du carré (secteur sans feu). Il sera souvent avantageux d'attaquer par une charge d'un peloton en fourrageurs dans le but de couvrir le mouvement et d'ébranler le moral de l'infanterie.

Un bon terrain pour la charge est celui qui est ferme, uni et découvert. Si on attaque l'infanterie, il est avantageux qu'il s'élève en pente, attendu que le fantassin tire en général trop haut. Contre la cavalerie et l'artillerie, il vaut mieux, au contraire, qu'il descende, parce que le choc est alors plus violent et que les pièces ennemies ne fournissent pas de ricochets.

CHARGE EN LIGNE. — Les attaques en ordre déployé sont employées de préférence contre la cavalerie, et autant que possible lorsqu'elle exécute un mouvement.

Une charge ne peut produire de résultats décisifs que pour autant qu'elle soit complétée par une poursuite vigoureuse. Toutefois, il est essentiel que les vainqueurs se rallient promptement, afin d'être en mesure de résister aux attaques des réserves ennemies. D'autre part, comme il importe de ne pas laisser à l'ennemi le temps de se reformer, on peut envoyer les premiers pelotons ralliés pour commencer la poursuite.

Après une charge heureuse, le commandant doit rapidement se rendre compte de la situation, afin de tirer de son succès tout le parti possible.

Si l'ennemi a été culbuté ou s'il a tourné le dos après le commandement de *chargez* et au moment d'être abordé, il faut le presser vivement et ne s'en détourner que s'il parvient à gagner une avance trop considérable, ou bien s'il oppose des troupes fraîches tenues en réserve.

Les subdivisions placées en arrière des ailes

(flancs décisifs) et la réserve suivent en bon ordre, afin de soutenir le mouvement; si l'ennemi, voulant éviter le choc, fait demi-tour avant que le commandement de *chargez* ait été prononcé, au lieu de s'abandonner à une poursuite vaine, il faut lancer une partie des troupes sur les fuyards, les autres suivant au trot ou au galop, afin de charger l'adversaire s'il faisait volte-face ou de recevoir les réserves qui s'avanceraient au secours de la ligne qui se retire.

La charge en ordre oblique s'exécute d'après les mêmes principes et les mêmes moyens que pour la charge en ordre parallèle. On l'emploie quand on manœuvre pour déborder la position ennemie ou encore lorsqu'on est inférieur en nombre et qu'on cherche à balancer ce désavantage en refusant une aile.

Quand on veut, pour ménager ses forces, n'en mettre qu'une partie aux prises avec l'ennemi, on forme des attaques parallèles et successives par échelons. Les échelons donnent le moyen de renouveler les charges sur plusieurs points, de déborder la ligne ennemie et de tomber sur ses flancs avec une partie des forces dont on dispose.

Ces charges successives peuvent également être employées avec succès contre l'infanterie. Le premier échelon sert à attirer sur lui le feu d'une portion de la ligne ennemie; sa charge pourra, par elle-même, ne pas réussir, mais elle préparera mieux celle du second échelon, pour autant que l'infanterie soit plus ou moins désorganisée, car si elle est en puissance de tout son feu, après avoir tiré sur le premier échelon, elle aura le temps de couvrir de projectiles le

second et les suivants, grâce à la rapidité du tir et
de la distance qui doit séparer les échelons. Cette
distance doit être telle qu'elle leur permette de
charger sans avoir leur marche embarrassée par les
échelons précédents : elle est au moins de 200 mètres.

Il faut, après avoir chargé, que les échelons
s'écoulent en entier du côté du point d'attaque et,
pour que cette charge ne soit pas ralentie par les
cadavres qui s'accumulent au point de charge ou de
percée, les échelons se dirigeront sur ce point d'une
manière oblique et indirecte.

CHARGE EN COLONNE. — La grande portée et la
rapidité du tir ne permettent guère à la cavalerie
d'attaquer l'infanterie de front, à moins que celle-ci
ne soit ébranlée par la mousqueterie ou le feu de
l'artillerie, ou bien que la cavalerie puisse la surprendre en marche ou en voie de formation.

La cavalerie charge en colonne l'infanterie formée
en colonne ou en carré.

Quand elle s'apprête à charger de l'infanterie en
position, elle doit d'abord chercher à utiliser le terrain et prendre des dispositions préparatoires qui
l'exposent le moins possible aux effets du feu ; puis,
elle fait faire par ses tirailleurs quelques démonstrations dans le but d'apprécier le moral de l'ennemi.
Si l'infanterie, au lieu de rester calme, se met à tirer,
il faut la charger vigoureusement en colonne ou en
ligne. Si, au contraire, elle reste impassible, il faut
agir successivement sur un ou plusieurs points. Les
charges se font alors en échelons ou en colonnes
avec de grandes distances. Si la tête de colonne
réussit à faire une trouée, ceux qui suivent (à
150 pas) se jettent dans le carré par les parties laté-

rales et en achèvent la déroute. Si, au contraire, la tête de colonne est repoussée, elle s'échappe par les côtés et va se reformer sous la protection de la réserve ou dans un pli de terrain à l'abri des feux. Le restant de la colonne agit de la même façon. De telles charges rapides et successives doivent ébranler le moral de l'infanterie.

Il peut être avantageux, en même temps que l'on attaque l'angle d'un carré, de charger les deux faces adjacentes de manière à diviser les feux de la défense.

Si l'attaque échoue, il faut se rallier à toute vitesse pour se mettre hors des atteintes du feu.

Charge en fourrageurs. — Dans cette charge, tous les cavaliers se dispersent, chacun se dirigeant vers le point qu'il veut attaquer.

La cavalerie se déploie en fourrageurs pour charger une troupe désorganisée, une chaîne de tirailleurs d'infanterie, pour sabrer ou faire prisonnière une infanterie battue et en fuite.

Cette charge s'emploie principalement contre l'artillerie. La cavalerie ne doit jamais attaquer directement l'artillerie, à moins qu'elle ne puisse la surprendre dans l'exécution d'une manœuvre. Elle peut encore risquer une attaque d'emblée, quand l'artillerie a trop aventuré ses pièces. Hors ces deux cas, elle doit chercher à l'occuper de front par des fourrageurs, pendant qu'elle essaye de battre les soutiens.

Quand le terrain le permet, la cavalerie se rapproche de la batterie en se tenant masquée; avant d'attaquer, elle fait reconnaître le terrain par quelques tirailleurs.

Pendant que les premières subdivisions attaquent,

4

dispersent ou tiennent en échec les troupes de soutien, les fourrageurs se portent vers les flancs de la batterie en démasquant son front, se dirigent sur les intervalles, se précipitent sur les canonniers, mettent les pièces hors d'usage et les emmènent.

Quand une batterie est soutenue par de l'infanterie, on dirige l'attaque de manière à tenir, autant que possible, les pièces entre la cavalerie et les soutiens.

Dans un terrain coupé, on menace la réserve par une fausse attaque avec une fraction de sa troupe et on la sépare des pièces avec le reste.

La cavalerie chargée de soutenir une batterie doit chercher à se dérober le plus possible aux feux de l'ennemi. S'il n'est aucun couvert, aucun pli de terrain qui puisse la masquer, elle prend position en arrière et en dehors de l'un ou des deux flancs de la batterie à une distance égale à celle où se trouve la cavalerie dont on prévoit l'attaque. De cette manière on arrivera à hauteur des pièces en même temps que la cavalerie ennemie, et l'on n'aura pas éprouvé de pertes inutiles.

Une embuscade, que les localités permettraient de tendre sur le flanc de la charge, serait d'un grand effet au moment opportun. On attache à chaque batterie un soutien chargé de l'éclairer et de la défendre; ce soutien doit être au moins de la force d'un demi-escadron.

III. — ARTILLERIE.

L'artillerie n'a que son feu, mais il est puissant et terrible; agissant au loin, elle détruit tous les obstacles; les éclats de ses projectiles font périr des masses d'hommes.

On l'emploie pour engager le combat, le soutenir et préparer son dénouement par des feux rapprochés. Elle protége les troupes exposées au feu de l'artillerie ennemie, agit dans la poursuite, même seule, si les autres armes en sont empêchées, et enfin couvre les retraites.

On s'en sert encore pour protéger les parties faibles de l'ordre de bataille, c'est à dire pour prendre en flanc ou à revers l'ennemi qui tenterait de les attaquer.

Elle marche en ligne pour faire feu et se forme en colonne pour se transporter plus facilement d'un point à un autre.

L'artillerie doit occuper de bonnes positions et rester en relation intime avec les autres armes.

Il faut que le commandant soit mis au courant des intentions du chef et du but à atteindre.

Il est convenable que le chef de l'artillerie divisionnaire se trouve à l'état-major de la division; mais cependant, dans le combat, sa place est là où il y a plus d'une batterie en action (Verdy du Vernois).

La batterie est l'unité tactique de l'artillerie et comprend un nombre de bouches à feu déterminé pour produire un effet convenable dans toute circonstance. Il faut éviter de faire concourir un nombre de bouches à feu inférieur à une batterie; on emploie quelquefois la demi-batterie, mais jamais la section, à moins de cas exceptionnels, comme pour détruire des digues, ponts, barricades, etc.

Positions.

Une bonne position doit avoir un champ ouvert ; il faut aussi occuper les positions environnantes ; éviter de se placer sur un sol pierreux. Un marais, un terrain coupé de sillons, en avant d'une batterie, sont parfois fort avantageux et peuvent arrêter ou faire dévier les projectiles ennemis.

On ne doit pas choisir un emplacement qui offrirait des repères à l'ennemi, tels que maison, moulin, arbre ; il faut se placer dans des positions dont l'évaluation de la distance est difficile à l'ennemi.

Il est bien entendu que les accidents de terrain doivent être tels que l'adversaire ne puisse pas s'approcher impunément des pièces. Un ravin, des buissons, des haies peuvent parfois soustraire une batterie au feu de l'ennemi. Les abords de la position doivent être faciles, afin de pouvoir se porter en avant ou en retraite.

Feux.

Les feux que donne l'artillerie sont : 1° directs, 2° d'écharpe, 3° d'enfilade et 4° de revers.

Projectiles.

L'artillerie de campagne en Belgique se sert, d'après les circonstances, ou d'obus explosifs, de schrapnels ou de boîtes à balles. Ils ont tous la forme cylindrique ogivale.

Les obus explosifs ont, à cause de leur poids, de leur forme, de leur faible déperdition de vitesse, une

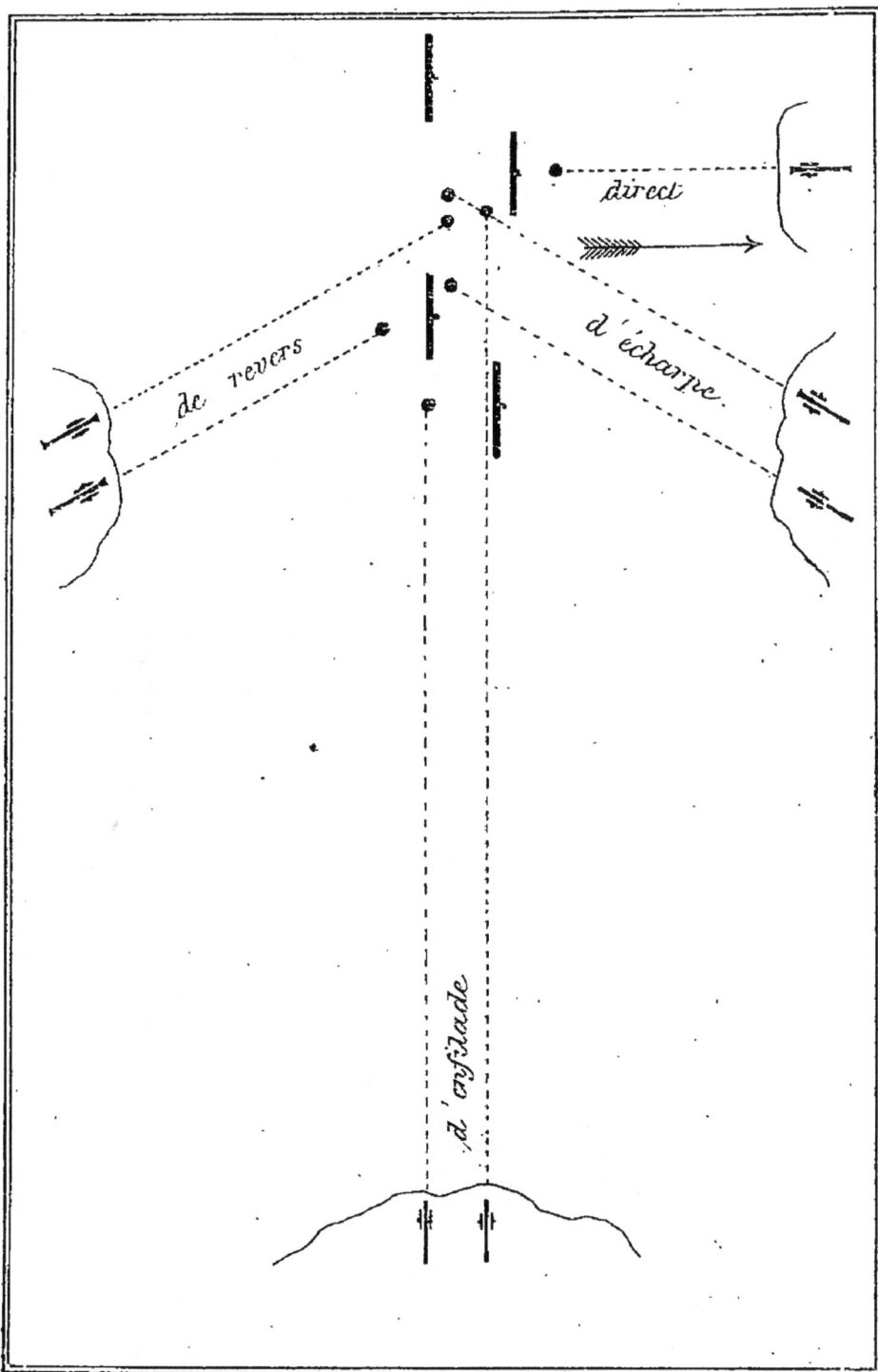

direct

de revers

d'écharpe

d'enfilade

grande force de percussion et un grand effet dû à l'explosion.

Ils exercent une action très meurtrière contre les colonnes, car leurs éclats peuvent être projetés à plusieurs centaines de mètres, dans le sens de la profondeur de la colonne.

Ils permettent de tirer sous de grands angles et avec une faible charge, contre des troupes placées dans des retranchements, villages, maisons ou plis de terrain.

On tire à obus jusqu'à 2,000 et 3,000 mètres.

Le schrapnel est un obus ordinaire dont les parois sont amincies; il contient une charge de poudre de chasse de 22 grammes environ, tandis que, pour les obus, la charge est de 16 1/2 grammes de poudre d'artillerie. Dans les schrapnels se trouvent un certain nombre de balles de plomb. Ils sont utilisés avec efficacité contre des troupes en colonne ou en ligne, mais de préférence contre la cavalerie ou l'artillerie, à cause de la gerbe de dispersion qui se produit dans tous les sens. A de grandes distances, les balles perdant de leur force, on ne dépasse pas 1,800 mètres pour le tir à schrapnels.

Les boîtes à balles sont des cylindres en fer blanc renfermant des balles en alliage d'antimoine et de plomb (162 balles dans les calibres de 6 et 115 dans ceux de 4). Ces boîtes sont employées avantageusement à des distances qui ne doivent pas dépasser 500 mètres, contre de la cavalerie ou des carrés d'infanterie.

Les obus et les schrapnels des canons rayés belges sont munis d'une fusée à percussion, semblable à celle de l'artillerie prussienne.

Les schrapnels des anciens canons lisses portaient une fusée à temps. La fusée à percussion présente certains avantages; ainsi, elle assure l'éclatement du projectile, elle peut servir à toutes les distances, elle permet d'apprécier celles-ci et, par conséquent, de corriger les erreurs, elle augmente les résultats du tir en ajoutant un grand effet moral à l'effet physique résultant de l'explosion en avant et au milieu d'une troupe. L'inconvénient de la fusée à percussion est de ne faire éclater le projectile qu'après avoir touché le sol et de rendre ainsi les effets du tir dépendants de la nature et de la configuration du terrain au point de chute. Ce défaut est réel, mais cependant toutes les armées ont adopté la fusée à percussion.

Les obus et schrapnels à percussion, qui éclatent à 50 mètres du but, donnent encore de fort bons résultats et les éclats sont lancés en avant et latéralement à plusieurs centaines de mètres.

Pénétration.

L'obus a plus de pénétration que le boulet sphérique; celui des pièces de 12 rayées détruit un mur en moins de temps qu'il n'en faut à un boulet lisse. Les obus pour pièces de 6 conviennent fort bien pour détruire les ouvrages de campagne et faire des brèches. Des pièces de 6 avec des obus non chargés firent traverser, à 600 mètres, le projectile dans un parapet de 3m60 d'épaisseur et de forte terre argileuse.

Portée.

Les obus des pièces rayées de 4 et de 6 portent à 4,000 et 4,200 mètres; l'artillerie lisse ne pourrait tirer qu'à 1,200 mètres.

Avec les schrapnels on tire jusqu'à 1,800 et 2,000 mètres, et avec les boîtes à balles jusqu'à 400 et 500 mètres.

Rapidité.

Il faut 26 secondes pour tirer un coup de canon avec le rayé belge ou prussien et 28 secondes pour le rayé français.

Lorsqu'on tire sans pointer en remettant la pièce dans la direction, comme on fait pour repousser une charge de cavalerie, on tire six coups par minute avec le rayé belge.

Mobilité. — Le poids de la pièce de 4 avec affût et avant-train est de 1,500 kilogrammes; six chevaux la traînent; l'avant-train et les coffrets d'affût contiennent 50 coups; le caisson, 108 coups.

Ce canon transporte plus de munitions que n'importe quel canon étranger, mais il est plus lourd que les canons autrichien et français.

L'artillerie comprend : 1° LE MATÉRIEL, 2° LE PERSONNEL.

LE MATÉRIEL. — L'artillerie belge est rayée; les canons en acier Krupp sont de calibre 8 et 9 centimètres ou bien de 4 et de 6, représentant approximativement le poids du projectile en demi-kilogrammes; en d'autres termes, cela signifie que la sphère pleine en fonte qui entrerait dans l'âme avec un léger vent pèserait 4 et 6 livres. Ces dénominations sont vicieuses, mais elles sont consacrées par l'usage.

Les pièces de 12 montées sur affûts de campagne

sont spécialement destinées à être employées comme artillerie mobile pour la défense du camp retranché d'Anvers.

L'artillerie comporte encore les caissons, les forges, les chariots de batterie, les chariots de parc, etc.

LE PERSONNEL comprend l'artillerie à cheval, l'artillerie montée et l'artillerie de siége.

Les deux premières forment l'artillerie de campagne (en Belgique) qui se subdivise en deux groupes : 1° l'artillerie divisionnaire, qui comprend 20 batteries montées, attachées aux divisions mixtes d'infanterie et de cavalerie (4 batteries par division); 2° l'artillerie de réserve, qui comprend 10 batteries montées et 2 à cheval pour chacun des deux corps d'armée (20 batteries montées et 4 batteries à cheval).

La batterie comporte 6 canons, 9 caissons, 3 chariots de batterie, 1 affût de réserve et 1 forge ; ce qui fait 20 voitures par batterie.

L'artillerie à cheval, grâce à sa légèreté, à ses mouvements rapides, est destinée à manœuvrer avec la cavalerie. Elle n'a que des pièces de 4 et on l'emploie surtout aux avant et arrière-gardes.

Emplacement de l'artillerie dans les formations en ligne ou en colonne de marche.

Dans la formation de marche pour une division, une batterie est placée à l'avant-garde, deux pièces à la pointe et quatre au gros. Trois batteries marchent entre les deux brigades de la division.

L'artillerie est l'arme qui peut causer du dommage

à l'assaillant à la plus grande distance; sa masse doit entrer en action avant que la masse de l'infanterie ne s'engage. Il ne faut donc jamais placer l'artillerie trop loin dans la colonne de marche, sa place est plutôt vers le devant.

Dans certaines circonstances, on peut même faire suivre l'avant-garde par plusieurs batteries.

Il est inutile d'attacher des soutiens spécialement à la protection des batteries dans la marche, car elles sont alors liées à d'autres troupes, dont les fractions marchent devant et derrière elles.

EMPLACEMENT DANS LES FORMATIONS EN LIGNE OU EN COLONNE. — L'artillerie divisionnaire est placée en première ou en seconde ligne, presque toujours aux ailes de la division. Elle se porte en avant à 200 ou 300 mètres pour ouvrir le feu, dans des positions choisies. Il faut éviter de placer l'artillerie dans les intervalles des troupes; cette disposition pourrait contrarier ses mouvements et obliger l'artillerie de suspendre son feu ou de changer fréquemment de position. De plus, l'artillerie attirant le feu de l'artillerie, il arriverait que l'infanterie placée sur le côté ou en arrière serait trop exposée.

Règles tactiques.

L'artillerie ne doit commencer le feu que lorsqu'elle est à bonne portée, c'est à dire quand elle espère voir porter la moitié de ses coups. Elle doit éviter de tirer à de trop grandes distances. Dans la défensive, le feu peut s'ouvrir à 2,500 mètres.

Dans l'offensive, il ne faut tirer que lorsque l'œil aperçoit l'objet à atteindre. Les distances entre 800 et 1,800 mètres sont les plus convenables pour les canons rayés. A 800 mètres, l'action de l'artillerie est fort meurtrière. Elle ne peut hésiter de prendre des dispositions plus rapprochées, quand il s'agit de frapper un grand coup.

En commençant le feu, il faut tirer lentement de manière à régler le tir. On doit juger du coup, avant d'en tirer un second. Le tir à mitraille doit s'exécuter très rapidement.

En général, il faut tirer sur l'infanterie et la cavalerie sans s'inquiéter des feux de l'artillerie ennemie, à moins que son feu ne soit par trop destructif, auquel cas, il faudrait entrer en ligne avec lui. Les coups doivent être concentrés et une batterie ne doit changer de position que pour avancer ou reculer de 400 à 500 mètres au moins.

Dès qu'une batterie va au feu, elle prend une allure vive. Les caissons doivent être soigneusement dérobés à la vue de l'ennemi.

Soutiens. — Il arrive que l'artillerie ne peut pas pourvoir à sa propre sûreté dans les marches ou dans les combats, qu'il lui manque ce qu'on appelle l'indépendance tactique et qu'elle a besoin d'un appui, d'un soutien pour la défendre, la protéger et veiller à sa sûreté.

Le soutien permet à l'artillerie de tirer régulièrement, avec calme et précision ; il la met à l'abri d'une attaque de flanc. Il se compose de cavalerie pour les batteries à cheval, et de cavalerie ou d'infanterie et même quelquefois des deux armes, pour les batteries montées. Cela dépend des circonstances et du terrain. Ainsi, en terrain découvert et dans l'offensive, on prendra de la cavalerie de préférence ;

en terrain coupé et dans la défensive, on choisira l'infanterie à laquelle on adjoindra quelques cavaliers comme éclaireurs, pour porter les ordres, etc.

La force du soutien est calculée, pour une batterie, à raison d'un escadron ou d'une compagnie.

Lorsque l'artillerie est éloignée des autres troupes, c'est au soutien à éclairer sa marche et à porter le gros de ses forces du côté de l'ennemi.

Dans le passage de défilé, le soutien doit occuper les débouchés du défilé et si l'on ne peut éviter la rencontre de l'ennemi, il doit s'élancer à l'attaque pour permettre à l'artillerie de prendre position.

Lorsque l'artillerie est en ligne, à côté d'autres troupes, le soutien doit être placé sur l'aile non appuyée, non pas à hauteur des pièces, parce qu'il ne serait pas efficacement utilisé; non pas derrière l'artillerie, afin de ne pas recevoir les coups qui lui sont destinés, mais sur les flancs et en avant, et protégé par des tirailleurs si le soutien est d'infanterie, sur les flancs et en arrière, protégé par des fourrageurs, s'il est de cavalerie.

Les distances varient selon le terrain. En général, on prend 100 mètres pour l'infanterie et 100 à 150 mètres pour la cavalerie.

Si l'ennemi pénètre dans la batterie, le soutien se précipite à la baïonnette contre les assaillants, cherche à les déloger, mais sans les poursuivre et en ayant soin de ne pas masquer les pièces, pour ne pas annihiler leur feu.

Si l'ennemi enlève quelques pièces, le soutien doit le harceler, chercher à reprendre les pièces ou à placer l'ennemi dans des positions dont il sortirait difficilement.

Si la batterie croit devoir se retirer, le soutien protège sa retraite au dehors et sur les ailes.

Le commandant de l'artillerie ne doit pas compter d'une manière absolue sur le soutien, il doit faire preuve de vigilance et d'autorité.

La grande efficacité du tir de l'infanterie obligera l'artillerie à tenir compte du principe de se couvrir de tous les plis du terrain en négligeant les distances prescrites par les instructions. Ainsi, on peut dire que l'infanterie, parvenue à portée efficace de l'artillerie ennemie, est dans une position supérieure vis à vis de l'artillerie et que celle-ci sera bientôt réduite au silence si les tirailleurs fournis par son soutien sont moins nombreux que ceux de l'adversaire.

Rôle de l'artillerie dans les combats.

OFFENSIVE. — Dès que l'avant-garde est engagée, le commandant de l'artillerie divisionnaire se porte en avant pour reconnaître le terrain et prendre les dispositions nécessaires.

Les batteries restent près de l'infanterie, de crainte d'être enlevées dans une attaque brusque de l'ennemi.

Le feu commence à 2,500 mètres contre des troupes en masse, et à 1,800 mètres contre celles qui sont déployées; il faut se hâter de se rapprocher afin de décider plus vite de l'issue du combat.

Le feu sera concentré sur les points principaux du champ de bataille et l'on emploiera des obus ou des schrapnels; on ne se servira des boîtes à balles que si la pièce est arrivée à 400 mètres.

Enfin, l'artillerie tirera avec vivacité lorsque les

colonnes d'attaque seront formées, prêtes à se lancer en avant; par son feu rapide, elle préparera cette attaque, et elle cessera le tir lorsque ces troupes viendront masquer les pièces, dont elles empêcheraient le feu.

L'artillerie restera en place en attendant l'issue de l'attaque, prête à poursuivre l'ennemi, en cas de succès, ou à protéger la retraite, en cas de revers.

DÉFENSIVE. — Dans la défensive, l'artillerie doit faire usage de tous les plis du terrain et, si c'est nécessaire, construire un épaulement ou une levée de terre, afin de s'abriter contre l'artillerie ennemie.

Au préalable, si on a pu le faire, on aura mesuré les distances des batteries aux points principaux que l'ennemi pourrait occuper pendant l'action.

Le feu peut commencer à de grandes distances sur les colonnes qui marchent en avant et même contre l'artillerie adverse, afin d'attirer son feu; mais à mesure que l'ennemi avance, le tir est dirigé contre l'infanterie et la cavalerie, contre les têtes de colonnes, et on ne s'occupera de l'artillerie que lorsqu'elle se mettra en batterie ou présentera le flanc.

Si le feu de l'artillerie ennemie est supérieur, on a recours à quelques batteries de réserve, et si, malgré cela, les troupes continuent à avancer, on tirera à mitraille avec toute la rapidité possible.

L'artillerie ne pouvant sous aucun prétexte se retirer avant l'infanterie, — dont elle doit protéger et couvrir la retraite en faisant même le sacrifice de plusieurs de ses pièces, si c'est nécessaire, — se retirera en échelons pour ne pas avoir de feux interrompus et afin d'assurer le mieux possible l'ordre dans la retraite des troupes.

Quand l'infanterie se forme en carrés, l'artillerie se place dans les espaces libres et croise ses feux avec ceux de l'infanterie.

Artillerie de réserve.

EMPLOI DE GRANDES BATTERIES. — Le rôle de l'artillerie de réserve est de soutenir la partie faible de l'ordre de bataille.

L'artillerie divisionnaire agit comme auxiliaire, tandis que l'artillerie de réserve ne paraît sur le champ de bataille que lorsqu'il faut frapper un coup décisif. On l'emploie encore pour soutenir une artillerie divisionnaire qui opère isolément et demande impérieusement à être renforcée. Elle se tient aux ailes, en avant des troupes de réserve, et jamais derrière, afin de ne pas entraver les mouvements offensifs de ces troupes. Elle se place en colonne pour occuper le moins de terrain possible, et en ligne si elle est trop exposée aux feux de l'adversaire ; reconnaît avec soin les communications entre les troupes de réserve et le champ de bataille, afin de pouvoir se porter rapidement où elle est nécessaire, et enfin, elle avance par batterie, demi-batterie ou par section.

Quelquefois on doit commencer par combattre l'artillerie ennemie, mais il faut ensuite qu'on change rapidement de place pour agir contre l'infanterie.

Il n'est pas nécessaire que les batteries de réserve soient placées sur un même alignement, on pourrait trop facilement les prendre d'enfilade ; il suffit qu'elles fassent converger leurs feux sur un même point.

Les mouvements et les positions de l'artillerie de réserve doivent être protégés par des troupes.

On forme quelquefois de grandes batteries tirées de l'artillerie de réserve et de la réserve générale ; elles sont employées pour préparer une attaque générale, enfoncer le centre des lignes ennemies, favoriser une attaque de flanc ou le passage d'un fleuve, s'emparer d'un bois, d'un défilé, etc.

L'artillerie dans la poursuite ou la retraite.

L'artillerie change en déroute la retraite de l'armée ennemie, et l'artillerie à cheval se porte rapidement sur le flanc de l'ennemi pour le canonner et l'empêcher de prendre une nouvelle position.

En cas de retraite, l'artillerie qui est en ligne se retire en même temps que les autres troupes, mais en échelons par batterie ou demi-batterie, au pas et dans le plus grand ordre ; elle prend de nouvelles positions et doit au besoin se sacrifier pour l'armée. Les batteries de réserve, de préférence celles du plus grand calibre, s'établissent sur des positions reconnues d'avance, pour recueillir les troupes en retraite et leur permettre de se rallier et de traverser des défilés.

Des retours offensifs par l'artillerie à cheval et la cavalerie peuvent rendre l'ennemi plus circonspect et enrayer les poursuites.

L'artillerie dans l'attaque et la défense d'un village, d'une position retranchée, d'un défilé et les passages de rivières.

Dans l'attaque d'un village, l'artillerie cherche d'abord à éteindre le feu de l'artillerie ennemie, puis lance des obus pour détruire les obstacles, les défenses que l'ennemi aurait créés en certains points de l'enceinte.

On emploiera utilement des obus et des schrapnels, sous un grand angle, pour inquiéter les réserves placées en arrière du village ou dans l'intérieur; mais, avant tout, on doit démonter les pièces qui garnissent les flancs extérieurs, le succès de l'attaque en dépend.

L'assaut, après avoir été préparé par l'artillerie, ne devra se faire que lorsqu'il aura été ensuite préparé par le feu de l'infanterie. Le premier soin de l'artillerie en préparant une attaque sera de détourner l'attention de l'artillerie ennemie, en attirant ses coups sur elle, et de la forcer d'évacuer la position; elle pourra ensuite diriger ses coups sur l'infanterie ennemie.

Dans la défensive, les batteries établies en dehors et sur les flancs du village et abritées autant que possible, dirigeront leurs feux sur les colonnes d'attaque. On aura peu de pièces dans le village, à moins qu'il ne doive être défendu à toute extrémité; quelques pièces seront placées en arrière pour s'opposer à l'ennemi qui tenterait de tourner la position. C'est dire qu'il faut toujours de l'artillerie de réserve.

Dans l'attaque d'un point fortifié, l'artillerie réduit au silence les pièces qui se trouvent derrière les embrasures, fait une brèche par un feu à plein fouet et lance des obus à petite charge pour détruire le blockhaus ou le réduit.

Si le temps le permet, les pièces sont abritées par des épaulements; un peu avant l'assaut, elles concentrent leurs feux sur le point d'attaque.

L'artillerie de la défense dirige ses coups sur l'infanterie ennemie ; si le feu de l'adversaire devient prépondérant, les pièces sont retirées du rempart et ne sont remises en action que lorsque l'assaillant prend ses dispositions pour l'assaut.

Pendant cet assaut, la défense canonne l'ennemi à obus, schrapnels et à mitraille, dès qu'il approche de la position.

Dans le passage des défilés, si l'on doit en forcer l'entrée défendue par de l'artillerie, il faut d'abord contre-battre cette artillerie par un tir des plus rapides, avant que les troupes ne se portent en avant pour attaquer vigoureusement l'entrée.

Si, au contraire, l'ennemi défend le défilé en arrière, quelques pièces d'artillerie sortiront avec les premières troupes du défilé, iront prendre rapidement une bonne position et tireront à mitraille pour permettre le déploiement des troupes qui suivent.

Pour la défense des défilés qui, à moins de cas exceptionnels, se fait en arrière, l'artillerie placée à 200 ou 300 mètres croisera ses feux et tirera à mitraille sur les troupes quand elles chercheront à sortir du défilé.

Dans le passage d'une rivière, l'artillerie protège l'établissement des ponts en croisant ses feux sur la rive opposée ; s'il est possible, on couvre ses batteries par des épaulements. Les ponts terminés, quelques pièces passent avec les premières colonnes, se mettent en batterie et protègent le déploiement.

Il est fort difficile de s'opposer à l'établissement d'un pont. Dans la plupart des cas, il faut se borner au passage des rivières en suivant les règles données pour la défense des défilés.

COMBATS DANS LES BOIS.

CONSIDÉRATIONS. — Les bois sont de haute futaie ou de taillis clairs, épais ou fourrés. Si la force numérique est en rapport avec l'importance du bois, la défense est avantageuse, parce que le bois est un obstacle à la marche et aux opérations de l'attaquant.

Les bois rendent la conduite de l'attaque difficile surtout dans l'intérieur ; s'il y a peu de chemins dans le bois, les colonnes d'attaque doivent être à une certaine distance, l'une de l'autre et elles doivent se relier entre elles. L'action de la cavalerie est paralysée, celle de l'artillerie restreinte et l'attaquant supportera de grandes pertes.

Si la force des défenseurs n'est pas en rapport avec l'étendue du bois, il vaut mieux le défendre en arrière ou dans une clairière, parce que, dans ce cas, on peut réunir les feux sur les têtes de colonnes qui débouchent.

La RECONNAISSANCE d'un bois n'est pas toujours possible même dans la défensive (en pays ennemi), et ne l'est presque jamais dans l'attaque. Cette reconnaissance est accompagnée d'un guide et d'une escorte ; on s'avance en laissant à la lisière un détachement qui rallierait au besoin les troupes à l'intérieur. On commence par faire le tour du bois en examinant les issues, chemins, ruisseaux ; on indique d'où elles viennent (de droite, de gauche), puis, on pénètre dans l'intérieur en prenant le chemin le plus important ; on annote en passant les chemins principaux qui coupent celui suivi ; on tient note de leur largeur, de leur qualité et de leur importance pour la marche des colonnes. On indique la nature du bois, les parties fourrées et claires, les trouées, les clairières; on examine le sol (sec, humide, accidenté, uni); on renseigne les marais, les ravins et on suit ces derniers qui aboutissent souvent à la lisière. Celle-ci est étudiée à son tour (en ligne droite, rentrants saillants), enfin, on reconnaît le terrain en avant et en arrière (en arrière pour la retraite ou la position de la réserve); on remarque les points sur les flancs susceptibles d'une défense et l'on tient compte des maisons, etc., qui sont dans le bois.

Dans la défense il faut occuper la lisière, qui ne saurait être assez forte et qu'on doit souvent renforcer. Celle qui présente des saillants et des rentrants est particulièrement propre à la défense, parce qu'elle fournit des feux croisés, bat les débouchés du bois et prend en flanc ou à revers les attaques ennemies. Si la lisière est en ligne droite, il est bon d'y construire des rentrants et des saillants.

La lisière peut être renforcée par des levées de terre, des fossés, des coupures dans les chemins qui conduisent au bois; par des abatis qui arrêtent l'élan de l'attaque et qui ne peuvent être détruits que par l'artillerie.

Quelquefois, à l'intérieur du bois, il y a une deuxième ligne de défense formée par un accident de terrain, une clairière où on jette des abatis; cette deuxième ligne est précieuse.

Les retours offensifs seront avantageux à faire par les rentrants; il faut donc s'y ménager des sorties et boucher les issues des saillants (points faibles).

Un saillant ne peut pas être trop éloigné de la

lisière, parce qu'il pourrait être tourné et sa défense exigerait trop de monde.

Les défenseurs sont placés, le plus possible, à la lisière, parce que si l'ennemi en devient maître, il a alors le même avantage qu'eux. Ils ont des soutiens et une réserve.

Répartition. — Soutiens. — Réserve.

On est généralement d'accord de placer la moitié des défenseurs sur la lisière, un quart en soutien et un quart en tirailleurs.

Les soutiens doivent être près des tirailleurs et par petits groupes, de manière à arriver promptement pour les secourir ou les renforcer. Il y a des luttes partielles à la lisière et ce sont les soutiens qui combattent à la baïonnette.

La réserve est placée en arrière dans une position centrale, à un carrefour, une clairière, pour exercer son action sur toutes les parties de la défense.

Si le bois est grand, la réserve peut prendre place à l'intérieur; sinon, elle sera en position à l'extérieur et en arrière. Elle doit voir tout ce qui se passe, de façon à pouvoir se porter vivement au point menacé; son rôle consiste surtout à protéger la marche des troupes qui se retirent.

La lisière doit être occupée de manière que les hommes voient bien et tirent convenablement; ils seront groupés près des avenues qui doivent être battues dans leur longueur. Des tirailleurs se posteront sur les points élevés, dominants et à l'abri derrière des taillis; les saillants seront fortement occupés; en résumé, les tirailleurs se trouveront sur toutes les parties accessibles.

A l'intérieur du bois se trouveront les soutiens et d'autres troupes qui, placées derrière des accidents de terrain, rallieront les tirailleurs et les soutiens repoussés; on profitera donc, pour le placement de ces troupes, des coupures et des ravins ou plis de terrain à l'intérieur.

LA CAVALERIE est généralement placée sur les flancs; son rôle est de riposter à la cavalerie ennemie ou de favoriser la retraite. Si l'on en a beaucoup, la plus grande partie se trouvera en arrière à la réserve principale pour empêcher les attaques de flanc ou pour poursuivre. Son rôle n'est que secondaire.

ARTILLERIE. — Si le bois est grand, l'artillerie sera placée à la lisière, là où elle pourra balayer toutes les avenues et de préférence dans les rentrants, parce qu'elle y est moins exposée et flanque les saillants; si le bois est petit, elle occupera une position sur les flancs pour battre le terrain en avant, mais alors elle devra avoir un soutien.

Retraite.

Quand l'ennemi parvient dans le bois, les tirailleurs ne se retirent pas d'arbre en arbre, mais le plus rapidement possible, en faisant feu de position en position et, on le voit, il est avantageux d'avoir en arrière une deuxième ligne, qu'on pourra défendre et qui permettra une attaque de flanc ou une embuscade.

Quand les tirailleurs et les soutiens sont parvenus à cette deuxième ligne, la réserve intervient et se précipite sur l'ennemi qu'elle cherchera à déloger du bois. Si la réserve ne réussit pas et que la ligne est forcée, les tirailleurs gagneront l'extrémité du bois et une partie de la réserve garnira la lisière extrême pour permettre aux tirailleurs de quitter le bois et d'aller prendre position près de la réserve générale qui, bien placée en arrière du bois, fera des feux de salve quand l'ennemi débouchera du bois.

Offensive.

Dans l'attaque d'un bois, on cherche d'abord à le tourner et, si l'opération n'est pas possible, on s'en prend aux saillants. Parmi ceux-ci, on choisira celui qui donnera le plus facilement un point d'appui aux troupes, celui qui aura été reconnu le plus faible et qui permettra de se rendre le plus vite sur les communications ennemies (ligne de retraite).

L'attaque d'un bois est fort difficile surtout si la défense est bien menée, car l'attaquant est d'abord exposé au feu des tirailleurs de la lisière, puis à celui de la réserve qui, par sa position centrale, jouit d'une grande mobilité. Il faut donc que l'attaquant cherche à neutraliser ces avantages en faisant de fausses attaques, le vrai point à attaquer devant être dissimulé jusqu'au dernier moment. On y arrive en se couvrant d'un fort cordon de tirailleurs, derrière lequel viennent les colonnes (pour un ou plusieurs bataillons, ce sont des colonnes de compagnie).

Quand les tirailleurs auront préparé l'action, ils se précipiteront, avec les colonnes d'attaque, sur les saillants. Généralement, ce premier mouvement échoue et alors les colonnes d'attaque se retirent et se rallient sous la protection des tirailleurs. On recommence ensuite avec des troupes fraîches.

Si l'attaque réussit, on s'établit sur la lisière jusqu'à l'arrivée d'autres troupes et on s'étend le long de la lisière avant de s'engager dans l'intérieur, en cherchant à s'emparer des débouchés pour arrêter les retours offensifs.

Une fois maîtres de la lisière, les tirailleurs suivis des colonnes pénètrent dans le bois ; toutes les sub-divisions ont soin de maintenir la liaison ; si le feu cessait tout à coup, il faudrait craindre une embus-cade, un retour offensif, et les chefs de groupes et de sections devraient redoubler d'attention.

Dans l'intérieur du bois, l'espace entre les tirail-leurs et les colonnes doit être d'autant moins grand que le bois est plus touffu et plus serré.

Si dans l'intérieur, les attaquants rencontrent une clairière, ils doivent se réunir pour la traverser, parce que c'est là que l'ennemi prononcera son mou-vement offensif ou tentera une attaque de flanc.

Dans l'attaque, le rôle de la cavalerie est presque nul ; elle combat la cavalerie de la défense et, si le terrain est favorable, poursuit les défenseurs à la sortie du bois.

L'artillerie prépare l'attaque par son feu : les pièces de gros calibre, de position, prennent d'écharpe l'artillerie de la défense ; l'artillerie légère lance la mitraille sur les saillants et tire à schrapnels ou à obus pour détruire les obstacles, les abatis, etc. L'artillerie est indispensable pour l'attaque d'un bois fortement défendu. Si l'attaque de la lisière réussit, elle pénètre dans le bois, mais pas trop tôt, pour pré-parer l'attaque de la seconde position à l'intérieur.

Quand les défenseurs sont poursuivis dans le bois, on porte la réserve sur le flanc pour lui faire prendre, à l'avance, une position d'où elle pourra tirer sur les défenseurs au moment où ils abandonneront le bois pour se replier sur leur réserve extérieure.

COMBATS DANS LES DÉFILÉS.

En général, un défilé est un passage resserré entre deux escarpements. Par extension, on donne le nom de défilé à tout passage dont la largeur n'est pas en rapport avec les troupes qui doivent le traverser ou y combattre.

Les chemins dans les bois, les ponts, les routes dans les montagnes, dans les vallées, les vallées elles-mêmes lorsqu'elles sont étroites, les digues à travers les marais ou les inondations et, en général, toutes les communications bordées d'obstacles, sont des défilés.

Reconnaissances.

Soit qu'il s'agisse de défendre ou d'attaquer un défilé, il faut au préalable en faire la reconnaissance. Elle portera sur les points suivants : observer la nature du défilé, est-ce un pont, un chemin, etc.; sa longueur et sa largeur à l'entrée, au milieu et à la sortie; ses flancs et leur hauteur; à quelles troupes il peut donner accès, sur quel front elles peuvent marcher; la forme du terrain en avant et en arrière; la manière dont la défense pourrait être rendue plus avantageuse, plus forte, et enfin, les points les plus importants à occuper.

Défensive.

On défend un défilé de trois manières : en avant, à l'intérieur et en arrière. C'est cette dernière manière qu'on emploie le plus souvent.

Pour le défendre en avant, il faut qu'on y soit forcé par les nécessités, par des raisons militaires ou par la configuration du terrain. Exemples : Quand il faut rester maître du défilé ou, du moins, le défendre jusqu'à l'arrivée d'autres troupes ; lorsqu'une arrière-garde protége la retraite d'un corps ; quand le défilé est trop long ou enfin lorsque le terrain en avant se prête mieux à la défense. Mais, dans tous ces cas, il faudra que le défilé ne puisse être tourné et que l'entrée ne soit pas dominée par le terrain environnant.

Dans la défense en avant, les ailes de la ligne seront recourbées et appuyées au terrain impraticable que le défilé traverse, et seront flanquées, si c'est possible, du bord opposé.

Il pourra encore se présenter deux cas : ou la résistance ne devra pas être trop longue, ou elle devra se prolonger.

Les tirailleurs seront disposés autour du défilé de façon à être appuyés aux flancs ; les soutiens et les réserves se trouveront en arrière.

Si la défense ne doit pas être longue, les tirailleurs seront renforcés, afin que, par un feu très vif, ils tiennent l'ennemi à distance et permettent aux troupes en arrière de se reformer et de prendre une nouvelle position de défense. Les tirailleurs se retireront en échiquier.

Si la défense doit se prolonger, les tirailleurs seront soutenus par de petites colonnes qui riposteront à la baïonnette aux attaques de l'ennemi, et les forces réunies devront pouvoir empêcher l'assaillant de pénétrer brusquement dans le défilé.

Si l'on a des troupes des trois armes, on se trouvera dans les meilleures conditions de défense et la retraite pourra s'opérer en bon ordre.

Cette défense se fera d'autant mieux qu'on aura le temps de construire quelques travaux de fortification passagère. Les retranchements doivent prendre un dispositif convexe, les ailes en arrière et appuyées aux flancs du défilé. En tout cas, si le temps manque, il faut au moins élever des épaulements pour l'artillerie, qui doit être placée de manière à battre les approches du défilé.

C'est l'artillerie qui, portée en avant, doit protéger la retraite et se dévouer. Elle laissera peut-être quelques pièces à l'ennemi, mais, comme le dit Napoléon, il n'y a pas déshonneur quand c'est pour sauver les troupes.

La cavalerie occupe les flancs de manière à profiter le plus possible du terrain. Les charges doivent être courtes et énergiques.

Dans l'infanterie, les tirailleurs bordent les flancs, garnissent les hauteurs, occupent tous les points saillants et sont soutenus par de petits détachements; les soutiens sont en arrière et la réserve dans une position centrale.

Pour bien fixer les idées, supposons que l'on ait trois bataillons, une batterie de 8 pièces et un escadron et demi de cavalerie. On conservera un bataillon à la réserve générale, un demi-bataillon comme réserve centrale et le reste, un bataillon et demi, en tirailleurs, soutiens et réserves. La cavalerie sur les flancs.

Retraite à travers un défilé.

La règle générale est d'exécuter la retraite sous la protection de l'artillerie. Elle peut être soutenue également, quand le terrain le permet, par la cavalerie, qui cherchera à arrêter l'ennemi par des charges vigoureuses. Si le terrain est coupé, ce rôle incombe évidemment à l'infanterie légère.

Il ne s'ensuit pas qu'un défilé est complètement perdu parce qu'il est forcé à l'entrée, car s'il est long et qu'il ne puisse être tourné, on a pu le barricader à l'intérieur, y élever des épaulements pour l'artillerie qui doit foudroyer l'ennemi à petites distances, tirer à bout portant sur les colonnes qui débouchent et se replier ensuite, soutenue par l'infanterie.

Autant que possible, ce ne sont pas les troupes qui ont été entamées qui doivent se retirer les premières, il faut les faire soutenir par de petites fractions qui harcèleront l'ennemi sur les flancs. Il y a là un effet moral qu'il faut éviter ; cet effet est bon pour l'ennemi, mauvais pour le défenseur.

Défense à l'intérieur.

On rencontre rarement un défilé qui puisse être convenablement défendu à l'intérieur. Il faut qu'il ne puisse être tourné et que le terrain soit dans des conditions à permettre au défendeur d'utiliser les trois armes, tandis que l'ennemi serait forcé de déboucher par un passage étroit et obligé de combattre sur un terrain de peu d'étendue.

Défense en arrière.

Si le terrain le permet, on s'établit à 200 ou 300 mètres en arrière du défilé et dans une position de forme concave avec les ailes appuyées aux flancs du défilé.

L'artillerie joue un grand rôle ; elle sera placée de manière à faire converger ses feux sur la sortie du défilé et tirera à mitraille. Si l'on avait des pièces de gros calibre, elle tirerait de façon à battre d'enfilade la route principale du débouché.

Si la cavalerie n'est pas nombreuse, elle sera placée sur les deux ailes ou sur l'aile la plus exposée. Elle est destinée à repousser les attaques de flanc. Dans tous les cas, les chemins qui aboutissent à la sortie doivent être bien observés.

L'infanterie se place entre les batteries, en colonnes de compagnie prêtes à s'élancer sur l'ennemi qui débouche du défilé.

Offensive.

On ne doit attaquer un défilé de front que lors-qu'il ne peut être tourné et, dans ce cas, on doit chercher à inquiéter l'ennemi par des démonstrations, de fausses attaques.

Quand le défilé est défendu en avant, on s'en approchera le plus possible, en utilisant le terrain ; l'artillerie prendra un emplacement qui lui permette de tirer efficacement sur l'entrée ; quand les batteries pourront occuper les bords, elle tirera d'écharpe.

On doit choisir un point d'attaque et simuler des mouvements pour obliger les défenseurs à dégarnir ce point autant que possible, et, surtout si l'on peut y arriver à couvert, il faut attaquer une aile de manière à déborder les troupes du centre pendant qu'on les attaque de front.

Les flancs sont toujours faibles, c'est donc là qu'il faut chercher à attaquer.

De nombreux tirailleurs sont établis sur les points culminants et sur les flancs. Les colonnes d'attaque sont en arrière, soutenues, à une certaine distance, par les réserves qui devront les appuyer.

Si l'attaque réussit, le défenseur est refoulé avec la plus grande vigueur, sans lui donner le temps de s'arrêter et de reprendre position à l'intérieur, et il faut tâcher de sortir du défilé en même temps que lui.

Le moment de l'attaque doit être précédé d'un redoublement de feu de l'artillerie et on ne le choisira que lorsqu'on s'apercevra que l'adversaire ralentit son feu.

Si l'on poursuit l'ennemi, il est imprudent de se lancer hors du défilé dans le désordre où l'on se trouve. Il faut rallier les troupes dans une position centrale et couvrir la sortie par de nombreux tirailleurs, avec de la cavalerie sur les ailes.

Dans l'attaque, la cavalerie n'a qu'un faible rôle; elle fait des charges sur les flancs pour attirer l'attention de l'ennemi, et ces charges sont d'autant plus courtes qu'elle a ordinairement devant elle un terrain très restreint.

Quand le défilé est défendu en arrière, le cas le plus avantageux pour l'attaque serait celui où l'ennemi aurait laissé dés avant-postes dans le défilé, par exemple; on pourrait alors, par une attaque vigoureuse, les refouler et sortir du défilé en même temps qu'eux, de manière à paralyser le feu ennemi.

A part ce cas, on peut dire que l'attaque d'un défilé défendu en arrière est difficile, périlleuse et exige beaucoup d'habileté. Elle doit être préparée par un feu vif et prolongé de l'artillerie qui permette à quelques troupes de sortir du défilé, les tirailleurs, par exemple, soutenus par des colonnes et des pièces de campagne. Ces troupes chercheront à gagner du terrain sur les flancs, pendant que les tirailleurs prendront position, et l'artillerie, si elle a pu passer, cherchera à attirer sur elle l'attention de l'artillerie ennemie.

Pendant ce temps, les colonnes d'attaque déboucheront du défilé et agiront avec la plus grande impétuosité.

Il est rare qu'une première attaque réussisse, ces combats sont longs et sanglants, et ce n'est que par des renforts successifs et au prix des plus grands sacrifices, que l'on parvient à s'emparer d'un défilé bien défendu à sa sortie.

Quand une troupe rencontrera un défilé non occupé, l'avant-garde, divisée en deux parties, le franchira tout de suite, s'il n'est pas trop long; la première partie, formée de tirailleurs (éclaireurs) suivis de petites colonnes, fera des reconnaissances dans les différentes directions; la seconde sera formée de petites colonnes, en arrière, sur les flancs et une au centre de la sortie du défilé, comme réserve.

DES PONTS.

Défensive.

Un pont est un défilé que l'on peut défendre en avant ou en arrière.

La défense sera dans de bonnes conditions, si le pont se trouve, par exemple, dans un des rentrants de la rivière; si la berge du côté des défenseurs est plus élevée que l'autre; si le terrain en avant est découvert et dominé et s'il présente des obstacles avantageux à la défense.

Un pont, sur un saillant, serait favorable à l'attaque.

Défense en avant.

Un pont sera défendu en avant dans des circonstances analogues à celles exposées dans la défense d'un défilé en avant, c'est à dire quand on devra le conserver quand même, pour reprendre l'offensive, recueillir les troupes poursuivies, protéger leur retraite et leur permettre de prendre une nouvelle position de défense en arrière. Mais encore faut-il que le terrain soit dans les conditions favorables citées plus haut.

Lorsque le pont est d'une grande importance, si on le défend en avant et qu'on en a le temps, il faut renforcer la défense par des travaux de campagne établis en avant du pont. On les nomme *têtes-de-ponts*.

Exemples : une lunette simple dont les faces sont dirigées de façon à battre les chemins; un redan couvrant le front et dont les faces sont dirigées sur les avenues qui conduisent au pont; enfin, un ouvrage à couronne, etc.

Quand les ouvrages sont construits en avant, on doit avoir soin d'établir, sur l'autre rive, des batteries qui flanqueront les faces des ouvrages de la défense.

Quand on est dépourvu d'artillerie ou que l'on n'a pas le temps de faire des ouvrages de fortification, on donne aux troupes les mêmes dispositions que celles indiquées pour la défense des défilés en avant. Ainsi, par exemple, les troupes seront établies en avant du pont, les flancs appuyés à la rivière, en observant de ne pas prendre plus de développement qu'il ne comporte ; les tirailleurs couvrent les abords du pont, en se groupant à couvert sur les points saillants ou importants, ils sont appuyés de près par les soutiens avec lesquels ils pourront résister aux premières attaques ; les réserves, qui sont en arrière, interviendront judicieusement par une attaque à la baïonnette pour repousser l'ennemi ou pour favoriser la retraite, par quelques salves tirées à bonne distance.

Quand on a beaucoup de monde, il est bon de placer quelques détachements sur l'autre rive pour recueillir les troupes qui abandonnent la position et pour empêcher l'ennemi de franchir le pont avec elles. Si la retraite s'effectue en bon ordre, le mouvement offensif pourra avoir lieu, car l'ennemi qui poursuit devra combattre ces nouvelles troupes et, pendant ce temps, celles qui battent en retraite pourront se reformer. Si l'on possède de la cavalerie, elle sera chargée de protéger cette retraite et attaquera l'adversaire en flanc.

Les troupes effectuent leur retraite dans l'ordre suivant : l'artillerie, la cavalerie, puis l'infanterie. A défaut d'ouvrages de campagne, on établira des barricades, des barrières, des épaulements, enfin, tous les obstacles que permettront les matériaux que l'on aura sous la main.

Défense en arrière.

La défense en arrière et tout près du pont se fera dans de bonnes conditions, quand la berge amie sera plus élevée que l'autre. Les tirailleurs, qui seront abrités derrière cette berge, ébranleront l'ennemi qui s'avancerait sur le pont. Si l'on dispose d'artillerie, elle doit battre d'enfilade tous les chemins qui conduisent au pont. Si, malgré le feu des tirailleurs, l'ennemi approche du pont, ils doivent s'élancer sur lui au pas de course. Si le pont est d'une certaine importance et que l'on dispose suffisamment de troupes, il vaut mieux employer le système indiqué pour la défense du défilé en arrière, c'est à dire que les troupes soient placées à 200 ou 300 mètres en arrière, l'artillerie abritée et établie de manière à battre les accès du pont ; entre les batteries et plus en arrière, l'infanterie disposée en ordre de combat et en avant, les tirailleurs et les soutiens qui, par un feu prolongé, rendront l'approche du pont difficile à l'ennemi. Dans la défense du pont en arrière, il y a cette différence avec le défilé que l'adversaire peut se déployer.

6

Offensive.

Avant d'attaquer un pont de vive force, on doit bien reconnaître la rivière, s'assurer qu'il n'y a pas de gués ou d'autres points de passage qui permettront de faire des diversions.

Quand l'ennemi est en avant du pont, l'artillerie sera placée de façon à en battre les accès; les tirailleurs s'avanceront vers la berge, à couvert le plus possible, et entretiendront un feu nourri; ils seront suivis par les troupes d'attaque qui profiteront du moment où l'ennemi commencera à se retirer, pour le charger avec vigueur et tâcher de passer le pont en même temps que lui.

Si l'ennemi se trouve en arrière du pont, c'est encore à l'artillerie que revient la mission de préparer l'attaque. Elle s'établira dans des positions latérales et dominantes pour faire taire l'artillerie adverse et détruire les barricades qui auraient été placées autour du pont. Les tirailleurs gagneront du terrain en se couvrant et s'approcheront le plus près possible de la berge en continuant de tirer; ils seront suivis par des colonnes d'attaque qui s'approcheront couvertes, autant que possible, par des accidents de terrain.

Ces colonnes ne doivent pas être trop fortes ni trop près l'une de l'autre, afin d'éviter la confusion lors du passage du pont.

Quand le feu ennemi deviendra moins vif, les colonnes d'attaque s'élanceront au pas de course, précédées de nombreux essaims de tirailleurs. La première colonne attaquera vigoureusement pendant que celles qui suivent feront une diversion à droite et à gauche pour assaillir les flancs et tâcher de se rendre maîtres des appuis de la rivière. Ces colonnes seront suivies de la réserve et ces troupes, au fur et à mesure qu'elles déboucheront, gagneront du terrain et s'empareront des points qui avaient été occupés par l'ennemi.

DES VILLAGES.

Tous les villages ne sont pas susceptibles d'une bonne défense, soit à cause des constructions, soit à cause du site, c'est à dire de leur situation par rapport au terrain extérieur qui pourrait offrir tout l'avantage à l'attaque.

Les villages dont les habitations, celles de la ceinture surtout, sont éparpillées; ceux qui sont dominés de différents côtés, qui sont profonds sans grande largeur; ceux bâtis au fond de longs et étroits vallons; ceux situés au pied d'une hauteur, sur le penchant d'une colline, dominés ou entourés de gorges, de vallées, de rochers et de bois; ceux dont les bâtiments sont construits en bois ou en pisé et couverts de chaume; et enfin, ceux qui ont un développement hors de proportion avec la force du détachement, ne peuvent être défendus.

Par contre, le village dont le site est élevé par rapport au terrain environnant, qui est entouré de bois, couvert par un ruisseau, une rivière; dont l'enceinte est continue, formée de murs ou de haies; dont les maisons sont solides; qui a une église, un cimetière ou tout autre grand édifice dont les flancs sont appuyés, ce village se trouve dans de bonnes conditions pour la défense.

Le village qui est adossé à des obstacles, qui a un défilé derrière lui, qui est couvert par un ruisseau ou qui, enfin, se trouve en avant d'une position dont il peut recevoir protection, n'a pas besoin d'être défendu à la gorge.

Celui qui est complétement isolé, doit être mis en état de défense sur tout son développement.

Il peut arriver qu'il n'y ait pas proportion entre la force du détachement et l'étendue du village, mais dans ce cas, on choisira en arrière, en avant ou sur les flancs, une position qui permette de s'y défendre et d'atteindre le but qu'on se propose. On n'en fortifiera qu'une partie, qu'on séparera, du reste, par des lignes d'abatis, de palissades, par des coupures, des épaulements, etc., de manière à former une enceinte flanquée.

Reconnaissance.

Un officier qui doit défendre un village, en fait la reconnaissance. Il examine la situation exacte de ce village; le relief du terrain extérieur, c'est à dire sa forme, les chemins, sentiers qui aboutissent au village; les abris, les couverts, qui peuvent servir à l'attaque; comment est composée l'enceinte (haies, murs, fossés, etc.), sa forme. Dans l'intérieur, il examine la direction des rues et s'il y en a plusieurs parallèles; la nature des constructions et si elles ne sont pas fortes; les ressources que le village présente, pour les renforcer. Il songe à se créer un réduit à l'intérieur (église, château, cimetière, etc.). Ce réduit devra, autant que possible, dominer toute la position et permettre de battre les principales communications, sans cependant donner prise à l'artillerie adverse ou à l'incendie ; il devra être indépendant et communiquer, le plus possible, avec le chemin de retraite ; enfin, il ne devra pouvoir être pris ni même attaqué avant que l'assaillant se soit rendu maître de la position.

L'officier se sera assuré si, en avant du village, il n'y a pas de maisons ou de positions qui peuvent être défendues d'abord. Il voit si, dans l'intérieur, il n'y a pas de dispositions particulières de maisons ou d'enclos, voire même de rues parallèles, qui permettent d'avoir une deuxième ligne de défense. Enfin, il examine, en arrière, les débouchés par lesquels on pourra exécuter la retraite ; si les flancs du village sont appuyés à des obstacles, si l'on peut en créer et quelles seraient les troupes à y placer.

Mise en état de défense.

La première chose à faire, c'est de barricader les avenues principales en ménageant de petites issues pour le service, si important, des rondes. Ces avenues seront fermées par des épaulements. On s'occupera ensuite du réduit ; à défaut de bâtiment convenable, on devra construire en arrière un ouvrage se reliant au village.

Sur le pourtour, les bâtiments seront reliés par des obstacles naturels ou artificiels, de manière à avoir une enceinte continue. En arrière, on établira des voies de communication (chemins de retraite), qui seront celles par où les secours pourront arriver.

En avant, on détruira toutes les maisons qui pourraient être utiles à l'attaque ou nuire au feu de la défense. Les maisons qui s'appuient aux barricades des rues et les murs de l'enceinte seront crénelées ; les maisons communiqueront entre elles par des ouvertures pratiquées à travers les murs ; les portes et fenêtres seront bouchées et barricadées, mais en ménageant des ouvertures à une hauteur de 1ᵐ30.

On creusera des fossés derrière les haies, les terres rejetées au pied de celles-ci.

Les distances du village à quelques points éloignés de la ceinture seront mesurées, afin de régler le tir des défenseurs.

Dans l'intérieur, les communications doivent être faciles, du centre à la circonférence. On pratiquera donc toutes les ouvertures nécessaires.

Si le village est une position importante, s'il fait partie, par exemple, d'une ligne de bataille, on établit tout autour un système de fortification composé de redans ou de redoutes, avec un relief suffisant pour dominer et battre le terrain environnant. Ces ouvrages sont reliés par des courtines, qui peuvent être des tranchées ou bien un système de palanques, d'abatis, etc.

S'il y a insuffisance de temps, on devra s'occuper de suite de la ceinture du village, réunir les différentes parties par des obstacles créés avec les matériaux dont on dispose. Le plus simple est généralement la construction d'un parapet ; on barricade ensuite les chemins principaux. Quant au réduit, on choisit une place à l'intérieur du village et on la barricade.

Comme défenses accessoires, on emploie les fossés,

les retranchements les plus expéditifs; les fraises, les palanques, les petits piquets. (Voir *Fortification*.)

Défensive.

Si le village est adossé à un obstacle, la plus grande partie des troupes sera placée à l'intérieur; si, au contraire, il est isolé, une partie sera à l'intérieur et la plus grande fraction à l'extérieur et en arrière, mais près du village, afin de pouvoir tourner l'ennemi qui, s'il attaque de front, aura une aile exposée.

Un tiers des troupes occupera l'enceinte et formera une ligne de tirailleurs groupés aux points présumés de l'attaque. Dans ce tiers seront compris les soutiens qui, divisés en petites fractions, seront à proximité des tirailleurs, afin de pouvoir arriver promptement en ligne. Cette première ligne de défense, qui a beaucoup d'analogie avec celle des bois, doit être la plus longue possible et bien renforcée, la défense reposant sur la lisière. Car, si l'ennemi parvient à s'emparer de l'enceinte, il sera bientôt maître de l'intérieur. La lutte doit se faire pied à pied, les combats sont presque individuels et partiels à cette première ligne.

La seconde ligne, composée du deuxième tiers, sera formée de postes de ralliement ou de soutiens, et de réserves particulières qui, bien placées (aux carrefours), auront pour mission de repousser par le feu et à la baïonnette l'ennemi qui aurait franchi la première ligne.

Il faut toujours avoir la précaution de ménager des chemins pour permettre aux troupes de se porter en arrière; il s'agit, par conséquent, d'ouvrir latéralement des passages par où pourront s'écouler les hommes de la première ligne en retraite, précaution sans laquelle ils seraient fort longtemps exposés au feu de l'assaillant.

Enfin, le troisième tiers de la troupe composera la réserve générale, qui sera placée dans une position centrale barricadée, si l'on n'a pas d'église ou de bâtiment isolé pouvant servir de réduit. Cette réserve générale interviendra dans l'action lorsque les deux premières lignes auront été repoussées, et cherchera, par ses feux de salve, par ses attaques de flanc, à repousser l'ennemi et à le refouler au delà du village. Elle peut aussi servir, pendant l'action, à porter des secours et à détacher une partie de ses forces sur l'un des points menacés.

C'est dans cette réserve que l'on prendra les troupes nécessaires à la défense du réduit, et le réduit lui-même ne sera défendu que pour autant que l'on doive garder la position, soit pour ménager des retours offensifs, soit pour couvrir la retraite.

La division des troupes que nous venons de faire, n'est pas générale; on ne peut établir de règle fixe, et la répartition dépendra de la situation du village; mais dans tous les cas, il faudra toujours avoir beaucoup de monde à la première ligne (enceinte).

Si le village était adossé à un obstacle, la division des troupes dépendrait des dispositions qu'on pourrait leur donner sur le côté du village, des obstacles qui s'y rencontrent et de la distance qui les en sépare. Ainsi, si l'avenue principale qui conduit au village était située du côté opposé à celui où se trouvent les troupes, il faudrait nécessairement renforcer les défenseurs du côté de cette avenue.

Défense en général.

Nous supposerons le village retranché et fortifié.

Les tirailleurs sont groupés aux points les plus importants, là où ils peuvent donner le plus de feux, sur les chemins que doit parcourir l'adversaire. Ils ouvriront le feu à bonne portée et ne tireront pas trop vite, car un feu inefficace enhardit l'ennemi. Quand celui-ci arrivera près de l'enceinte, les tirailleurs renforcés de leurs soutiens défendront le terrain pied à pied. Si l'ennemi franchit l'enceinte, les réserves doivent s'élancer sur lui à la baïonnette.

Si l'attaque échoue, les troupes reprendront leurs meilleures positions, sauf à renforcer des tirailleurs aux points trop faibles.

Si, au contraire, la deuxième ligne est refoulée, la réserve bien placée tirera des feux de salve en même temps qu'elle tâchera de surprendre l'ennemi sur les derrières et, s'il continue à avancer, cette réserve se repliera sous la protection des feux du réduit. Celui-ci, attaqué à son tour, se défendra à outrance jusqu'à ce que la retraite soit effectuée ou que les secours soient arrivés.

Si on a de l'artillerie, on la place généralement sur les côtés du village, dans une position dominante, de manière à ne pas entraver l'action des autres armes et en se mettant à l'abri des feux convergents de l'adversaire. Une partie de cette artillerie occupera un emplacement près du réduit. Ceci est à peu près la règle générale; cependant il est des cas où une partie de l'artillerie peut être placée avantageusement à l'intérieur du village, dans les rentrants ou sur les avenues principales qu'elle peut enfiler.

Quant à la cavalerie, si le village s'y prête, une petite partie pourra être placée à l'intérieur; par exemple lorsqu'il y a de grandes avenues vers l'extérieur et quand l'espace lui permet de charger lorsque les soutiens sont attaqués. Mais la majorité de la cavalerie doit être échelonnée en arrière et sur les flancs, afin d'empêcher l'ennemi de tourner le village — ce qu'il cherche toujours — ou bien de lui permettre de charger la queue des colonnes d'attaque qui vont à l'assaut.

On emploie généralement la cavalerie dans la reconnaissance des villages.

Sorties. — Les sorties, si l'occasion se présente d'en faire, doivent être poussées avec vigueur et néanmoins conduites avec beaucoup de précautions. Elles se font ordinairement pendant la nuit.

On doit avoir soin de bien garnir le point du village par où les troupes doivent rentrer, car si la sortie échouait, l'ennemi en poursuivant entrerait en même temps qu'elles; il faut donc y renforcer les obstacles, bien que les sorties ne se feront que par les points les plus forts, les rentrants.

Réduit. — Le rôle du réduit est de soutenir l'attaque le plus longtemps possible, soit pour protéger la retraite des troupes battues, soit pour favoriser un mouvement offensif par l'arrivée de troupes de secours.

Offensive.

L'attaque d'un village est, en général, une entreprise très difficile, périlleuse et que l'on ne doit tenter de vive force que lorsqu'on n'a pas d'autre moyen d'arriver à son but.

Frédéric II disait : « Quant aux attaques de vil-
« lages, je préfère toujours les éviter, car ces
« attaques sont sanglantes et l'on y expose la
« meilleure partie de son infanterie. »

Depuis nos nouvelles armes, ce que disait Frédéric est plus vrai encore.

L'attaque exige des forces supérieures, un plus grand matériel, une artillerie plus forte que celle de l'adversaire, afin de pouvoir faire taire ses feux, tout en détruisant les obstacles accumulés aux points d'attaque.

La nécessité d'attaquer plusieurs points à la fois, en faisant une attaque véritable et deux fausses attaques, exige des forces plus nombreuses.

La défense d'un village présente des points faibles et des points forts; ce sont naturellement les faibles (saillants) que l'on choisira pour point d'attaque. On a quelquefois recours à l'incendie, moyen qui produit presque toujours son effet; mais ces ruines peuvent devenir elles-mêmes un obstacle pour l'assaillant et, enfin, il est des circonstances où le village ne sera attaqué de vive force que lorsqu'on ne pourra le tourner.

Reconnaissance. — Avant d'attaquer on doit faire la reconnaissance du village. Elle portera principalement sur ces points : le village est-il dominé en certains points; quelle est la nature du terrain en avant, en arrière, sur les flancs; de quels éléments la clôture est-elle formée; quelle est la nature des obstacles créés aux différents points de passage et quels sont ces points; quelle est la position du réduit ; quels sont les points où l'on pourra concentrer ses feux ; quel est le flanc le moins bien défendu par l'artillerie et par l'infanterie ?

Conduite dans l'attaque. — L'assaillant divisera ses troupes en trois parties : tirailleurs, colonnes d'attaque et réserve.

La première comprendra le quart des troupes, la deuxième la moitié et la troisième le quart restant.

Dès le début de la lutte, il est avantageux de mettre en action le plus de force possible pour être à peu près certain du succès et ne pas compromettre par l'effet moral les attaques suivantes.

L'avant-garde a pour mission de protéger la reconnaissance par le rideau de tirailleurs qu'elle déploie et d'engager le combat.

Il y aura de l'infanterie, de l'artillerie et quelquefois de la cavalerie dont le rôle sera de repousser les tirailleurs, d'éclairer le terrain et, exceptionnellement, de faire des attaques de flanc.

L'artillerie réduit au silence les batteries adverses; si elle est assez nombreuse, on en emploiera une partie à détruire la lisière, à bouleverser les obstacles et à concentrer ses feux sur les points d'attaque.

L'infanterie se déploie en tirailleurs sur plusieurs points à la fois pour occuper l'ennemi et lui laisser ignorer le véritable point d'attaque.

Le gros, qui suit, est formé sur une ou deux lignes en colonnes de compagnie et marchera dans le même but, sur plusieurs points à la fois. La colonne chargée de l'attaque véritable sera plus forte que les autres. On n'emploiera jamais des forces massées ni des colonnes trop profondes.

On place des compagnies en arrière des ailes pour

favoriser les attaques de flanc. La réserve est en arrière en colonne avec l'artillerie et la cavalerie. Cette réserve est indispensable surtout quand l'ennemi en a une, car si le gros est enfoncé et si l'on n'a pas de réserve, un échec peut se changer en déroute.

L'attaque se fera en échelons ; si le village est adossé à un obstacle à droite, on attaquera l'aile droite en avant.

D'après quelques auteurs, les tirailleurs suivis de leurs soutiens doivent s'avancer sans faire feu. Mais ce principe est trop absolu et nous pensons qu'on pourrait dire que la ligne de tirailleurs, si le terrain est découvert, s'élancera, suivie de ses soutiens et de quelques pionniers, pour détruire les obstacles, au pas de course et à la débandade sur la première ligne, tâchera d'occuper l'adversaire pendant que les colonnes d'attaque, s'avançant autant que possible à couvert, chercheront à pénétrer par les passages laissés libres.

Mais si le terrain en avant du village est un peu accidenté et offre des abris aux tirailleurs, ils pourront faire le coup de feu en avançant en même temps que l'artillerie et permettront ainsi aux colonnes d'attaque de masquer leur marche à la défense.

Si l'attaque échoue, il est rare qu'on puisse la recommencer de suite ; il faut un certain temps pour prendre d'autres dispositions et pour permettre aux troupes de la deuxième ligne de remplacer celles de la première. Mais comme il est dangereux de faire replier la première ligne tout entière sans s'exposer à une poursuite vive de l'ennemi, on laissera les troupes de la première ligne qui ont le moins souffert occuper quelques points avantageux, surtout si le terrain est accidenté.

Si le sol est uni et ne présente aucun point d'appui, la retraite doit se faire avec la plus grande rapidité ; la seconde ligne se replie en même temps si elle est trop rapprochée de l'enceinte.

Si l'attaque est heureuse, les réserves comme les troupes qui ont pénétré dans le village, doivent chercher à arriver sur la ligne de retraite de l'ennemi, celles-ci par des rues détournées, celles-là en tournant le village. Il faut éviter d'accumuler des troupes dans le village, car l'ennemi, par un retour offensif et par des batteries bien placées, peut les écraser.

Il est bien entendu que, dès que l'assaillant est parvenu à s'emparer de la lisière du village, il occupe cette lisière et s'y retranche de manière à avoir un point d'appui dans le cas où l'ennemi chercherait à reprendre le village ; il serait bon d'occuper aussi les maisons extérieures. Les troupes qui doivent prendre des points d'appui sur la lisière seront tirées de la réserve, si on a peu de monde, et prises à la queue des colonnes d'attaque, si on en a suffisamment.

Quand on s'est emparé du village, on devra l'occuper avant de songer à la poursuite, qui sera faite par la cavalerie.

Si l'attaque est repoussée, on la renouvelle avec des troupes de la réserve, mais sans l'employer complétement.

Dans les villages où toutes les maisons sont occupées, on se demande si l'on doit les attaquer l'une après l'autre, ou bien s'il suffira d'une menace de couper les défenseurs. Si l'on se trouve devant des troupes solides bien disciplinées, auxquelles on a donné l'ordre de rester, il serait puéril de croire qu'une démonstration de couper leur ligne de retraite suffirait pour leur faire abandonner leur position; tandis que si ce sont de jeunes troupes peu solides, ce ne sera qu'exceptionnellement qu'on devra combattre de maison en maison.

RÉDUIT. — La prise du réduit est indispensable pour assurer d'une manière permanente l'occupation du village. On peut le prendre de vive force ou en le tournant. Ce dernier cas n'est qu'exceptionnel.

L'attaque du réduit est toujours une action sanglante, car les troupes n'ont guère de place pour se déployer, et l'artillerie ne peut pas toujours être employée.

On placera des tirailleurs dans les maisons voisines, dirigeant leur feu sur les défenseurs du réduit; on cherchera à l'incendier.

POURSUITE. — La victoire se complète par la poursuite.

Il faudra occuper la lisière et prendre des dispositions de troupes à l'intérieur pour prévenir une défaite; on s'établira dans des bâtiments solides servant de points d'appui. Pendant qu'on se ménage ainsi une retraite, les autres troupes, cavalerie, artillerie et tirailleurs, effectueront la poursuite.

SERVICE DE CAMPAGNE.

Cantonnements, bivouacs, camps et campement.

On entend par *cantonnements* l'ensemble des lieux habités que les troupes occupent sans y être casernées ; par *bivouacs*, l'endroit où les troupes s'établissent pour un séjour généralement très court, en plein air ou sous des abris improvisés ; enfin, par *camps*, les lieux où les troupes sont établies, pour un séjour de quelque durée, dans des baraques.

Dans ces différentes situations, les troupes doivent être couvertes par des avant-postes et chaque homme doit toujours être prêt en cas d'alerte.

On appelle *campement* la réunion des individus chargés de préparer un cantonnement, bivouac ou camp.

Le campement d'un régiment se compose d'un adjudant-major, d'un adjudant et, par compagnie, d'un fourrier et de quatre hommes.

En pays hostile ou occupé par l'ennemi, l'avant-garde est chargée d'assurer la sécurité du campement.

Du mot.

Le *mot* est une expression qui varie chaque jour et qui, chaque jour aussi, est communiquée aux gardes, patrouilles, rondes, reconnaissances, découvertes, postes et détachements, comme moyen de se reconnaître entre eux et d'éviter les surprises. Le mot se compose de deux noms : le premier, qu'on appelle le *mot d'ordre*, doit être le nom d'un grand homme, d'un général célèbre ou d'un brave mort au champ d'honneur ; le second, qui est appelé *mot de ralliement*, doit présenter le nom d'une bataille, d'une ville ou d'une vertu civile ou militaire.

Quand le mot se perd à un avant-poste, ou qu'une désertion donne à craindre qu'il ne soit livré à l'ennemi, le commandant en donne immédiatement un autre, et il avertit sur-le-champ les corps et les postes voisins ainsi que les généraux.

Des avant-postes en campagne.

Les avant-postes se composent de troupes détachées d'une avant-garde, qui ont pour mission de garantir les corps campés et de leur donner le temps de prendre la formation de combat. Ils reconnaissent aussi l'ennemi et cherchent à connaître ses projets.

La force des avant-postes varie suivant le terrain, la proximité de l'ennemi, la lassitude des troupes, etc.

Ils se composent ordinairement d'infanterie et de cavalerie et très rarement d'artillerie. L'infanterie est chargée de la sûreté, la cavalerie de l'observation et l'artillerie n'y concourt que lorsqu'il y a des positions importantes à défendre. Quand l'ennemi est très éloigné, le service de sûreté se fait par la cavalerie seule.

La distance des avant-postes au corps principal dépend des circonstances et de la nature du pays, de la force du corps à couvrir et du temps qu'il lui faut pour prendre ses dispositions de combat, de la proximité de l'ennemi et du moment de la journée où on les établit. Plus le corps à éclairer est peu considérable, plus les avant-postes doivent être rapprochés et surtout la nuit.

On prend ordinairement pour base qu'une division se fait couvrir à 200 mètres, un corps d'armée à 300 ou 400 mètres et une armée de 40 à 50 mille hommes, à une lieue environ.

Les avant-postes doivent occuper des positions dominant une grande étendue de terrain, à proximité de maisons, haies, palissades, cours d'eau, etc. Ils doivent, autant que possible, être cachés à la vue de l'ennemi tout en observant.

Les avant-postes forment :

1° Une ligne de grand'gardes ;
2° Une ligne de petits postes ;
3° Une ligne de sentinelles et vedettes.

On comprend dans ce système les postes d'examen, les patrouilles et les soutiens.

Les *grand'gardes* ont pour mission de fournir et de renforcer au besoin les petits postes, de les recueillir lorsqu'ils sont repoussés, de surveiller les avenues, les débouchés qui conduisent aux corps qu'elles protégent. On les place au centre du terrain qu'elles ont à couvrir; mais il faut éviter les maisons et les abriter de façon qu'elles ne puissent être surprises; elles se placeront en avant des défilés.

Sur le commandant de la grand'garde repose en partie la sécurité de l'armée; tout manque de vigilance de sa part peut donc entacher son honneur.

Une reconnaissance préalable du terrain et de la carte détermine l'emplacement des grand'gardes et la liaison des avant-postes.

Aussitôt qu'une grand'garde se trouve attaquée ou se voit menacée de l'être, elle prévient les troupes en arrière. Le commandant fait prendre les armes et se porte de sa personne dans la direction de l'attaque; s'il a devant lui des forces supérieures, il se défend avec la plus grande énergie et met à profit tous les moyens que peut présenter le terrain pour prolonger sa résistance et donner ainsi aux troupes en arrière le temps de prendre leurs dispositions.

Si l'ennemi, après avoir pénétré dans les lignes, s'arrête ou montre de l'indécision, le commandant de la grand'garde profite de ce moment pour le repousser vigoureusement; si l'ennemi est inférieur, il n'hésite pas à l'attaquer; mais il veille, en tout cas, à ne pas se laisser déborder sur ses flancs ou couper de sa ligne de retraite.

Lorsque le commandant d'une grand'garde entend le bruit d'une attaque sur une autre grand'garde voisine, il fait prendre les armes, se tient prêt à combattre et envoie un officier reconnaître ce qui se passe; mais il ne doit pas se hâter de retirer ses petits postes, car cette attaque pourrait n'être qu'une ruse de l'ennemi et n'avoir pour but que de l'engager à dégarnir des points importants à conserver.

Les *petits postes* sont destinés à fournir les sentinelles et à les soutenir en opposant une première résistance en cas d'attaque; ils surveillent le terrain qui se trouve en avant d'eux et empêchent les reconnaissances de l'ennemi.

Leur emplacement le plus favorable est celui qui permet une communication facile, d'une part, avec les sentinelles et, de l'autre, avec la grand'garde. Les petits postes doivent pouvoir examiner tout le terrain en avant et entendre les coups de fusil tirés par les sentinelles; ils sont reliés entre eux, ainsi qu'aux petits postes des grand'gardes voisines.

Il est préférable de diminuer la force des petits postes et d'en multiplier le nombre.

En données générales mais non absolues, le petit poste de cavalerie est placé à 2,000 ou 3,000 pas de la grand'garde; celui d'infanterie à 1,500 pas, avec distance de 500 à 600 pas du petit poste voisin.

Les *sentinelles* et *vedettes* sont placées en première ligne pour observer l'ennemi et avertir de ses mouvements. Leur mission est d'observer tout le terrain qui se trouve dans leur rayon visuel.

On les place, sans toutefois interrompre la chaîne qu'elles forment, sur des points d'où elles puissent bien observer et découvrir au loin. Deux sentinelles doivent s'apercevoir réciproquement. Elles sont, autant que possible, dérobées à la vue de l'ennemi;

mais l'avantage d'observer et de ne pas être vu ne doit jamais être sacrifié à celui d'apercevoir plus au loin. On doit éviter de les poster à un endroit où elles pourraient être surprises.

On emploie généralement aujourd'hui les *sentinelles doubles*. L'un des deux hommes observe, tandis que l'autre parcourt les sinuosités, les replis du terrain, les escarpements des chemins creux, et assure la communication avec les sentinelles voisines.

La première fois elles sont placées par le chef de poste ; elles sont constamment attentives à observer le point marqué par ce chef ; elles surveillent spécialement les routes et agissent toujours avec calme et sang-froid. Elles ne se laissent distraire par rien et recherchent avec soin les indices qui peuvent fournir d'utiles renseignements. Elles ne rendent pas d'honneurs.

Les vedettes sont à 1,500 pas des petits postes et les sentinelles à 600 pas.

Postes d'examen. — On détache parfois des petits postes de quatre hommes intelligents et parlant la langue du pays, sous le commandement d'un caporal. Ils ont pour mission de surveiller tout ce qui passe au travers de la ligne des sentinelles ; ils se placent sur les chemins les plus fréquentés pour que rien n'échappe à leur vue ; ils fouillent les voitures, interrogent les passants et les déserteurs, etc. ; ils donnent immédiatement avis au chef du petit poste des particularités qui se présentent.

Ces postes d'examen allégent considérablement le service des petits postes et des sentinelles.

Poste de soutien ou réserve d'avant-postes. — Pour une brigade, ce poste se compose des deux compagnies restantes du bataillon chargé du service de sûreté.

Il est destiné à soutenir les grand'gardes et à leur fournir les renforts nécessaires. Il occupe (les deux compagnies réunies ou séparées), autant que possible, un point central par rapport à la ligne des grand'gardes, de manière à pouvoir agir dans toutes les directions. Généralement on le met près de la route principale par laquelle peut arriver l'ennemi. Il s'établit au bivouac, se relie d'une manière permanente avec les grand'gardes et assure les communications de celles-ci avec le corps principal.

En cas d'attaque, le poste de soutien appuie les grand'gardes, les recueille si elles sont refoulées et oppose à l'ennemi une résistance énergique.

DÉPLACEMENT DES AVANT-POSTES. — Pour éviter les surprises, on déplace les avant-postes à la chute du jour. Les sentinelles se replient sur les petits postes et ceux-ci sur les grand'gardes, ou bien les grand'gardes prennent leurs nouvelles positions et les petits postes et les sentinelles changent après.

Le nouvel emplacement doit avoir été reconnu le jour.

Rondes.

Les rondes sont des tournées que l'on fait pour s'assurer de la vigilance des sentinelles et des différents postes. Elles ne dépassent jamais la ligne des sentinelles, mais elles observent avec soin les alentours, particulièrement du côté de l'ennemi; elles communiquent aux différents postes les renseignements recueillis et qui peuvent les intéresser.

Les commandants des avant-postes et des grand'gardes font eux-mêmes des rondes sur le terrain occupé par leur troupe; ils sont accompagnés par un ou deux hommes.

Patrouilles.

Les patrouilles ont pour mission de chercher à avoir des nouvelles de l'ennemi, de déterminer sa position, sa force, de connaître ses mouvements, ses projets.

Il y a deux espèces de patrouilles, les patrouilles de *découverte* qui sont rampantes et fouillantes et les patrouilles d'*exploration* ou de *reconnaissance*.

Les premières ne dépassent la ligne des sentinelles que de 600 à 800 mètres; elles doivent reconnaître la position des avant-postes ennemis, leur force et en déduire la position et la force du corps ennemi. Elles se composent de trois ou quatre hommes, plus le chef.

Si elles rencontrent l'ennemi, elles se cachent et observent pour deviner son intention.

Ces patrouilles se mettent en marche surtout à l'aube et à la tombée de la nuit. Le chef fait un rapport dans lequel il mentionne l'heure du départ et de la rentrée, les chemins parcourus, etc., et le résultat de sa mission.

Les patrouilles d'exploration ou grandes patrouilles sont de 15 à 30 hommes. On les emploie pour avoir des nouvelles de l'ennemi ou bien quelquefois pour compléter les renseignements obtenus par une patrouille rampante; pour éclairer les flancs de l'armée, faire des prisonniers ou enlever un convoi, un courrier; pour porter des nouvelles à un corps détaché et quelquefois pour poursuivre une fraction de troupe en retraite.

Le chef d'une patrouille doit être entreprenant, expérimenté, hardi, mais prudent. Il doit être muni d'un ordre écrit et porteur de jumelles, d'une boussole, d'une montre, etc. Sa mission doit être remplie à tout prix; si donc il est obligé de combattre, il faut, vainqueur ou non, qu'il poursuive son but.

Les rondes et les patrouilles se reconnaissent entre elles et sont reconnues par les sentinelles, comme il est prescrit dans le service de garnison.

Des marches.

On entend par marches des mouvements de troupes qui ont lieu hors de la zone ou dans la zone de l'ennemi et dans un but déterminé. Il y a les marches d'étape et les marches de concentration; suivant leur longueur, on les appelle encore marches ordinaires, marches soutenues et marches forcées.

Les marches ordinaires sont de 20 à 30 kilomètres, ce qui est suffisant pour l'infanterie, car les troupes se fatiguent assez vite de la chaleur, de la poussière, de la boue et enfin de la perte des distances.

Les marches soutenues sont de 35 à 45 kilomètres. Ces marches pénibles ont de grandes influences sur les dispositions de la troupe au combat; elles ne peuvent durer plus de trois jours pour l'infanterie.

Les marches forcées ne durent pas plus d'une heure; on s'en sert quand il s'agit, par exemple, de réunir rapidement les troupes pour une affaire décisive, quand il faut porter lestement une troupe sur un point donné ou lorsqu'on marche en retraite après un échec ou en avant à la suite d'un succès. On s'en sert quelquefois encore pour les embuscades et les surprises.

L'infanterie fait en moyenne 4 1/2 kilomètres par heure et la cavalerie 5 kilomètres en 39 minutes, au pas et au trot. Si la route s'allonge, la cavalerie mettra plus de temps, car il faut tenir compte de l'avoine et de l'abreuvoir; il lui faut alors 9 heures pour faire 45 kilomètres.

L'artillerie met 4 1/2 heures pour faire 20 kilomètres et si les servants sont sur les pièces, elle a la vitesse de la cavalerie.

Tous les auteurs recommandent la régularité dans la marche, le pas doit être modéré au départ et s'allonger progressivement jusqu'à ce que les hommes soient en haleine et entraînés.

On doit se mettre en route assez tôt pour arriver au but avant la grande chaleur et ne pas partir trop tôt, afin de laisser un sommeil suffisant aux hommes.

On ne marche la nuit que dans des circonstances exceptionnelles; ces marches sont trop fatigantes, les obstacles grandissent, amènent le désordre et la perte des distances.

Une troupe qui marche en présence ou dans le voisinage de l'ennemi se garde contre ses attaques et ses entreprises au moyen de différentes fractions qu'elle détache et qui prennent les noms d'*avant-garde*, de *flanqueurs* et d'*arrière-garde*.

L'avant-garde veille à la sûreté de la troupe en marche, en observant le front, ainsi que les flancs sur une grande étendue; elle détruit les obstacles et résiste assez longtemps à l'ennemi, afin de permettre au corps principal de prendre ses dispositions.

Sa force dépend de la nature du terrain, de la proximité de l'ennemi, des troupes qu'elle protége, etc. Elle varie du quart au sixième de la somme totale des troupes.

Pour une compagnie, on prend une section comme avant-garde ; pour un bataillon, une compagnie ; pour un régiment, un bataillon ; pour une brigade, un ou deux bataillons ; pour une division, un régiment. En tout cas, il faut toujours qu'elle soit composée d'une fraction complète et constituée.

S'il y a de la cavalerie, c'est elle qui fournit la tête et la pointe d'avant-garde ; cette dernière se trouve alors à 2,500 mètres du corps principal.

L'avant-garde s'échelonne en détachements de plus en plus petits et qui, en partant du corps principal, prennent les noms de *gros*, de *tête* et de *pointe d'avant-garde*.

La *tête* se compose de deux pelotons ; la *pointe*, d'une section qui détache des éclaireurs en avant et des groupes de flanqueurs ; ces derniers ne s'éloignent pas à plus de 200 mètres de la route.

La *pointe* marche à 100 ou 150 mètres des éclaireurs les plus avancés ; la *tête*, à 200 ou 300 mètres de la pointe ; le *gros*, à 300 mètres de la tête et à 600 ou 700 mètres du corps principal.

Ces distances se modifient d'après la nature du pays, la proximité de l'ennemi, la composition de la colonne et l'heure.

Les éclaireurs doivent marcher avec grande précaution et prudence ; gagner les hauteurs et les points dominants.

Une compagnie en avant-garde se forme : la tête et la pointe, d'une section ; le gros, de l'autre

section et le corps principal, des deux sections restantes.

La *tête d'avant-garde* a pour mission de soutenir
la pointe et si celle-ci est insuffisante, de l'aider à
fouiller les bois, les villages et d'éclairer le terrain.

Le *gros* de l'avant-garde marche en colonne sur la
route ; elle a pour mission de résister à l'ennemi,
jusqu'à ce que le corps principal ait pris une position
défensive, ou de soutenir le combat jusqu'à l'arrivée
du corps principal.

Quand les éclaireurs remarquent un indice positif
de la présence de l'ennemi, ils en préviennent le
sous-officier de la pointe par un signe convenu, s'arrêtent et cherchent à se dissimuler. Le sous-officier
se porte à leur hauteur et rend compte au chef de la
pointe.

Les éclaireurs ne font feu que s'il n'y a pas d'autre
moyen de prévenir à temps la troupe en arrière.

Si l'ennemi se retire, la pointe continue de marcher ; s'il prend l'offensive avec quelques hommes
seulement, la pointe résiste ; si les forces sont supérieures, elle se replie avec calme en combattant et en
démasquant, si elle le peut, la tête d'avant-garde qui
se porte en avant pour la soutenir.

Le chef de celle-ci, aussitôt que l'ennemi est
signalé, prend ses dispositions et reconnaît lui-
même l'exactitude des renseignements ; il cherche à
découvrir les forces et les dispositions de l'ennemi et
prévient le commandant de l'avant-garde. S'il est
en force, il engage l'action ; dans le cas contraire, il
se replie ou reste sur la défensive en attendant l'arrivée du gros.

Aussitôt que le commandant de l'avant-garde est

prévenu de la présence de l'ennemi, il avertit le commandant de la colonne et se porte là où il peut reconnaître par lui-même. Il prend ensuite les mesures pour soutenir le premier choc et donne avis par écrit au chef de la colonne, de tous les renseignements importants en distinguant ceux qu'il a pu prendre par lui-même et ceux qui lui ont été indiqués.

Le *gros* envoie des renforts à la tête et engage l'action si l'ennemi n'est pas trop fort; dans ce dernier cas, il prend une position défensive et attend les ordres du commandant des troupes; si l'ennemi serre de tros près, le gros lui tient tête assez longtemps pour que la colonne puisse prendre ses dispositions de combat.

La marche des troupes est protégée sur les flancs par des patrouilles et des flanqueurs. Ces détachements sont fournis par le gros de l'avant-garde et marchent à sa hauteur en se faisant éclairer à la même distance sur les flancs que sur le front.

La force de ces patrouilles varie entre une section et deux pelotons. Pour une avant-garde de peu d'importance, on se contente de 3 à 12 hommes qui peuvent se faire garder par des vedettes.

Le corps principal doit marcher sur la plus grande largeur possible, tout en ayant soin de laisser libre la moitié de la route, pour que les voitures et les chevaux puissent circuler sans troubler l'ordre de la colonne.

L'arrière-garde a pour mission de surveiller les derrières de la colonne et les bagages; elle arrête les maraudeurs et ramène les traînards.

Elle se compose habituellement d'une demi-compagnie ou d'un peloton pour une brigade ou un régiment; d'une section commandée par un officier ou un sous-officier, pour un bataillon; d'une escouade commandée par un sous-officier ou caporal, pour une compagnie.

Elle se maintient à 200 mètres du corps principal ou des dernières voitures; trois hommes, marchant à 100 mètres plus loin, forment la *pointe* d'arrière-garde.

En cas d'urgence, le chef de l'arrière-garde expédie sur-le-champ un soldat au commandant, pour lui rendre compte.

Dans les haltes, elle fait demi-tour et exerce sa surveillance dans un rayon plus étendu.

Dans les marches en retraite, l'arrière-garde est destinée à couvrir et à assurer les derrières de la colonne principale.

Si cette marche est la conséquence d'un combat malheureux, le rôle de l'arrière-garde devient très difficile. Dans ce cas, sa force et sa composition sont les mêmes que pour l'avant-garde; on prend des troupes de la réserve qui, ordinairement, ont moins souffert.

L'arrière-garde doit maintenir autant que possible la distance qui la sépare du corps principal, afin de donner à celui-ci le temps d'effectuer sa retraite; seulement, elle ne doit pas laisser trop augmenter cette distance, afin de ne pas être coupée. Elle cherche à ralentir la poursuite par tous les moyens dont elle dispose, et en créant tous les obstacles qui peuvent entraver la marche de l'ennemi. Elle ne laissera jamais aux mains de l'adversaire un matériel de guerre dont il pourrait tirer parti; elle doit plutôt le mettre hors d'état de servir, si elle ne peut l'emmener.

HALTES. — La troupe doit être arrêtée après la première heure pendant quelques minutes, puis toutes les heures pendant 5 ou 10 minutes. Si la route est longue, on peut faire une halte d'un quart d'heure, après les deux premières heures, et faire un repos à la demi-étape, hors d'un lieu habité, après avoir dépassé un village.

Quand on est à proximité de l'ennemi, que la configuration du terrain le rend nécessaire ou que les haltes doivent être de quelque durée, le commandant de la colonne fait prévenir le chef de l'avant-garde de prendre ses dispositions pour la *halte gardée*.

Le gros de l'avant-garde fait alors le service de réserve, la tête celui de grand'garde, la pointe celui de petit-poste, et les éclaireurs s'établissent en sentinelles sur les points les plus favorables à l'observation du terrain. On se couvre sur les flancs et en arrière au moyen de postes détachés.

Il est entendu qu'on ne fait pas de haltes dans les défilés.

Des reconnaissances.

Les reconnaissances ont pour objet de découvrir ou de vérifier un ou plusieurs points relatifs à la position, aux mouvements de l'ennemi, aux ressources du pays et à la topographie du théâtre de la guerre.

Ce service comprend : celui des patrouilles, qui a été traité au chapitre des avant-postes et celui des reconnaissances, qui sont de trois sortes : les reconnaissances *ordinaires*, les reconnaissances *spéciales* et les reconnaissances *offensives*. Nous ne nous occuperons que des premières.

Les reconnaissances ordinaires ont pour but de rechercher l'emplacement occupé par l'ennemi et de reconnaître, autant que possible sur chaque point, la force de ses troupes, la configuration de ses positions, les défenses qu'il peut y avoir établies, la difficulté ou les moyens de les aborder ; d'observer si l'ennemi ne fait pas de préparatifs de marche ou d'action, et, s'il est en mouvement, de rester autant que possible en contact avec lui ; enfin, d'étudier la configuration du terrain, les facilités ou les obstacles qu'il présente pour l'offensive, la défensive ou la retraite, les communications et les ressources du pays.

L'exploration des reconnaissances se fait en dehors de la zone parcourue par les patrouilles.

Leur force et leur composition dépendent du but de leur mission, de la nature du pays, de la distance à parcourir et de l'utilité qu'il peut y avoir à dissimuler leur présence.

Le commandant d'une reconnaissance reçoit toujours des instructions précises et ne se met en marche qu'après avoir bien compris le but de sa mission ; s'il prend un guide, il le choisit parmi les gens connaissant bien tout le pays, afin de ne pas être obligé de lui désigner, avant le départ, le point précis sur lequel on marchera.

Chaque reconnaissance veille à sa propre sûreté, et, selon que son effectif le permet, détache une avant-garde, une arrière-garde et des flanqueurs.

Celui qui la commande doit examiner pendant sa marche l'ensemble et les détails du terrain et en reconnaître les points les plus importants, ceux surtout qui peuvent être utilisés en cas de retraite ; au retour, il évite de suivre le chemin par lequel il est parti. Son attention se portera principalement sur les chemins, les voies ferrées, cours d'eau, canaux, digues, défilés, bois, hauteurs, plaines et les lieux habités.

Le commandant d'une reconnaissance doit se procurer tous les renseignements utiles à son entreprise; pendant sa route, il doit questionner tous les gens qu'il rencontre; dans les villages, interroger non seulement le bourgmestre, les notables, etc., mais encore les jeunes gens et les enfants qui, se tenant moins sur leurs gardes, sont plus disposés à répéter ce qu'ils ont vu et entendu.

Si les mauvaises dispositions des habitants l'y obligent, il menace ceux-ci de frapper des amendes ou d'emmener des otages. Il s'empare des journaux, dépêches saisis à la poste ou chez les habitants; il assure ou arrête, suivant ses instructions, l'emploi des lignes télégraphiques.

Le commandant d'une reconnaissance ne doit pas chercher les occasions de combattre; son devoir est de recueillir et de rapporter des renseignements.

Quand une reconnaissance rencontre l'ennemi, elle l'observe. Si ce ne sont que de petits détachements, elle cherche surtout à faire des prisonniers, en évitant de se laisser entraîner dans une embuscade.

Si l'ennemi est arrêté, elle tâche de s'établir sur quelque hauteur couverte de bois ou dans tout autre lieu lui permettant de voir le terrain environnant sans être aperçue. Le chef cherche à découvrir la composition et la force des troupes ennemies, il étudie leur manière de se garder, l'emplacement de leurs postes de sûreté, les chemins qui y conduisent.

Quand l'ennemi se retire, on le suit en se dissimulant le plus possible.

Lorsqu'il s'avance rapidement dans la direction de l'armée, le commandant de la reconnaissance n'hésite pas à engager le combat, s'il est important de retarder ce mouvement offensif et si ses forces le lui permettent. Dans ce cas, il expédie des estafettes et annonce, s'il est nécessaire, sa retraite et la marche de l'ennemi, par l'incendie de quelque cabane, de quelque meule de paille ou par tout autre signal convenu d'avance.

La cavalerie est, en général, chargée seule des reconnaissances de plaines; les lieux montueux et boisés sont reconnus par l'infanterie, accompagnée de quelques cavaliers pour transmettre les nouvelles urgentes. Quand la reconnaissance doit être conduite à travers un pays varié, on peut faire marcher les deux armes; la cavalerie, pour protéger en plaine la retraite de l'infanterie; l'infanterie, pour assurer la retraite de la cavalerie par l'occupation d'un défilé ou d'un point dominant.

Des convois.

En général, un convoi est un transport sous escorte, par voie de terre ou par voie d'eau, de munitions de guerre ou de bouche, d'argent, de bagages, d'effets d'habillement, de blessés, de malades et de prisonniers.

Tout convoi a besoin d'une escorte pour le protéger; cette escorte se compose d'infanterie et de cavalerie; l'infanterie combat de près, et la cavalerie éclaire au loin et cherche à découvrir les piéges, les embuscades ; sa force dépend de la nature et de l'importance du convoi (ainsi, pour un convoi de poudre, l'escorte devra être plus nombreuse), du trajet à parcourir, des difficultés de la marche, et enfin du plus ou moins de risque que l'on court d'être attaqué.

Tout convoi un peu considérable doit être partagé en plusieurs divisions, à chacune desquelles on attachera le nombre d'agents nécessaires, tant en hommes qu'en officiers, pour maintenir l'ordre et la régularité de la marche.

Dans chaque division, les voitures les plus importantes sont placées là où il y a le moins à craindre (munitions de guerre, ambulances, trésor, subsistances, effets militaires, bagages). Quant aux divisions, elles auront entre elles au moins 5 à 10 mètres de distance pour permettre aux défenseurs d'aller d'un côté des voitures à l'autre. Quand le chemin le permet, les voitures sont placées sur deux files. Dans chaque division, il est prudent d'avoir des voitures vides pour remplacer celles qui se briseraient.

Les troupes qui accompagnent un convoi, comme toute troupe en marche, sont divisées en avant-garde, corps principal et arrière-garde.

L'avant-garde, composée autant que possible de cavalerie en plaine et d'infanterie dans les pays accidentés ou boisés, a pour mission d'éclairer la marche du convoi.

La force de l'avant-garde sera d'un peu plus du quart des troupes totales, le gros de la moitié et l'arrière-garde du reste.

L'avant-garde part ordinairement une ou deux heures avant le convoi ; sa distance dépend du temps nécessaire au convoi pour prendre ses dispositions de défense.

Le corps principal protége et défend le convoi, il détache une partie de sa force en tête, en queue et sur les flancs, et en plaine, se tient au centre du convoi.

Dans le passage d'un défilé, si l'on craint pour la tête de la colonne, l'avant-garde s'empare de toutes les positions où l'ennemi pourrait opposer des obstacles ou des troupes. Une partie du corps principal qui suit alors de plus près l'avant-garde, la remplace dans ces positions et n'en repart que lorsque la tête du convoi l'a rejoint. La position n'est abandonnée qu'après avoir été dépassée par la totalité du convoi, ou plus tard encore si le commandant le juge convenable.

Lorsque les flancs sont menacés, on diminue la force de l'avant-garde et de l'arrière-garde ; les positions qui peuvent couvrir la marche sont occupées par des détachements tirés du corps principal, avant que la tête du convoi soit parvenue à leur hauteur et jusqu'à ce que le convoi tout entier les ait dépassées.

L'arrière-garde ne doit pas être trop éloignée des dernières voitures ; elle laisse en arrière, si cela est nécessaire, un petit détachement et des travailleurs pour obstruer les passages, rompre les gués, détruire les ponts, etc.

L'officier commandant l'escorte d'un convoi a pleine autorité sur toutes les personnes qui marchent avec lui, et dispose, dans l'intérêt du service, de tous les militaires présents dans le convoi ; mais toutes les fois qu'il s'y trouve un officier de grade plus élevé ou, à grade égal, plus ancien que le commandant de l'escorte, le droit au commandement est réglé avant le départ par le chef qui ordonne la mise en route.

Le commandant s'entend avec les chefs de service qui font partie du convoi pour fixer les heures de départ, les haltes et les meilleures dispositions à prendre à l'égard des blessés et des malades, s'il s'agit d'un convoi d'ambulance.

Il reçoit une instruction écrite et très détaillée.

La veille du départ, il fait réunir les voitures et parquer comme s'il était en route.

Il vérifie le chargement et l'état des voitures, il se renseigne sur le terrain à parcourir, étudie la carte, s'informe de la nature du pays, des défilés qui s'y trouvent, des ponts, des passages difficiles, de l'état et de la largeur des chemins, des villages à traverser et des lieux où il pourrait être tendu des embuscades. Si l'itinéraire n'est pas fixé, il choisit la route la plus praticable.

Sa place est au centre avec le gros de l'escorte.

DÉFENSE. — Le commandant d'un convoi ne doit jamais perdre de vue que le seul but de sa mission est d'arriver à bon port. Il est de son devoir de n'engager le combat que dans le cas où il pourrait, en agissant ainsi, échapper à l'ennemi ou le retarder et gagner un terrain plus favorable à la défense.

Dès qu'il est averti de la présence de l'ennemi, il fait serrer le plus possible les files de voitures et continue la marche rapidement et en ordre. Il ne doit arrêter et parquer qu'après s'être assuré que les forces de l'ennemi sont de beaucoup supérieures aux siennes. Dans ce cas, les voitures doublent les files et se forment perpendiculairement à la direction suivie, les timons placés en dedans de la route, les chevaux se faisant face; quand la largeur de la route ne le permet pas, les voitures sont serrées les unes contre les autres, les chevaux tournés du côté opposé à l'attaque.

Si un convoi est attaqué à la sortie d'un défilé, il faut charger vigoureusement et se faire jour; s'il est attaqué à la queue du défilé, le rôle de la défense revient à l'arrière-garde, renforcée s'il y a lieu, et qui doit disputer pied à pied l'entrée du défilé et tenir bon pour permettre à la dernière voiture de franchir le défilé, et au convoi, de parquer.

Si la défense d'un convoi est devenue impossible, on doit tâcher de sauver les voitures les plus importantes, en se débarrassant de celles chargées de vins, de spiritueux, qui pourraient enrayer la marche de l'ennemi; ou bien, mettre le feu au convoi, puis tenter, par une action vigoureuse, de se frayer une issue et d'emmener les chevaux d'attelage; on les tue plutôt que de les abandonner.

Attaque. — L'attaque présente moins de difficultés, car l'assaillant a pour lui le champ libre, il peut choisir le lieu, le moment pour prendre ses dispositions, tandis que la défense est toujours sur le qui-vive, incertaine et indécise.

L'attaque a lieu de préférence au passage d'un bois, d'un défilé, d'un pont, dans une sinuosité de route ou dans une montée difficile.

Pendant qu'une partie de la troupe assaillante cherche à disputer l'escorte, quelques groupes se dirigent sur les premières et les dernières voitures pour les mettre en travers de la route et empêcher les autres d'avancer ou de rétrograder.

Si le convoi est considérable, on dirige l'attaque sur plusieurs points à la fois, afin de forcer l'escorte à se morceler. Après le succès, les voitures qui ne peuvent être emmenées sont brûlées.

CONVOI DE PRISONNIERS. — Les officiers prisonniers sont séparés de leurs soldats. On les place en colonne par deux ou par quatre et toute conversation entre l'escorte, les prisonniers ou les habitants, est défendue.

L'escorte charge ses armes en présence des prisonniers, qui sont prévenus que toute résistance sera réprimée avec la dernière sévérité.

Si le convoi doit cantonner, les prisonniers sont enfermés et gardés.

Si l'on est attaqué, on oblige les prisonniers à se tenir couchés, avec menace de faire feu sur quiconque se relève avant d'en avoir reçu l'ordre ; une partie de l'escorte se porte à la rencontre de l'ennemi.

Des surprises et des embuscades.

La surprise est une attaque inattendue, prompte, énergique, qu'on exécute quand l'ennemi se trouve dans des conditions défavorables pour la défense.

L'heure du départ et le but de l'expédition doivent être tenus secrets jusqu'au dernier moment, afin qu'on ne puisse être trahi par les guides ou les espions ; on doit tâcher de connaître les côtés faibles de la situation de l'adversaire.

Le moment le plus favorable pour surprendre l'ennemi est le point du jour. On peut profiter avantageusement des temps de pluie, de brouillard ou de la grande chaleur. On peut aussi profiter de la nuit, mais avec des troupes d'élite et pour de petites opérations. Pendant la marche, on observe le plus grand silence, on se détourne des lieux habités et des grand'routes, et le chef reconnaît une ligne de retraite sur laquelle il établit un soutien. La ligne de retraite, le signal et le point de ralliement sont indiqués à tous les hommes du détachement.

Au moment de l'attaque, il faut agir avec promptitude et résolution. Si la surprise a pour objet de faire des prisonniers, d'enlever un poste, d'enclouer des canons, etc., et non pas d'enlever une position et de s'y maintenir, la retraite doit commencer aussitôt le résultat obtenu.

Les troupes restent réunies jusqu'au moment de l'attaque; alors, à un signal donné ou à un moment convenu, pour ne pas donner l'éveil, chaque détachement se fractionne et se lance avec impétuosité à la baïonnette et sans se faire précéder de tirailleurs. Il faut accabler l'adversaire sans lui donner le temps de se reconnaître et lui enlever tout espoir de résister.

Pour surprendre *un lieu habité*, le détachement est divisé en plusieurs groupes, dont l'action est combinée de telle sorte que l'attaque ait lieu sur plusieurs points à la fois. Une fraction est chargée du mouvement offensif, tandis qu'une autre occupe les issues et que la réserve se tient en dehors de la localité et prête à agir.

Le plan de l'attaque doit être communiqué à tous les hommes du détachement.

Pour surprendre *une troupe en marche*, on doit choisir un terrain où l'ennemi éprouverait des difficultés à se former : par exemple, un défilé dans lequel on aurait laissé s'engager une partie de la colonne; le commandant des assaillants attaque alors résolûment sur le point qu'il juge le plus faible.

EMBUSCADES. — Une troupe tend une embuscade en se cachant dans une position pour surprendre l'ennemi, pour l'arrêter dans sa poursuite ou pour lui enlever un convoi de prisonniers, de munitions, etc.

C'est l'offensive de la surprise.

Le secret est, comme dans les surprises, la première condition du succès; aussi, le départ doit-il avoir lieu généralement pendant la nuit, pour arriver à l'emplacement avant le point du jour. Les temps de pluie et de brouillard sont particulièrement favorables, et l'on se dirige de préférence par les ravins, les bois et les revers de colline, qui permettent de se dérober. On peut non seulement tendre une embuscade sur le chemin que doit suivre l'ennemi, mais encore chercher à l'attirer au moyen de petits détachements qui se laissent poursuivre.

Dans l'embuscade, le chef fait observer le plus grand silence, maintient ses hommes cachés et réprime l'impatience ou la curiosité de chacun, l'attaque ne devant avoir lieu que lorsqu'il en donne le signal. Il se fait couvrir par quelques sentinelles qui se dissimulent avec soin. Si l'attaque échoue, le détachement se rallie sur un point désigné.

Des guides et des espions.

Malgré les cartes aussi complètes qu'elles peuvent l'être, il sera toujours prudent de prendre un guide pour les marches et surtout pour celles de nuit.

Verdy du Vernois cite ce vieil adage qu'il dit toujours être vrai : Un mauvais guide vaut mieux que la meilleure carte.

On doit s'assurer de la bonne foi des guides, les interroger adroitement, plaider le faux pour savoir le vrai et les questionner, pendant la marche, sur les moindres détails.

Dans les montagnes on prendra pour guides des chévriers ; dans les bois, des bûcherons, et à la frontière des contrebandiers ; les gardes forestiers et les colporteurs sont également très utiles.

Pendant la marche, le guide se trouve à côté du commandant, sous la garde d'un sous-officier qui ne le quitte pas des yeux. Si c'est nécessaire, on le garotte et on le menace de mort s'il cherche à s'évader.

On tâchera de savoir de lui la force de l'ennemi, sa marche, la manière dont il se garde, etc., la topographie du pays où l'on se trouve, la situation de tel village ou hameau, les chemins qui y conduisent, etc.

Espions. — Dans toute guerre, on organise un service d'espions ; on les trouve sous toutes les formes et sous tous les déguisements.

Les passions, le fanatisme, l'intérêt, la crainte produisent des espions en grand nombre.

On ne doit pas accorder une grande confiance aux espions de profession ; ils ne se font pas scrupule de servir deux causes à la fois. On les choisit de préférence parmi les colporteurs et les contrebandiers, qui sont ordinairement adroits, intelligents et dissimulés ; on les gagne à prix d'argent. Quand il y a nécessité, il faut les requérir, c'est une des nécessités de la guerre. On s'empare alors d'un notable d'une localité, on le menace de mort ou de la destruction de ses biens.

On confie aux espions des missions d'un degré plus ou moins important, suivant leur intelligence et la confiance qu'on peut avoir en eux. Les plus intelligents sont même poussés jusqu'au quartier général ennemi.

Les espions ne peuvent avoir aucun rapport entre eux ; c'est pourquoi l'on répartit les différentes missions entre plusieurs espions : l'un est chargé de connaître la force, l'heure du départ d'un convoi ; un autre de s'enquérir de la solidité des positions, etc. ; un troisième de juger de la discipline, du moral, de l'ennemi.

En tout cas, leurs rapports doivent être bien pesés avant de prendre une résolution.

L'espionnage se fait aussi aux avant-postes ; ainsi, il arrive des moments, même en dehors de l'armistice, lorsque la guerre dure longtemps, que les soldats aux avant-postes oublient qu'ils font la guerre et échangent de bons procédés. C'est le moment de faire agir des sous-officiers adroits et de les charger d'interroger.

GUERRE DES RUES.

Notre époque n'est pas la première où il soit venu à l'idée du peuple des villes d'élever des barricades, de transformer les places publiques et les principaux édifices en autant de redoutes. Ces luttes, quelquefois usitées chez les anciens, très souvent au moyen âge, sont devenues plus sérieuses aujourd'hui, et il est indispensable pour les combattre d'avoir des principes généraux qui se modifieront selon les circonstances.

Différents partis à prendre en cas d'émeute.

En cas d'émeute, quatre partis seraient à prendre de prime-abord, suivant l'état moral des troupes, de la garde civique, de la population en général et des insurgés en particulier.

[1] Toutes les instructions concernant l'armée sont applicables à la garde civique, quand son intervention n'est pas combinée avec celle de l'armée régulière.

Ils consistent, savoir :

1° Réprimer la révolte dans toute la ville ;

2° Occuper un quartier militaire, sauf à agir ensuite au dehors de ce réduit ;

3° Concentrer toutes ses forces dans une position extérieure, contiguë, dominante ;

4° Se replier sur une place voisine pour revenir, avec toutes les forces réunies, contre la capitale.

Le premier moyen est ordinairement suivi, il est le plus naturel et c'est celui que conseillent l'humanité, la politique et les devoirs du gouvernement.

Le plus souvent, il restreint l'insurrection, empêche les dévoués de faiblir, les moyens répressifs d'échapper et couvre mieux le gouvernement menacé, en s'opposant à l'installation des pouvoirs révolutionnaires. Mais avant de s'y arrêter, il faut examiner si l'on est en état de combattre partout où l'émeute se présentera ; si l'on doit compter sur l'inébranlable solidité de la troupe ; si la nature de la ville, les communications, les obstacles et les positions qui y existent facilitent la lutte ; si le pouvoir sera certain de rester le plus fort, et si, au milieu des surprises et des péripéties inhérentes à ces grands mouvements populaires, il ne sera pas exposé à laisser échapper ses moyens d'action et battre en brèche son autorité.

Le second parti, c'est à dire celui de la concentration dans et autour d'un quartier militaire, est plus conforme aux règles de la guerre ; il est susceptible de modifications, peut au moment opportun se combiner avec le premier et permet de passer rapidement de la seconde à la troisième méthode.

Ce système doit être employé par une troupe de

faible consistance, chargée de maintenir une population nombreuse en s'appuyant à une position
intérieure, d'où elle peut donner la main aux
amis de l'ordre. Ces deux modes de répression sont
les seuls à adopter pour toute ville ennemie ou amie
fortifiée d'une enceinte continue, derrière laquelle
l'insurrection pourrait longtemps se défendre.

Aussitôt que les attroupements menacent d'une
émeute, la garde civique agit selon les circonstances
et se replie, en cas de nécessité, sur des établissements désignés. Pendant ce temps, la troupe sort des
casernes et occupe militairement le quartier de la
ville le plus favorable, en prenant position à l'intérieur des principaux bâtiments, qui ont été pourvus
de vivres et de munitions.

Autant que possible, ce quartier militaire doit
dominer le reste de la ville et le dehors, avoir des
communications faciles, être à cheval sur les obstacles qui traversent la cité, renfermer ou au moins
couvrir le centre du gouvernement, les grandes
administrations, les principaux magasins de vivres
ou de munitions; s'il y a moyen, il devrait être séparé
de la partie non occupée, par des obstacles ou de
grandes communications faciles à garder; et enfin,
il devrait empêcher les parties révoltées de communiquer avec le dehors. La surface du quartier militaire doit être le tiers ou le quart au moins de celle
de la ville.

L'enceinte de séparation doit être appuyée à des
positions extérieures dominantes, afin de pouvoir agir
dans les diverses directions et d'éviter d'être bloqué
ou refoulé.

Il est aussi nécessaire d'occuper, au milieu de la

partie non gardée, trois positions avancées qui
dominent, autant que possible, les principaux défilés.
S'il existe un quartier populeux et hostile plus en
dehors de cette ligne avancée, il est utile d'y
occuper également un poste dominant. Vers tous ces
points pourront se rallier les gardes civiques des
environs.

Ces positions extérieures au quartier militaire
forment un réseau de centres d'action pour les retours
offensifs et sont surtout utiles contre une insurrection qui fait usage de barricades, en retardant leur
établissement et en permettant de les tourner.

Les défilés partant de ces établissements vers le
gros de la garnison doivent être gardés.

Pour l'occupation de ces postes, on choisira les
édifices les plus importants par eux-mêmes et par
leur situation : maison de ville, arsenal, manuten-
tion, télégraphes, poste, poudrière, etc.

Si la force de la garnison est insuffisante pour
occuper ces différents postes, on les évacue en empor-
tant ou détruisant ce dont les insurgés pourraient
faire usage.

L'effectif des détachements avancés variera du
tiers à la moitié des forces totales.

Le troisième parti, la concentration dans une
position dominante, extérieure et contiguë, tient à la
fois du second et du quatrième.

Si la lutte ne peut être soutenue à l'intérieur,
l'évacuation complète offrira plus d'avantages sous
les rapports politiques et militaires. Une fois ce
parti pris, la position de la troupe doit s'améliorer
chaque jour et celle de l'insurrection devenir plus
difficile.

Cette révolte est souvent sans racines au dehors, le résultat passager d'une excitation, d'une erreur accidentellement partagée par une population aveuglée, mais que ses véritables intérêts doivent bientôt ramener. Cette insurrection renferme toujours des germes de faiblesse et de dissolution, comme lorsque le parti de la révolte veut et peut empêcher la violation des personnes et des propriétés ; c'est alors le cas pour le pouvoir d'abandonner momentanément la capitale aux habitants, de rallier les forces militaires, avec tous les moyens d'action, dans une position extérieure, contiguë et dominante. Là, il fait appel à la raison du pays entier, bientôt éclairé par l'audace et les excès du parti un instant victorieux. Bientôt celui-ci, réduit à ses faibles ressources, effrayé de son isolement, laissera la population rappeler le gouvernement.

Mais ce parti extrême ne doit être pris, dans sa propre capitale, qu'en cas de nécessité évidente, tandis qu'à l'égard d'une ville de province ou d'une ville ennemie, il est plus admissible.

Des hommes d'État pensent que ce parti extrême de l'évacuation, tout décisif qu'il est contre une émeute, ne doit être pris que dans les circonstances exceptionnelles suivantes :

Quand la collision, n'ayant pas de couleur politique, doit naturellement cesser après l'exaspération passagère qui y a donné lieu.

Quand la révolte, livrée à elle-même, pourra mieux juger les difficultés de sa position et les conséquences de ses excès.

Quand une garnison de faible effectif est cernée au milieu d'une population nombreuse, moitié exas-

pérée et hostile, moitié indifférente. Et enfin, en
cas, soit de périr faute de vivres, de munitions
et de communications avec le pouvoir central ou les
secours, soit de compromettre l'honneur du drapeau,
de faiblir ou de succomber, au milieu d'un déborde-
ment de flot révolutionnaire, à l'influence duquel il
est urgent de se soustraire.

Ce parti, bien hasardeux dans une capitale, doit
être pris vigoureusement et non comme une fuite.
On l'adoptera comme le meilleur lorsqu'il sera utile
de montrer à la rébellion, ses forces et son énergie,
même en se retirant.

En résumé, toute émeute de province peut souvent être ainsi comprimée. Victorieuse ou vaincue,
elle tendra les bras au pouvoir après quelques jours,
et une inutile effusion de sang aura été épargnée. Il
n'en est pas de même d'une capitale, qui ne doit
jamais être abandonnée si ce n'est, quelquefois, en
présence d'une révolution imminente.

Le quatrième parti, celui de prendre une position
extérieure de ralliement, est recommandé par des
militaires compétents, lorsqu'une grande effervescence politique régnant uniquement dans la capitale, l'on est assuré des provinces irritées contre une
tyrannique oppression; lorsque les moyens de répression suffisants n'ont pas été réunis à propos et que
les dévouements sont incertains. Ils considèrent la
lutte comme très chanceuse à l'intérieur de la ville
et même à une de ses extrémités, car il peut y avoir
contre l'autorité, au moment le plus critique, une
influence morale rapidement croissante.

Dans ce cas, le gouvernement, plutôt que de laisser
dégénérer en un conflit regrettable une méprise ou

une surexcitation passagère et sans fondement, livre la capitale à la garde civique, sommée de la préserver du pillage.

Il rallie son armée avant qu'elle ne soit paralysée par les manifestations, les hésitations, les insuccès ; il la rallie, ainsi que les assemblées et les principales administrations, en dehors du foyer de révolte. Son but doit être d'aviser selon les événements. Il pourra, au moins dans l'intérêt de la société, exiger que l'autorité soit transmise régulièrement du pouvoir déchu à celui appelé à lui succéder.

Considérations générales,

Dans le premier moment, il ne faut pas s'exagérer le concours de l'armée, qui, après quelques jours, peut devenir décisif.

La troupe obtiendra immédiatement un succès complet, si la garde civique marche avec elle ; dans le cas contraire, il faut moins espérer de la prompte efficacité de son action.

Dans ce genre de combats, la défaite est presque toujours pour le parti qui donne lieu à la lutte ; le succès pour le pouvoir qui se défend et sait se laisser attaquer.

La force morale est immense, quand on la compare à la force matérielle : 10,000 hommes de secours, reçus à propos, auront plus d'influence que 20,000 hommes à la présence desquels les émeutiers sont habitués.

Une capitale soulevée est un champ de bataille des plus difficiles par son étendue, les péripéties morales qui le compliquent, l'imprévu, les masses promp-

9

tement impressionnables, le terrain inextricable, le danger ou la nécessité de beaucoup de détachements ; les positions qui peuvent les compromettre ; la diversité des résultats ; les influences, les impressions, les exigences au milieu desquelles le chef est obligé de se débattre ; les émotions progressives et rapides qui aggravent tout autour de lui ; la difficulté de savoir juger exactement l'état dominant des esprits ; le degré de vigueur et d'énergie à déployer pour faire constamment progresser la répression, sans accroître imprudemment l'excitation.

Pour une semblable lutte, le chef ne peut avoir trop de supériorité, de calme, de jugement, de prudence ou de prévoyance habile.

La direction doit être unique. La garde civique, l'armée, l'administration, la police, la gendarmerie doivent réunir leurs forces et centraliser leur impulsion.

Pendant l'émeute, la direction militaire est souvent entravée par diverses influences ; ainsi, il faut se défier : des solliciteurs de détachements, lesquels n'agissent, d'ordinaire, que par intérêt personnel ; des porteurs de nouvelles alarmantes et des donneurs de conseils.

Barricades.

Il suffit de 300 à 600 hommes pour barricader en quelques heures, à l'aide d'une première traverse, tout un quartier, de cent en cent pas, en travaillant par groupes de dix à vingt hommes. Cette opération exécutée, ils peuvent défendre la tête de leur travail, si profond qu'il soit.

150 à 200 hommes d'infanterie suffisent d'abord, dans un quartier de 15 à 25,000 âmes, de 100 hectares d'étendue, pour empêcher, au premier moment, avec les gardes civiques déjà accourus, l'élévation des barricades.

Une fois les insurgés groupés, fortifiés et excités par l'inertie de la répression, 1,500 hommes seront insuffisants devant les barricades accumulées, les unes derrière les autres, le long d'une rue et sur ses flancs. Ces véritables citadelles intercepteront toutes les communications, bloqueront chez eux les gardes civiques et seront défendues avec passion par ceux-là mêmes qui d'abord seraient restés indifférents.

Quoique bien engagés par leurs chefs, ces 1,500 hommes, sans gardes civiques, seront insuffisants, et si la direction laisse à désirer, ils peuvent subir un échec.

La cavalerie ne peut être employée dans la partie barricadée que par petites fractions, sur les places et carrefours, en arrière des barricades, et devient d'autant moins utile qu'on a laissé s'élever plus de retranchements.

L'artillerie produit un grand effet moral sur la population, soit avant l'élévation des barricades qu'elle empêche facilement dans les rues longues et droites; soit après leur construction, en faisant évacuer ces retranchements ainsi que les bâtiments qui les dominent; soit enfin contre les colonnes profondes d'insurgés.

Avec son concours, la troupe les disperse sans devoir s'éparpiller en les poursuivant.

Huit à dix coups de canon suffisent pour renverser

une barricade, tandis que souvent on tire inutilement 400 à 800 coups de fusil.

L'action de l'artillerie est plus avantageuse partout où elle peut atteindre de loin, sans se découvrir à la fusillade des insurgés, soit en se masquant pendant une partie de la manœuvre derrière un retour de rue, ou en faisant occuper, en avant d'elle, par l'infanterie, les maisons d'où celle-ci pourra la protéger.

L'artillerie ne peut plus circuler dans un quartier barricadé. Elle doit éviter de laisser couper ses communications en arrière et de côté, par des traverses, ou de traîner à sa suite des chevaux ou caissons excédant ses besoins. Dans ces luttes, des pièces prises ou qu'on ne pourrait dégager exalteraient le moral des insurgés.

Le feu de l'infanterie produit le plus d'effet dans les rues étroites et de positions dominantes sur les groupes arrêtés par des obstacles.

Chaque arme doit attirer les insurgés sur le terrain qui lui est favorable, et éviter de se laisser entraîner là où elle peut perdre de ses avantages.

Dans chaque arrondissement, les troupes en patrouille doivent être le tiers de celles en réserve au centre d'action.

Entre deux grands quartiers généraux, disposant d'une réserve mobile, et espacés de 1,500 mètres, aucune insurrection sérieuse ne pourra s'établir.

Entre deux centres d'action espacés de 500 mètres et convenablement occupés, aucune barricade ne pourra être élevée bien solidement, et il sera difficile, pour des attroupements considérables, d'y stationner et même de s'y former.

Un détachement de deux compagnies, ayant ses

flancs et ses derrières assurés, peut lutter avantageusement contre un corps considérable d'insurgés, si celui-ci n'agit que de front.

La concentration de troupe par corps et fractions constituées de corps, sous les ordres de ses chefs naturels, fait sa force morale et assure ses besoins.

Il est nuisible d'avoir trop de détachements, car tous ne sont pas également capables de prendre conseil des circonstances, et la faute d'un seul peut causer un échec partiel.

Le soldat qui stationne, sans agir, plusieurs jours de suite sur les places ou rues, au milieu de la population agitée, se fatigue et s'inquiète : la troupe qui n'est pas active doit rester à l'intérieur des positions.

Manière de se porter aux points à occuper.

Le moment le plus critique de la lutte est celui de l'établissement des troupes sur leurs positions ; il faut donc l'abréger autant que possible.

Les divers corps doivent occuper des positions rapprochées de leurs casernes, en menaçant les quartiers suspects et en couvrant le centre de défense.

Les gardes civiques doivent se réunir au point qui leur est assigné d'une manière permanente et n'opérer, le plus possible, que dans leur quartier.

On doit se hâter d'occuper le réseau de toutes les positions principales et, au fur et à mesure du développement de l'insurrection et de l'arrivée des forces dont on dispose, occuper une deuxième et une troisième ligne de positions autour des grands centres d'action.

Il serait regrettable d'avoir laissé à la révolte le temps de prendre des positions, de s'y fortifier et d'obliger la troupe à en faire le siége.

Dans ce genre de combats, l'avantage est pour celui qui part de positions défensives bien établies.

Les postes détachés doivent toujours avoir une réserve du double de leur effectif.

Dans aucun cas, la troupe et ses chefs ne doivent entrer en rapport avec les insurgés, si habiles à profiter des hésitations et des malentendus, et décidés à pousser tout à l'extrême. Toute hésitation est funeste.

Les gros détachements doivent se lier entre eux et au quartier général par des postes ou par des signaux.

Les postes doivent toujours se soutenir et même réunir toutes leurs forces contre un gros rassemblement. La première règle, pour tous, est de ne pas cesser d'être utiles et de prendre conseil des événements.

Les passages sur les rivières, canaux, etc., doivent être défendus de manière à isoler les divers centres d'insurrection et à empêcher les transports d'armes, de munitions, etc., de l'un à l'autre.

Suivant la force des troupes, il convient d'occuper également les dépôts de grains et de farines, les maisons d'armuriers, d'artificiers, les imprimeries, les caisses publiques, les églises et les maisons qui protégent les débouchés sur les places.

Établissement de la troupe sur les positions de combat.

Dès que les troupes arriveront dans un quartier en pleine révolte, on y prendra position. Elles seront précédées ou suivies de tirailleurs sous les ordres d'un officier.

Une compagnie marchant isolément aura une section en tirailleurs à droite et à gauche, pour faire fermer les fenêtres et tirer sur ceux qui s'y montreraient armés, et éclairera une deuxième section qui suivra à 60 pas.

La troupe s'arrêtera à l'abri du feu des insurgés et de préférence dans les carrefours, en occupant les maisons qui permettent d'observer toute la rue; une des fenêtres, par maison occupée, sera constamment ouverte la nuit, sans lumière dans la chambre, et garnie de deux fonctionnaires. De jour, les hommes se montreront aux fenêtres.

La grande porte du bâtiment occupé par la réserve sera ouverte, afin de montrer ses forces et de pouvoir déboucher immédiatement.

Chaque détachement se placera de manière à avoir des feux de flancs plongeants et des feux de revers, et de façon que la plus grande partie des hommes puissent agir au dehors.

On s'étendra le plus possible aux environs des rues par lesquelles ou près desquelles on aura pénétré; on occupera de distance en distance, principalement aux carrefours, deux bâtiments se faisant face.

Vu la difficulté du feu oblique à droite, surtout

par une fenêtre élevée et sans se découvrir, une colonne suivant une rue non tortueuse n'aura guère à craindre que les feux de droite et elle évitera le plus souvent la fusillade des maisons en longeant le pied des bâtiments du côté droit de la rue.

Attaque.

La profondeur des colonnes d'attaque n'est qu'un embarras et une cause de pertes. Les subdivisions doivent donc marcher à une distance qui leur permette de se protéger contre les entreprises des maisons ou des rues transversales.

Plus la position à enlever est formidable, plus le quartier est hostile et populeux, plus l'emploi de colonnes parallèles de front et de flanc est indispensable.

Chaque poste est attaqué sur plusieurs têtes de colonne, par différentes rues, de côté, de front et en queue.

Les positions enlevées et utiles sont fortifiées, les autres démolies si elles peuvent favoriser les rebelles.

Les postes qu'on ne peut forcer sont bloqués en garnissant les bâtiments extérieurs qui les commandent.

Sur une place battue de feux, il ne faut pas s'aventurer en trop grand nombre; il faut établir des tirailleurs dans les premières maisons ou lieux élevés voisins et occuper les deux bâtiments d'angle de la place.

On s'étend sucessivement pour protéger le débouché de la colonne. La tête de la colonne s'établit dans les bâtiments qui enfilent, barrent ou commandent les défilés voisins.

Par une fuite simulée mais lente, il sera possible quelquefois d'attirer les insurgés à déboucher en force sur la place; on fera volte-face alors, auprès d'obstacles à l'abri desquels les réserves déboucheront.

L'infanterie chargera, et n'ayant plus à craindre le feu des maisons, elle y entrera pêle-mêle avec l'ennemi, avant qu'il puisse s'y mettre en état de défense.

Les barricades et maisons attenantes sont les clefs de toutes les positions; leur attaque sera d'autant plus longue et meurtrière, qu'on négligera davantage les moyens tournants.

Si la coupure est mal établie ou mal défendue, un peloton précédé de la première section de tirailleurs l'enlèvera sans opération préliminaire.

Pour enlever une barricade défendue par 50 à 100 hommes, il suffira de deux patrouilles de 100 hommes, dont une agit sur les flancs, par les rues latérales ou l'intérieur des maisons. Une attaque faite simplement de front exigerait dix fois plus de monde et de temps.

L'attaque est conduite pied à pied sur les flancs de la position. Deux compagnies suffisent pour prendre la plus forte barricade. Elles arriveront par une rue latérale et s'arrêteront à l'abri des feux de la coupure. Une compagnie prendra position dans les maisons du premier carrefour et dirigera son feu des étages élevés, contre la barricade et les bâtiments qui la protégent; au besoin, une section sous l'appui de ce feu occupera un bâtiment plus rapproché.

L'autre compagnie s'établira au carrefour voisin dans les rues latérales, pour menacer, par des feux ou par une attaque, soit le long des maisons, soit dans la rue, les flancs ou les derrières de la coupure.

Si l'on ne peut tourner ainsi la traverse, deux sections munies de pétards, de mantelets, de leviers, de haches, etc., s'en approcheront alternativement de 50 à 100 mètres; chaque section, sous la protection de celle restée en position dans un étage supérieur en arrière, avancera pour occuper chaque fois un bâtiment plus rapproché. Après quelques mouvements semblables, on plongera de près sur la barricade et sur les fenêtres qui la flanquent; l'attaque sera facile, deux pelotons suffiront pour cette opération.

Les colonnes latérales détachent quelques hommes vers celle du centre, et celle-ci vers les autres, par les jardins ou maisons, pour prendre ou plonger à dos les barricades.

Si l'on préférait atteindre le but moins vite, sans grande effusion de sang, on arriverait par l'intérieur des cours et des maisons, en escaladant les murs de clôture. On occuperait les toits.

On ne doit pas dépasser une barricade avant de s'être rendu maître des maisons attenantes; le passage du défilé doit être exécuté avec prudence, et l'on doit faire élargir le chemin pour la cavalerie qui suit et qui doit agir contre les retours offensifs.

Les longues rues seront balayées à coups de canon, en s'établissant en arrière de leurs coudes, si tout autre moyen est insuffisant; et les maisons qui flanquent les barricades seront battues en brèche ou incendiées. On attaque ces maisons à dos, en se glissant derrière si elles sont isolées. Dans le cas contraire, on occupera les bâtiments les plus voisins, afin de l'emporter par un plus grand feu. De bons tireurs seront embusqués dans les greniers, sur les toits, derrière les cheminées; ils tireront sur tout homme armé qui se montrera, et contraindront l'ennemi à laisser le champ libre.

On pénètre d'une maison dans une autre, par tous les étages à la fois, par la cave, le grenier, le toit, la terrasse. A chaque étage on perce des créneaux dans les murs de séparation, on les garnit de soldats, puis on continue les trous plus grands, de façon à laisser passer les hommes.

Si l'on ne peut s'emparer d'une maison contiguë et si l'importance de la position et les circonstances l'exigent, on y met le feu ou on brûle le bâtiment à côté.

BATIMENT ISOLÉ. — L'attaque d'un bâtiment isolé, exécutée par l'infanterie seule, est toujours une tâche difficile.

Une faible ligne de tirailleurs s'approche autant que possible à couvert, et cherche à forcer l'ennemi à démasquer son dispositif de défense. La ligne de tirailleurs est ensuite renforcée et suivie par les soutiens auxquels on joint des soldats porteurs d'échelles, de leviers, de massues et d'autres instruments d'assaut et d'incendie. Les tirailleurs exécutent un feu à volonté dans la direction des croisées et des créneaux, et, protégés par eux, les soutiens cherchent à enfoncer les portes, à renverser les objets qui bouchent les fenêtres. On tente cette

destruction aux endroits où l'ennemi peut le moins
agir par son feu. L'assaut est donné ensuite par de
petites colonnes, pourvues également d'instruments
d'escalade ; elles pénètrent dans le bâtiment par les
ouvertures qui y ont été pratiquées, et cherchent à
entrer, en même temps que les défenseurs, dans les
pièces contiguës. On s'empare de l'escalier dès que
les défenseurs se retirent à l'étage, et on les suit de
près ; ou bien, on incendie le bâtiment ou on le fait
sauter au moyen d'un baril de poudre.

Quand l'assaillant sera pourvu d'artillerie, l'attaque
sera moins difficile ; c'est elle qui prépare l'attaque
en réduisant au silence l'artillerie du défenseur.
Elle a soin de se placer en batterie hors de l'atteinte
des tireurs de position, et envoie ses obus vers le
corps du bâtiment et vers l'endroit où sont placées
les réserves de l'adversaire.

Si les bâtiments sont entourés de murs, l'artillerie
y fait brèche au moyen de charges légères, et
lorsque ce sont des haies, on les détruit par la
mitraille.

Défense.

200 soldats, approvisionnés et bien commandés,
résistent dans un bâtiment de facile défense cerné
par l'insurrection.

Deux bataillons approvisionnés commandent
autour d'eux un espace d'environ 500 mètres de
rayon.

Toutes les constructions ne sont pas susceptibles
d'être défendues ; les bâtiments solides en pierres et

qui commandent les autres, sont ceux qui conviennent le mieux.

Pour mettre une maison en état de défense, on barricade les portes, les fenêtres et les couloirs du rez-de-chaussée; si le temps le permet, on perce des créneaux dans les murs; on enlève les châssis des croisées qu'on dispose en meurtrières par lesquelles on fait feu. Si l'on défend l'étage, le plancher est percé de trous et couvert des objets que l'on a sous la main (matelas, paille, etc.), afin d'être préservé des coups de feu du rez-de-chaussée; les escaliers sont prêts à être abattus ou barricadés; si on enlève le toit, il convient d'étendre une couche de fumier, de sable ou de paille humide sur le plancher du grenier; on prend des mesures pour éteindre l'incendie, en plaçant des tonneaux remplis d'eau, à chaque étage; on approprie une chambre pour les blessés; toutes les entrées sont barricadées, si la défense doit se faire à outrance; dans le cas contraire, c'est à dire si la retraite doit s'effectuer à temps ou si l'on compte sur du renfort, une issue parfaitement gardée sera tenue libre; enfin, on veillera surtout à ce que les approvisionnements en munitions et en vivres ne fassent point défaut. Si la maison a des murs de clôture, ils doivent être fortifiés; les haies, de même que les cloisons en bois, sont raffermies en y accumulant de la terre.

Le nombre de troupes pour la défense dépend des dimensions du bâtiment et des forces dont on dispose; une compagnie suffit pour défendre un bâtiment isolé.

Chaque partie du bâtiment reçoit un petit détachement; ils ont tous leur commandant particulier qui est chargé de faire exécuter les travaux de défense pour la partie qu'il occupe. On calcule à raison de deux hommes pour la défense d'un créneau ou d'une croisée. Les meilleurs tireurs se placent aux points présumés de l'attaque et dans les parties flanquantes, si le bâtiment est protégé par les constructions voisines. La réserve se trouve à proximité des entrées principales; elle est prête à refouler l'ennemi à la baïonnette, et si la défense doit s'étendre à l'étage, elle remplira la même mission au haut de l'escalier.

Le commandant des troupes se tient près de la réserve principale, y reçoit tous les renseignements, donne ses ordres ou porte secours aux points menacés.

Dans la défense d'un bâtiment isolé, dès qu'on signale l'ennemi, chacun est à son poste; les meilleurs tireurs commencent le feu quand ils sont certains de pouvoir atteindre l'adversaire. A mesure que celui-ci avance, le feu augmente et devient violent quand les colonnes d'attaque se portent en avant; les meilleurs tireurs visent les hommes qui portent les échelles, les leviers, etc. Si l'assaillant a de l'artillerie, les tireurs de position dirigent leurs coups vers les artilleurs; si l'ennemi fait brèche, on cherche à la réparer au moyen de meubles ou autres objets, et, après l'avoir vainement disputée par un feu violent et la baïonnette, les défenseurs se retirent dans les appartements contigus, d'où ils continuent le feu par les créneaux.

Lorsque l'assaillant s'est emparé d'une position du bâtiment et que l'on veut défendre l'étage, une partie des troupes y monte, pendant que l'autre résiste jusqu'à ce que la première ait commencé le feu par les ouvertures pratiquées dans le plancher; puis la seconde s'y rend précipitamment et barricade ou détruit l'escalier.

Si le bâtiment ne doit pas être défendu à outrance, on commencera la retraite en temps opportun.

Quand il y aura une clôture extérieure, qui est souvent précédée d'un fossé, on la mettra en état de défense et le bâtiment sera considéré comme réduit. La défense extérieure a lieu par un grand nombre de tirailleurs suivis de soutiens et de réserves. A mesure que l'ennemi avance, les tirailleurs occupent les haies et les murs; cette ligne est ensuite renforcée et le feu devient violent contre les colonnes d'attaque. Les troupes qui occupent les constructions voisines soutiennent par un feu vif, et si l'occasion est favorable, elles font une sortie sur les flancs de l'adversaire en assurant leur retraite. Si l'ennemi pénètre dans la position, la défense se continue dans le bâtiment, et la retraite de la ligne extérieure est protégée par les défenseurs des constructions contiguës.

Quand le terrain le permet, en avant des saillants ou des points faibles, on établit des défenses accessoires (abatis, petits piquets, fils de fer, etc. (Voir chapitre *Fortification*.)

Quant à la construction des barricades, il n'y a pas de règles fixes, on se sert évidemment de tout ce que l'on a sous la main : pavés des rues, chariots, sacs de terre, tonneaux, etc.

Des droits et des devoirs de l'armée en cas d'émeute.

Les gouverneurs de province, les commissaires d'arrondissement, les bourgmestres, les procureurs du roi et les officiers de police judiciaire, les substituts du procureur du roi, les commissaires de police, les juges de paix, les officiers de gendarmerie, les commissaires généraux de police, et enfin, les juges d'instruction, ont le droit de requérir l'armée suivant les circonstances déterminées par la loi.

Dans tous les cas, les réquisitoires doivent être écrits en se servant des mots : *Nous requérons,* et en énonçant ensuite la loi en vertu de laquelle l'armée doit agir. Il faut également que la réquisition indique clairement l'objet qu'elle a en vue et le but à atteindre.

Quand il y a flagrant délit, la troupe peut faire usage des armes et doit agir spontanément. Les postes ou les sentinelles feront donc feu en cas d'agression ou de voies de fait.

Lorsqu'un poste ou une troupe quelconque, agissant suivant des ordres reçus, est attaquée, ou qu'on lui résiste avec violence ou voies de fait, il ne lui faut, pour agir, ni l'intervention de l'autorité civile, ni sommations.

Il en est de même quand on ne peut défendre autrement le terrain qu'on occupe ou les postes dont on est chargé. Dans les autres cas, la troupe n'agit qu'après les sommations faites et se borne d'abord à l'emploi de la baïonnette.

Cette sommation : « Obéissance à la loi : on va

faire usage de la force; que les bons citoyens se retirent! » est répétée trois fois et précédée chaque fois d'un roulement de tambour ou d'un *garde à vous!* que sonne le cornet.

Les commandants de détachements engageront les autorités civiles à prévenir leurs administrés qu'il sera fait usage contre eux de la force des armes, s'ils ne se dispersent pas après ces sommations; mais il est tout naturel qu'il soit parfois impossible de la répéter ainsi à trois reprises et qu'il faudra agir après la première sommation.

Les autorités compétentes pour faire les sommations sont le bourgmestre, les échevins et les commissaires de police.

Si les autorités n'étaient pas présentes sur les lieux, le commandant de la troupe les avertirait, et si elles refusaient de faire les sommations, la troupe se retirerait, car, dans aucun cas, elle ne doit rester en contact avec l'émeute sans agir. Ainsi, quand la troupe est dans son droit légal, elle ne peut hésiter et doit agir spontanément et énergiquement, et, lorsqu'elle ne le peut pas, elle doit se retirer.

L'intervention de la troupe doit avoir un effet décisif; il faut en conséquence s'abstenir de former des détachements trop faibles; la compagnie d'infanterie et le peloton de cavalerie sont admis comme minimum.

On doit éviter le contact trop fréquent de la troupe avec les rassemblements, et ne pas la fatiguer inutilement; on ne doit donc la faire intervenir que lorsque l'autorité civile est impuissante à disperser les rassemblements.

10

Les troupes doivent être, autant que possible, concentrées et réunies dans les casernes.

Il faut éviter le développement ostensible de forces, plus propre à augmenter l'effervescence qu'à la calmer. On doit s'abstenir de faire circuler des troupes ou de doubler les gardes. Il faut, au contraire, faire rentrer à la grand'garde les postes trop faibles pour défendre leur position et ne maintenir que ceux qui seraient propres à préserver les magasins, arsenaux, etc.

Lorsque tous les moyens auront été employés par la police locale, et que le concours de l'armée sera devenu nécessaire, alors seulement les troupes devront se mettre en mouvement et présenter une force imposante.

L'autorité civile, une fois qu'elle a adressé ses réquisitions, ne peut s'immiscer en aucune manière dans les opérations militaires. Le nombre des troupes, le choix des armes, leur emplacement et leurs mouvements sont abandonnés à l'officier commandant sous sa responsabilité.

L'autorité militaire doit s'entendre avec le bourgmestre ou celui qui le remplace, pour prendre, de concert avec lui et, au besoin, avec le gouverneur de la province, des mesures de police en cas d'attroupements qui se manifestent ou qui sont à prévoir.

La troupe doit bien se pénétrer que les propos, les cris, les sifflets, les vociférations, si menaçants qu'ils paraissent d'abord, n'ont que peu d'importance lorsqu'on les réprime avec calme et énergie.

On doit éviter d'entrer en pourparlers avec les émeutiers, car on ne réussit pas à calmer avec des paroles une foule séditieuse; la force des armes ou la menace seulement d'en faire usage produiront de l'effet. Il suffit donc de faire connaître à la foule ses volontés en peu de paroles, et si elle n'obéit pas tout de suite, il faut agir pour que force reste à la loi.

On doit veiller à ce que les séditieux ne s'approchent pas trop près de la troupe, la tactique exigeant que jamais une troupe ne doit être gênée dans ses mouvements.

Qu'on se garde bien de ne prendre que des demi-mesures ou de donner des ordres qui ne peuvent s'exécuter qu'en partie, comme par exemple : interdire le passage d'une rue, et laisser passer des personnes isolément, ou disperser la foule sans employer la force. Ce serait manquer le but et jeter l'incertitude et le doute dans l'esprit des hommes.

On ne doit jamais quitter le lieu de l'émeute sur le conseil de gens qui diraient que le départ de la force calmera les esprits. C'est rarement vrai et, en tout cas, ce serait pour les insurgés une victoire morale qui ne pourrait que les exalter davantage, en s'exagérant leur importance.

On doit signaler au commandant les hommes qui tiendraient des propos tendant à faire douter de leur concours pour le maintien de l'ordre.

Au repos comme en marche, on doit se garder militairement.

Pour se rendre sur le théâtre de l'émeute, on présentera le front le plus large possible, tout en conservant une réserve. On aura soin de tenir un espace libre de 50 à 60 pas entre la foule et la troupe, au moyen de sentinelles qu'on fera rentrer au moment opportun.

Quand une compagnie est appelée à concourir à

la répression d'une émeute, elle doit prendre ses dispositions pour un premier combat et, selon les circonstances, avoir même les armes chargées et emporter avec elle tous les outils dont elle peut disposer, afin de renverser les obstacles qui peuvent se présenter pendant la marche. Des tirailleurs entourent la troupe, aussi bien pendant la marche que pendant les haltes. Ils font les arrestations sur l'ordre du commandant de la compagnie et éloignent tous ceux qui tentent de s'approcher, en ne faisant usage des armes que lorsque la loi le permet et que la nécessité l'exige. On évite ainsi de retirer à chaque instant des hommes des rangs, ce qui serait plus difficile, dérangerait l'ordre tactique et dans la marche serait impossible.

Le capitaine marche en tête de la colonne, entouré de quelques hommes de la section de tirailleurs.

Aussitôt après avoir atteint le théâtre de l'émeute, on ordonne à la foule de se disperser; si cet ordre n'est pas exécuté immédiatement après la troisième sommation, on a recours à une charge à la baïonnette; si cette charge ne produit pas d'effet, ou bien si on juge inutile de l'employer, on en vient, après mûre réflexion, à l'emploi des armes à feu, et toujours de manière à assurer le succès.

S'il s'agit de disperser une foule non armée, il faut tenir les troupes réunies et ne jamais former des patrouilles ou des détachements.

Quelquefois, l'apparition des troupes dans cet ordre suffit pour faire écouler la foule; si cependant cela n'avait pas lieu et qu'on jetât des pierres sur elles, il faut sur-le-champ exécuter une charge à la baïonnette. Mais avant de passer à cet acte, on doit réfléchir avec calme, se décider ensuite et agir avec énergie.

Il est dangereux de stationner longtemps sur une place sans agir, car le nombre et l'audace de la foule croissent à chaque instant. Si cependant on y était obligé, il faudrait tenir, par tous les moyens, la foule éloignée d'au moins 50 pas du gros de la troupe, car il est essentiel de conserver toujours la liberté de tous ses mouvements.

Si l'on est averti que les émeutiers ont élevé des barricades, ont créé des obstacles artificiels à la marche des troupes ou se sont retranchés dans les maisons, les hommes pourvus des outils seront formés en une section pour démolir ces obstacles, enfoncer les portes, etc.

Si la troupe était soumise à des voies de fait provenant d'émeutiers retranchés dans des maisons, une section y pénétrerait de force, en laissant au dehors quelques tireurs qui tiendraient en joue les fenêtres. On arrêterait tous les hommes trouvés à l'intérieur, en signalant ceux porteurs d'armes ou de projectiles quelconques, et, s'ils résistent, on fera usage contre eux de la force.

Si l'on a des prisonniers, on tâchera de s'en débarrasser tout de suite en les remettant entre les mains de la police. En attendant, on les place au centre de la compagnie, quelques tirailleurs à leur droite et à leur gauche. Si c'est nécessaire, on peut aussi les lier ou leur ôter les bretelles et couper les boutons du pantalon, ce qui rend la fuite très difficile.

Pour pénétrer dans les différentes pièces d'une maison, on se fera précéder du premier habitant qu'on y rencontre et auquel on fera ouvrir lui-même les portes.

Si les troubles prennent un caractère plus sérieux et que les troupes soient attaquées par des émeutiers en armes, le commandant tiendra compte des circonstances et décidera rapidement s'il doit prendre l'offensive ou occuper un bâtiment qui fait saillie pour rester maître de la position.

Un officier chargé d'empêcher des réunions (meetings) qui ont pour but l'excitation contre la loi ou la révolte, commence par entourer et occuper la maison où elles se tiennent; il ne peut jamais y entrer qu'accompagné de plusieurs hommes de la section de tirailleurs et d'un tambour ou d'un clairon.

Aussitôt entré dans la salle, il fait faire un roulement, ou un *garde à vous !* par le clairon, pour obtenir le silence, et fait connaître le but de sa mission. Si le silence ne se rétablissait pas, il empêcherait tout discours en faisant battre du tambour ou sonner du clairon, et en prévenant qu'il va recourir à la force.

Si la salle est entourée d'une galerie, on y place quelques tirailleurs solides et énergiques, pour qu'ils dominent toute la salle.

Si l'on est obligé de faire des arrestations, on choisit de préférence le président et toute la commission, et si on en a reçu l'ordre, on saisit également les papiers. Dans ce cas, on obtiendra plus par la ruse que par la force.

En général, il ne faut faire des arrestations que lorsque c'est nécessaire et qu'on peut les faire avec succès; on prend le nom, la position et la demeure de la personne arrêtée et l'on marque le motif de son arrestation.

Premiers soins à donner aux malades et aux blessés avant l'arrivée du médecin.

La première chose à faire pour un malade ou un blessé, c'est d'éloigner de lui tous ceux qui ne sont pas absolument nécessaires pour lui venir en aide ; de le placer dans une position où il puisse respirer facilement, à l'abri du froid, de l'humidité et d'un soleil ardent ; de le rassurer par des paroles qui relèvent son courage et de procéder avec calme et sang-froid aux soins que réclame son état et qui varient suivant la nature des accidents.

En campagne, chaque soldat devrait être porteur d'un morceau d'amadou ou d'éponge, de sparadrap et d'une bande.

PLAIE PAR UN INSTRUMENT PIQUANT. — Laver la plaie à l'eau froide au moyen d'une éponge ou d'un chiffon, y appliquer un peu de mousse ou d'herbe mouillée et entretenir l'humidité jusqu'à l'arrivée du médecin.

PLAIE PAR UN INSTRUMENT TRANCHANT. — Après l'avoir lavée, rapprocher les bords avec les doigts et les maintenir en contact avec du sparadrap en bandelettes ; recouvrir ensuite d'une compresse placée en double et fixée au moyen d'une bande.

Si un corps étranger, un fragment de bois ou de fer, par exemple, a pénétré dans les chairs, on en fait l'extraction, pour autant toutefois qu'elle puisse avoir lieu sans tiraillement ; dans le cas contraire, on le laisse dans la plaie jusqu'à l'arrivée du médecin.

BRULURES. — Couvrir les parties brûlées immédiatement d'eau froide, saturer cette eau d'alun si l'on en a. On peut également entourer le membre d'une bonne couche de ouate cardée.

SYNCOPE. — Placer le malade à l'air, desserrer ses vêtements, le débarrasser de tout ce qui pourrait s'opposer à l'entrée de l'air dans la poitrine ; projeter de l'eau froide sur la figure, faire respirer du vinaigre. Si ces moyens ne réussissent pas, il est probable qu'on a affaire à une congestion cérébrale.

IVRESSE. — Faire boire de l'eau froide, aspirer de l'ammoniaque et promener à l'air libre.

SAIGNEMENT DU NEZ. — Boire de l'eau froide à profusion, bourrer les narines avec de la charpie trempée dans l'eau froide alunée, ne pas se moucher et mettre sur le front une compresse d'eau froide.

FRACTURES : 1° *d'un des membres supérieurs.* — Quand un ou plusieurs os ont été fracturés, il faut se borner à soutenir le membre blessé avec un mouchoir ou une cravate en écharpe dont le milieu supporte l'avant-bras et la main, et dont les extrémités viennent s'attacher derrière le cou. Le blessé peut ainsi attendre du secours ou être conduit près d'un médecin, soit à pied, soit en voiture ; dans ce dernier cas, le membre doit être maintenu immobile sur la poitrine au moyen d'une bande ou d'un mouchoir appliqué transversalement.

2° *D'un des membres inférieurs.* — Si le blessé doit rester sur place pour attendre du secours, il faut l'étendre sur le dos, la tête un peu relevée; puis saisir le membre fracturé par son extrémité, une main sous le talon et l'autre sur le cou-de-pied, et le ramener doucement en tirant un peu le long du membre sain. On fixe les deux membres l'un près de l'autre et on recommande l'immobilité la plus com-

plète. Si le blessé doit être transporté, après avoir
ramené le membre fracturé auprès de l'autre, il faut
les lier ensemble dans toute leur longueur avec des
bandes ou des mouchoirs et poser le blessé sur une
civière.

FRACTURES COMPLIQUÉES DE PLAIES, MEMBRES
BROYÉS OU ARRACHÉS. — Quand un membre a été
broyé ou déchiré et séparé complétement du corps,
l'accident le plus immédiat à redouter, c'est l'hémor-
rhagie, qu'il faut arrêter le plus promptement possible
par la compression directe avec les doigts portés sur
les points d'où jaillit le sang, et par l'application d'une
forte ligature au moyen d'un mouchoir ou d'une
bande sur le membre blessé, immédiatement au
dessus de la plaie. Si la ligature suffit pour arrêter
le sang, on cesse la compression avec les doigts et
on recouvre la plaie avec de larges compresses
trempées dans de l'eau froide.

CRACHEMENT DE SANG. — Dénouer tout ce qui
serre autour du malade, le déposer sur un lit dans
une place plutôt froide que chaude, recommander le
silence, mettre des sinapismes aux pieds.

ASPHYXIE. — Il faut d'abord soustraire la victime
à la cause de l'asphyxie et lui procurer l'air pur; la
coucher ensuite sur le dos, la tête et la poitrine un
peu plus élevées que le reste du corps, en même
temps, ouvrir les vêtements, la chemise, tout ce qui
peut nuire à la liberté des muscles; frictionner la
poitrine ou tout le corps avec des linges imbibés de
vinaigre ou d'alcool; frotter la paume des mains, la
plante des pieds et la région correspondant à la
colonne vertébrale, avec une brosse ou un morceau
de flanelle.

Tâcher d'irriter la muqueuse nasale en faisant brûler, sous le nez, une allumette phosphorique; aspirer de l'éther ou, enfin, introduire dans le nez une petite plume, un petit rouleau de papier, etc.

EMPOISONNEMENT. — Quel que soit le cas d'empoisonnement, introduire quoi que ce soit dans l'arrière-bouche et chatouiller jusqu'à effet; afin de faciliter, faire boire de l'eau tiède. Pendant ce temps, le médecin arrive et donne un contre-poison *suivant le cas*.

TROUPES EN MARCHE. — La marche de nuit fatigue énormément et est fort lente; le moral des troupes est plus préoccupé, plus impressionnable, les conditions de viabilité sont rendues plus difficiles par l'état de l'atmosphère; la lutte contre le sommeil dans les haltes est pénible, les à-coup et les oscillations dans la colonne sont des causes fréquentes de chutes, de contusions et d'envoi des hommes à l'ambulance; de plus, avec de jeunes troupes, on court le risque des paniques.

Pendant la journée, il faut éviter de s'exposer aux grandes chaleurs. La marche doit être uniforme, et entrecoupée de haltes suffisantes pour permettre aux hommes de se reposer et de satisfaire leurs besoins.

Le lieu des haltes doit faire l'objet d'une attention spéciale : en hiver, on doit s'arrêter dans un endroit découvert et sec, à l'abri du grand vent et exposé au soleil; en été, il faut choisir les lieux, pas trop frais, voisins des bois et des rivières.

Pendant les haltes, les officiers et les sous-officiers doivent exercer une surveillance active sur les hommes, défendre, quand ils sont en transpiration, de se déshabiller ou de boire de l'eau froide, de se laver, etc.

DES CHEMINS DE FER.

———◦◦¦◦¦◦◦———

CONSIDÉRATIONS GÉNÉRALES. — Les chemins de fer sont utiles à tous les intérêts et à toutes les classes de la société; l'armée s'en sert tous les jours, soit pendant la paix, soit pendant la guerre. On se rendrait difficilement compte de leur influence, du rôle important qui leur est désormais assigné dans toutes les opérations militaires, si, depuis vingt ans, les guerres ne fourmillaient d'exemples de grands transports de troupes et de matériels.

Les transports par chemin de fer sont surtout avantageux pour parcourir de grandes distances. Si l'on voulait transporter un corps d'armée sur une seule ligne, à 8 ou 10 lieues, ce corps arriverait à destination moins vite qu'à pied, car le temps gagné par la rapidité du transport serait absorbé par la durée de l'embarquement, l'espacement des trains, etc.

Un réseau de chemins de fer augmente considérablement la force militaire d'un pays ; en effet :

1° La mobilisation générale est plus rapide.

2° L'armée mobilisée, on peut transporter les troupes et les munitions sur les points que l'on veut défendre ou sur ceux d'où l'attaque doit partir.

3° Sur le théâtre des hostilités, il est même possible, ou de faire rejoindre promptement les détachements dont la présence devient nécessaire, soit pour livrer bataille, soit pour résister à une attaque, ou de faire combattre le même corps d'armée sur des points différents, à des intervalles de temps très rapprochés ; de renforcer avec rapidité les points menacés ou trop faiblement occupés.

On se demande s'il est possible de faire arriver par chemin de fer des renforts au secours de troupes engagées dans la bataille. L'expérience à cet égard est peu concluante, mais il ne paraît pas douteux que des corps d'infanterie bien exercés à l'embarquement et au débarquement puissent mettre assez de rapidité dans leurs mouvements pour arriver en temps opportun sur un lieu de combat.

4° L'armée appelée à défendre un cours d'eau trouvera de grandes ressources dans l'emploi des voies ferrées ; seulement, celles-ci ne devront pas côtoyer la rive de trop près. Il faudrait les établir à une lieue au moins du rivage et à deux lieues au plus, les troupes, en débarquant des waggons, devant avoir le temps de se former avant d'être exposées aux attaques de l'ennemi, qui déjà peut-être franchit l'obstacle. D'autre part, elles ne doivent pas avoir une trop longue marche à faire pour atteindre les points du rivage où l'ennemi serait établi, parce que celui-ci aurait tout le temps de se renforcer avant l'attaque. Il faudrait encore que d'autres voies vinssent s'embrancher sur le chemin principal, afin d'avoir suffisamment de gares pour concentrer le matériel roulant. Il s'ensuit que les chemins de fer n'offrent qu'une faible utilité pour la défense des rivières qui serpentent à travers des vallées étroites, mais que dans les vallées larges ils peuvent prêter à la défense une force surprenante.

5° Les chemins de fer offrent d'immenses avantages, non seulement pour le transport des troupes qui doivent opérer, mais encore pour celui des vivres, des fourrages, des malades, des prisonniers, des médicaments, du matériel d'ambulance, des munitions, et surtout depuis que les munitions d'armes doivent être fabriquées dans des établissements spéciaux.

Ce qui ruine et détruit les armées c'est le manque de vivres; ce qui les alourdit et empêche souvent l'exécution des combinaisons les plus hardies, c'est l'énorme difficulté de traîner après soi des vivres en quantité suffisante. Les chemins de fer détruisent en partie ces obstacles, et c'est en partie pour cela aussi que, de nos jours, nous voyons dans toutes les guerres, les armées suivre les voies ferrées et les garder avec un soin extrême.

On calcule que pour fournir les vivres et les fourrages à une armée de 100,000 hommes, il faudrait six ou sept trains par jour. Combien ne faudrait-il pas de voiture, si l'on employait le système de locomotion par grand'routes?

Un convoi ayant une vitesse six à huit fois plus grande que les voitures de roulage, la surface d'approvisionnement sera 36 ou 64 fois plus grande par chemin de fer.

En employant le chemin de fer, on épargne le pays sur lequel passent les armées, on diminue le nombre de bouches inutiles dont se compose le personnel des convois ordinaires, les provisions arrivent intactes, les magasins peuvent être éloignés et ainsi hors des atteintes de l'ennemi.

En cas de guerre, tout pouvoir sur les voies ferrées doit être remis entre les mains de l'état-major de l'armée, et ce pouvoir ne sera rigoureusement et habilement exercé que si déjà en temps de paix, les officiers ont été initiés à tout ce qui concerne le service des voies ferrées.

Manière de détruire les voies ferrées. — Pour interdire à l'ennemi l'emploi des voies ferrées, on les détruit ou on les défend par des colonnes mobiles ou par des fortifications.

Avant de détruire une voie ferrée, il y aura à considérer :

1° Si la destruction est absolument nécessaire ;

2° Si les avantages qu'on en retire sont une compensation suffisante du dommage causé ;

3° Si la voie est inutile pour nos mouvements ultérieurs.

Les premières destructions se feront généralement près de la frontière et autant que possible à la jonction de deux lignes ; la circulation est arrêtée ainsi en même temps sur deux lignes différentes.

Pendant que l'ennemi réparera les premiers dégâts, on aura le temps d'en préparer de plus importants en arrière.

Il est de règle de ne pas hésiter à faire sauter un

pont, un viaduc, lorsque la ligne sur laquelle ils se trouvent est la seule à suivre par l'ennemi pour franchir un défilé qu'il ne peut tourner.

Si l'on veut interrompre pour longtemps une voie ferrée, on y échelonne une série de destructions.

Il faut aussi enlever à l'ennemi la possibilité de se servir de notre matériel roulant (waggons et locomotives), soit en évacuant ce matériel, soit en le mettant hors d'usage.

Pour mettre un waggon hors d'usage, on détruit les boîtes à graisse, on enlève les écrous des boulons à brides qui relient le fond de la boîte et qui fixent en même temps la boîte sous le ressort, on brise les têtes de ces boulons, enfin on enlève encore les plaques de garde, les chaînes d'attelage, les tendeurs, on brise les freins, etc., etc.

A la locomotive on ôte les fonds de cylindre, la tige du piston, le piston, la bielle; on fait sauter les tubes bouilleurs. On s'attaque aux appareils de sûreté ou indicateurs, soupape, niveau d'eau, manomètre, etc., qu'il est très facile de dégrader au point de ne pouvoir s'en servir. S'il s'agit d'une destruction complète, on remplit les waggons de matières combustibles, pétrole, huile, paille, etc., et on y met le feu, on fait sauter les chaudières des locomotives.

La destruction de la voie comprend l'enlèvement des rails et des accessoires de la voie, le comblement des tranchées, le bouleversement des remblais, la rupture des ponts, pontceaux, viaducs, etc., le barrage ou la destruction des tunnels.

L'enlèvement des rails doit se faire sur une grande longueur et sur les deux voies; sans cela, la réparation serait facile et rapide. On emporte rails, coussinets, éclisses, traverses, etc., que l'on charge sur des trains organisés dans ce but.

Si les moyens de transport font défaut, on peut enterrer les rails à une grande profondeur, les jeter dans une rivière, dans un étang, etc., ou bien amonceler rails et traverses et y mettre le feu, ce qui les déforme complétement.

Il est possible aussi de déformer un rail en engageant son extrémité dans une entaille faite dans un tronc d'arbre et en pesant de toutes les forces de l'homme sur l'autre extrémité. Enfin, en laissant tomber le rail de quelques mètres de hauteur sur des blocs de bois ou de pierre, il se forme une courbure suffisante pour le mettre hors d'usage.

Il faut aussi détruire les accessoires de la voie, tels que croisements et changements, ou du moins enlever les pièces principales, cœurs, aiguilles, contre-rails, les plaques tournantes, les châteaux d'eau, les grues hydrauliques ; démonter les signaux et les appareils de transmission, les sonneries et trembleurs électriques, les fils télégraphiques, les piles, etc.

Les accessoires de la voie doivent être enlevés sur toute la ligne.

Le comblement des tranchées est encore un puissant moyen d'interruption. Il se fait au moyen de mines.

Pour les ponts, s'ils sont de bois ou de fer, on enlève les rails ; s'ils sont en maçonnerie, on se sert de fourneaux de mine. On peut mettre le feu aux ponts de bois.

S'il s'agit d'interrompre le passage sur un pont tournant, on met l'axe de ce pont dans une direction parallèle au cours d'eau, puis on fait sauter des pétards sous le pivot.

Défense des voies ferrées. — La défense des voies ferrées se fait au moyen de colonnes mobiles qui parcourent le pays aux environs des voies, et par des fortifications élevées en des points convenablement choisis. Il faut également que l'on soit en mesure de réparer promptement les dégradations faites par l'ennemi ou par soi-même. A cet effet, des trains sont chargés à l'avance de tous les objets nécessaires pour effectuer les réparations et sont prêts à se porter sur les lieux des dégâts.

Les colonnes mobiles chargées de protéger les voies ferrées sont ordinairement composées de cavalerie; cependant, il est utile d'avoir toujours des trains préparés pour transporter de l'infanterie où sa présence serait nécessaire.

La défense ne peut être passive, il faut des partis de cavalerie bien organisés et vigoureusement conduits pour attaquer les lignes ferrées qui servent au ravitaillement de l'ennemi. Des ouvriers spéciaux doivent les accompagner pour détruire les voies.

Les fortifications élevées sur les chemins de fer ont pour but de conserver les points les plus importants. Ces points sont : une station située à une jonction ou à un croisement de voie; un ouvrage d'art considérable; un grand arsenal.

Dans un petit pays, entouré de puissants voisins, exposé aux convoitises de tous, on fortifiera des points situés vers le centre.

Si les fortifications à élever sont considérées au point de vue spécial de la défense des chemins de fer, qu'il ne faut défendre un pont, un viaduc, que pendant quelques heures, les travaux de fortification seront peu considérables; tandis que s'il s'agit d'une

11

défense de longue durée, ils prennent plus d'extension et sont presque toujours des forts permanents à cheval sur la ligne.

Transport des troupes par chemin de fer.

Embarquer les troupes, les débarquer, constitue toujours une opération assez longue et même parfois difficile. Un règlement judicieux et clair assignera donc à chaque officier, sous-officier et soldat, à tout employé du chemin de fer, les fonctions, les devoirs qui leur incombent dans l'embarquement et le débarquement.

Aussitôt que les troupes ont reçu l'ordre d'un mouvement, le chef de corps ou de détachement ou un officier délégué par lui se concerte avec le chef de station, afin de déterminer la nature et la quantité de matériel nécessaire pour le transport, le nombre d'hommes et de chevaux à embarquer par waggon, la composition de chaque convoi, le nombre d'ouvriers d'équipe nécessaires à la formation des trains et aux divers chargements.

Il se fait renseigner sur l'accès plus ou moins facile que présentent les quais d'embarquement, il fait la reconnaissance des gares et de leurs alentours, et détermine, d'après cela, la formation que prendront les troupes et les points où elles pourront stationner, en ne perdant pas de vue que ces points doivent se trouver le plus près possible des quais d'embarquement. Il convient avec le chef de station des heures auxquelles les détachements se trouveront rendus en gare. Enfin, il prend connaissance des itinéraires dont une copie lui est délivrée.

Le chef de station met l'officier commandant en rapport avec les agents chargés de diriger les trains.

Les voitures à voyageurs des trois classes sont ordinairement employées au transport des troupes d'infanterie.

Cependant, en cas d'insuffisance de waggons de 3ᵉ classe, on peut utiliser un certain nombre de véhicules dits d'*appoint*, tels que fourgons à bagages et waggons couverts à marchandises, mais seulement dans la proportion *maximum* d'un tiers de l'effectif.

Les voitures de l'espèce doivent être pourvues de bancs en nombre suffisant, pour que la moitié au moins des hommes puissent s'asseoir et, être convenablement éclairées et aérées ; lorsqu'il est impossible de satisfaire à cette dernière condition autrement qu'en laissant les portières ouvertes, celles-ci doivent être remplacées par une barre de fermeture (barrière).

Pour les voyages de nuit, les voitures seront pourvues d'au moins une lanterne fermée.

Par les temps froids, l'administration des chemins de fer garnira de paille ou de foin le plancher des waggons. Dans ce cas, il est interdit de fumer, *sous les peines les plus sévères*.

Lorsque les soldats voyagent en corps armés et équipés, on doit laisser un certain nombre de places vides par compartiment pour y déposer les sacs, les coiffures, etc. Le nombre de ces places est fixé au dixième de l'effectif.

Le chef de station fait indiquer, sur les voitures de 3ᵉ classe, le nombre d'hommes qu'elles peuvent recevoir, déduction faite des places qui doivent rester libres.

Les chevaux des officiers montés sont embarqués dans des boxes aménagés comme ceux dont on fait usage pour les chevaux de cavalerie.

Les convois sont, autant que possible, organisés par bataillon.

Ils sont formés d'avance dans l'ordre suivant :

A. Un ou deux waggons fermés pour le transport des bagages régimentaires, des caisses de tambour, des gros instruments de musique, etc.

B. Les voitures de 3ᵉ classe en nombre nécessaire, pour le transport de la première moitié de l'effectif.

C. Une voiture de 1ʳᵉ classe pour les officiers supérieurs.

D. Une ou deux voitures de 2ᵉ classe pour les officiers subalternes.

E. Les voitures de 3ᵉ classe nécessaires pour la seconde moitié de l'effectif.

F. Un ou plusieurs boxes pour le transport des chevaux attribués par le règlement aux officiers des différents grades.

Un poste composé d'un sergent, de deux caporaux, d'un tambour ou clairon et d'un nombre suffisant de soldats, est préposé au maintien de l'ordre dans les stations. Les détenus sont placés sous sa garde. Il fournit les sentinelles nécessaires pour veiller aux bagages, pour empêcher les soldats d'escalader les haies ou les clôtures, de sortir des gares ou de s'éloigner des points de stationnement qui leur ont été assignés.

Les troupes doivent se trouver à la gare une demi-heure avant le départ. Les bagages et les chevaux doivent y arriver une demi-heure avant la troupe ;

ils sont embarqués immédiatement par les agents du chemin de fer.

Lorsque les gares ne sont pas assez grandes pour qu'on y puisse admettre toutes les troupes, on forme une partie de celles-ci en ligne ou en colonne sur l'emplacement choisi par l'officier commandant.

L'officier commandant, accompagné des commandants de compagnie, de l'adjudant-major et de l'adjudant, reconnaît la disposition et la nature du matériel de transport et donne les indications nécessaires pour assurer l'embarquement avec ordre et célérité.

Il fait numéroter à la craie par l'adjudant les waggons destinés à la troupe, en commençant par le plus éloigné de l'entrée de la gare, lequel doit porter le n° 1.

L'adjudant-major fait ensuite la répartition des hommes dans les waggons, en s'aidant d'une situation numérique des compagnies.

L'adjudant inscrit sur chaque waggon le numéro de la compagnie à laquelle il est destiné.

Le numéro d'ordre des waggons et le numéro de la compagnie sont tracés d'une manière très apparente sur le *grand marche-pied* des waggons. Ils sont répétés de l'autre côté des voitures.

Après avoir reconnu le matériel et reçu les instructions du commandant, les capitaines retournent à leurs compagnies.

Les tambours et les musiciens, conduits par leurs chefs, déposent les caisses et les gros instruments de musique dans le waggon à ce destiné; ils sont guidés par un ou deux agents du chemin de fer.

Les cantinières restent avec leur compagnie.

Quand la troupe a un drapeau, celui-ci est déposé dans le waggon du commandant ou dans tel autre qui puisse le contenir; le porte-drapeau monte dans ce waggon.

L'adjudant-major divise, d'après une note préparée d'avance, le détachement en autant de fractions qu'il y a de waggons, sans tenir aucun compte des divisions organiques. Il commence par la droite ou par la gauche, selon la disposition de la gare, de manière que les fractions puissent arriver à leur waggon sans avoir à dépasser celles qui les ont précédées. Les fractions, encadrées chacune entre deux sous-officiers ou caporaux, sont dirigées vers l'embarcadère par les officiers ou les sous-officiers qui en ont le commandement.

Si le corps s'embarque par la tête du train, l'adjudant-major comprend les musiciens, les tambours et clairons dans les premières fractions.

Le poste de police et les détenus s'embarquent dans le dernier des waggons de 3ᵉ classe destinés à la première moitié de l'effectif.

Chaque fraction marchant par le flanc est arrêtée et formée sur quatre rangs en face du waggon qu'elle doit occuper. L'officier divise ensuite sa troupe en autant de parties que le waggon a de portières; chaque partie est commandée par un sous-officier ou un caporal, ou, à défaut de ceux-ci, par le plus ancien soldat.

Ce chef veille à ce que les hommes observent pendant toute la durée du voyage les prescriptions du présent règlement, et il est responsable du maintien de l'ordre dans le compartiment qu'il occupe.

Chaque subdivision se dirige vers la portière par

laquelle elle doit monter en voiture : les soldats ôtent le sac et le tiennent en main ; ils se présentent un à un devant la portière ; les deux premiers entrés rangent leurs sacs sous les banquettes et à *l'extrémité opposée* à la portière ouverte ; le second prend le sac de l'homme qui le suit et le range de même ; le troisième prend le sac du quatrième et ainsi de suite. Les hommes s'asseyent au fur et à mesure qu'ils entrent, en se serrant vers le fond de la voiture pour ne pas obstruer l'entrée du waggon. Les trois derniers sacs occupent la place laissée vacante.

Les sacs chargés de marmites, de bidons ou d'outils sont placés de préférence sous les banquettes.

Les hommes tiennent leur fusil entre les jambes, la crosse sur le plancher ; il est interdit de déposer les armes sur les banquettes, excepté aux haltes et stations.

L'embarquement dans les waggons à marchandises se fait d'une manière analogue ; les hommes s'aident les uns les autres. S'il n'a pas été possible d'établir des bancs, ils se tiennent debout ou s'asseyent sur le plancher.

Les commandants de compagnie veillent à ce que les compartiments soient exactement remplis et à ce que les sacs soient rangés comme il est dit plus haut. Ils font connaître aux hommes le numéro du waggon que ceux-ci occupent. Enfin, ils donnent les instructions nécessaires pour l'exécution ponctuelle des mesures d'ordre et de police pendant la route.

Les officiers ne montent en voiture que lorsque l'embarquement de la troupe est complétement terminé.

L'agent chargé de la direction du convoi veille à ce que les portières soient bien fermées.

L'officier commandant étant responsable de tout ce qui concerne le personnel sous ses ordres, passe, accompagné du chef de train, une rapide inspection du convoi, pour s'assurer que tout est en ordre.

Le signal de départ est donné par le chef de station.

Pendant la marche des trains il est rigoureusement interdit :

De passer la tête ou les bras par les fenêtres; de changer de voiture; de pousser des cris; de fumer quand le plancher est recouvert de paille ou de foin; d'ouvrir les portières et de descendre de voiture aux stations d'arrêt, avant le signal convenu.

Aux stations d'arrêt, l'officier commandant et le chef du train visitent le convoi.

Aux stations où le train doit s'arrêter assez longtemps, le commandant, s'il juge convenable que la troupe mette pied à terre, fait connaître aux officiers la durée de la halte; ceux-ci se portent avec rapidité à hauteur des waggons de leurs compagnies, afin de surveiller le mouvement.

A un signal convenu, les hommes, après avoir placé leurs fusils à plat sur les banquettes, descendent sans précipitation par les portières qui s'ouvrent sur le côté extérieur de la voie. Les sacs restent dans les voitures. Personne ne sort des gares; quand on fait exception à cette règle, il est rigoureusement interdit d'escalader les clôtures du chemin.

Trois minutes avant le départ, on donne le signal du rembarquement. Les hommes sont libres de rester en voiture ou d'y remonter avant le signal.

On fait une halte de quinze minutes toutes les deux ou trois heures.

Quand le voyage doit avoir une certaine durée et qu'une partie de la troupe a été embarquée dans des waggons à marchandises, il est de règle, à moitié chemin, de faire permuter les hommes qui occupent ces voitures avec d'autres ayant fait la première partie du trajet dans des waggons ordinaires, afin de répartir sur un plus grand nombre d'hommes les avantages et les inconvénients des différentes espèces de voitures.

On profite d'une halte pour opérer ce changement : l'officier commandant désigne les voitures entre lesquelles il doit avoir lieu, et prévient les officiers qui doivent surveiller le mouvement.

Les hommes des voitures désignées débarquent avec rapidité et se rembarquent immédiatement après.

De nouvelles indications sont inscrites sur le grand marche-pied des voitures.

A la station qui précède l'arrivée à destination, le commandant fait prévenir la troupe par les garde-convois de se tenir prête à sortir des waggons. Chaque homme rajuste son uniforme, reprend son sac et le dépose sur ses genoux.

A l'arrivée du train dans la gare de destination où sur le point choisi pour le débarquement, les garde-convois ouvrent les portières des voitures occupées par les officiers ; ce n'est qu'après que ceux-ci ont mis pied à terre que les portières des waggons de la troupe sont ouvertes.

L'officier commandant désigne, d'après les indications du chef de station, le terrain sur lequel la troupe peut se reformer et donne ses instructions aux officiers.

Les hommes sortent des waggons, remettent leur sac et sont conduits par les officiers sur le point désigné.

Il est important que la voie soit évacuée le plus promptement possible.

Les bagages et les chevaux sont déchargés et remis à qui de droit par les agents du chemin de fer.

Lorsqu'en temps de guerre un corps de troupes est transporté par chemin de fer, il peut arriver que l'officier commandant juge à propos de le faire débarquer sur un autre point que celui qui avait été d'abord indiqué. Ce cas peut également se présenter en temps ordinaire, quand le déplacement des troupes est motivé par la nécessité de réprimer des troubles. Enfin, en tout temps, on peut se trouver dans la nécessité d'opérer un débarquement en plein champ, par suite d'un accident survenu à la voie, aux moteurs ou au matériel de transport.

Dans les deux premières hypothèses, l'officier commandant a le droit de faire arrêter le train où il le juge convenable. Il communique ses intentions au chef du train, qui donne les ordres et prend les mesures nécessaires pour opérer ce débarquement d'urgence sans qu'il en résulte aucun danger, ni pour les troupes, ni pour la circulation des trains ordinaires.

Quand l'accident est de telle nature que tout mouvement du train soit impossible, le chef du train rend compte à l'officier commandant des raisons qui obligent à interrompre le voyage. Il s'entend avec lui sur les mesures à prendre pour que le retard soit le plus court possible et pour que la troupe ne soit pas empêchée de remplir sa mission.

Lorsque l'accident survenu ne force pas à un arrêt immédiat du train, le chef du train prend l'avis du commandant des troupes pour opérer le débarquement à proximité d'un terrain présentant un accès facile et sur lequel les hommes et les chevaux puissent se porter directement au sortir des voitures sans avoir à longer la voie, à la traverser ou à franchir un fossé ou un remblai.

Quand le débarquement improvisé se fera sur une ligne à double voie, les hommes et les chevaux sortiront de voiture par les portières opposées à la seconde voie; il est interdit d'une manière absolue, sous quelque prétexte que ce soit, de stationner ou de déposer des objets sur celle-ci.

Quelle que soit la cause qui ait motivé le débarquement, le chef du train prendra tout de suite les mesures de précaution en usage pour prévenir les collisions, ainsi que toutes celles que pourrait lui suggérer la circonstance. Il fera placer les signaux et donner les avis nécessaires pour la sûreté des troupes, la conservation de la voie et du matériel de transport.

ARMEMENT.

———◦◦◦———

L'armement actuel de l'armée provient de la transformation des armes se chargeant par la bouche, et se divise en plusieurs catégories, comme suit :

Fusil modèle 1777, transformé au modèle 1867 (Albini), avec boîte de culasse neuve, déposé dans les arsenaux.

Fusil modèle 1777, transformé en Tersen, avec boîte de culasse neuve, et également déposé dans les arsenaux.

Fusil modèle 1777, transformé en Tersen, mais avec yatagan-scie, délivré au régiment du génie.

Fusils modèle 1841 et 1853, transformés en Albini, avec boîte de culasse provenant du tonnerre de l'ancien canon et bague de charnière; en usage dans les régiments de ligne, chasseurs et grenadiers.

Carabine 1848, transformée en Tersen, avec yatagan, entre les mains du régiment des carabiniers.

Les corps spéciaux de la garde civique sont armés du Comblain et la cavalerie est dotée d'un *mousqueton* du même système.

Toutes ces armes ont reçu un canon neuf en acier fondu de 80 centimètres de longueur pour les carabines et de 88 centimètres pour les fusils.

L'acier a été fabriqué par le procédé Bessemer et est supérieur à l'acier d'Allemagne. Il doit réunir les conditions suivantes : la ténacité, l'élasticité, une certaine dureté, de la malléabilité, de la résistance au feu et ne pas être susceptible de trempe.

La ténacité, pour résister aux fortes tensions qui se développent lors de la déflagration de la poudre ; cette tension peut aller jusqu'à 2,000 atmosphères. La ténacité permet, en outre, de ne donner qu'une mince épaisseur au canon et de rendre ainsi l'arme plus légère.

L'élasticité, pour empêcher le canon de se déformer dans les différents efforts à supporter par le service.

La dureté, pour résister au frottement de la balle. Il faut cependant qu'elle soit limitée afin de se laisser entamer par les instruments de fabrication.

La malléabilité, pour pouvoir redresser le canon lorsqu'un perçage a été défectueux.

Résister au feu, parce que le canon pourrait se fausser ou se brûler lorsqu'on le chauffe pour souder le guidon, le pied de hausse, etc.

Pas susceptible à la trempe, car il pourrait s'échauffer fortement après un tir, puis être exposé à la pluie, et cette action, plusieurs fois répétée, finirait par tremper le canon et le rendre cassant.

Du bois.

Le bois est façonné de manière qu'un homme

de taille moyenne puisse facilement le manier.

La *crosse* doit être courbée sur le fût pour que le tireur puisse facilement déterminer la ligne de mire; une crosse qui se trouverait dans la direction de l'axe du canon, rendrait ce mouvement impossible. La courbure diminue également l'intensité du choc produit par le recul. En effet, le recul se décompose en deux parties, dont l'une, parallèle à la crosse, est d'autant plus faible que la courbure est grande; l'autre, presque perpendiculaire à cette crosse, augmente avec la courbure et tend à faire pivoter l'arme autour de l'épaule et à relever la bouche du canon. L'action de cette dernière force est annihilée par le soutien des mains.

La courbure de la crosse doit cependant être limitée, sinon elle occasionnerait de la difficulté pour viser et, de plus, elle diminuerait la solidité à la poignée. Elle a été fixée entre 22 et 25 degrés (cet angle est celui que fait l'axe du canon avec la ligne qui joint l'extrémité de cet axe avec le point le plus bas de la crosse).

La longueur de la crosse est déterminée par la considération que la main gauche soutient l'arme dans son centre de gravité, sans que le bras droit soit trop tendu.

La *poignée* doit pouvoir se tenir en pleine main; il ne faut pas qu'elle soit trop délicate, elle est déjà affaiblie par les encastrements.

Le *fût* doit être long. Les conditions du tir exigent que le canon soit solidement attaché au bois sur toute sa longueur; les oscillations du canon sont ainsi amoindries et le fût garantit le canon des détériorations.

Mécanisme.

Il a pour objet de permettre l'ouverture du canon pour y placer la cartouche dans la chambre, de maintenir le canon fermé pendant le tir, d'assurer l'obturation, de produire la percussion et d'extraire les débris de la cartouche lors de l'ouverture du système.

Il doit présenter la solidité nécessaire aux armes de guerre, assurer la sécurité du tireur, permettre la rapidité du tir, être simple, d'un maniement facile, nécessiter peu de pièces de rechange et, enfin, être d'un entretien et d'une conservation convenables.

ARMEMENT DE LA GARDE CIVIQUE.

Comblain. (Chasseurs et artilleurs.)

Le Comblain appartient aux armes dites à bloc de culasse; c'est le système le plus sérieux connu jusqu'aujourd'hui. La platine s'y trouve complétement supprimée et le mécanisme qui la remplace avait été appliqué, en 1862, au modèle *Piabody*; mais la guerre des États-Unis a prouvé que la platine, telle qu'elle existe aux autres armes se chargeant par la culasse, vaut mieux, bien que le chargement soit moins rapide.

Le mécanisme se compose d'une *boîte de culasse*, qui a forme d'écrou pour être vissée à la partie filetée du canon; d'un *extracteur* et sa vis; d'un *obturateur*, auquel est attaché le chien qui comprend la *tête* avec percuteur, la *queue* avec ses crans qui font l'office de noix, le *talon* qui, en s'appuyant sur le support

et l'obturateur, fait armer quand on ouvre le mécanisme ; de la *détente*, qui fait en même temps l'office
de gachette et pivote autour d'une vis qui l'attache à
la queue de l'obturateur ; enfin, d'un *levier de sous-
garde*, qui, en pivotant autour d'une vis, ouvre et
ferme le mécanisme, et celui-ci étant fermé, la queue
du levier est maintenue contre la sous-garde par un
ressort.

Les avantages du mécanisme sur l'*Albini* et le
Tersen sont incontestables, l'extraction est plus
facile et plus sûre, le chargement plus rapide.

L'usage a prouvé que le bois de deux pièces ne
constitue pas un défaut, et le contact des pièces du
mécanisme avec l'eau, la poussière et l'air, est com-
pensé par la facilité du nettoyage.

On a adopté pour la fabrication le bronze phos-
phoreux qui ne s'oxyde pas, est peu coûteux et rend
la fabrication facile, toutes les pièces étant coulées.
Le défaut du métal est de n'être pas fort dur, les
écrous de vis, etc., sont vite endommagés entre les
mains du soldat.

L'arme se divise en cinq parties principales :

1. Le canon ;
2. Le mécanisme ;
3. La monture ;
4. Les garnitures ;
5. Le yatagan.

Le *canon* est du calibre de 11 millimètres, quatre
rayures en garnissent l'intérieur, faisant un tour de
0^{m}55.

A l'extérieur, on distingue le tenon du yatagan,
le guidon, la hausse, les cinq pans, le bout fileté

pour fixer le canon au mécanisme, la tranche du tonnerre.

Le mécanisme comprend :

1. La *boîte de culasse* dans laquelle on distingue la boîte, l'extracteur et le tenon de fermeture.

2. Le *mécanisme de fermeture et de pression*, qui comprend l'obturateur, la détente, le chien faisant office de noix, le percuteur, la chaînette, le ressort, le levier de sous-garde.

La *monture* est en noyer et se divise en trois parties : le fût, la poignée et la crosse.

Les *garnitures* comprennent : les deux boucles servant à lier le canon au fût, le battant de sous-garde, la vis du battant de sous-garde, la vis de renfort et ses deux rosaces, le bout du fût, la baguette, les trois vis qui relient la boîte à la poignée, la plaque de couche avec ses deux vis.

Le *yatagan* donne à l'arme, lorsqu'il y est fixé, la propriété d'une arme blanche ; sa poignée est en laiton, la lame en acier, flamboyante à double courbure, le fourreau est garni d'une chappe collée et épinglée, le corps du fourreau est en cuir noirci et se termine par un bouton d'acier.

La *cartouche* du Comblain se compose de clinquant de laiton enroulé en spirale, d'un culot en cuivre avec bourrelet pour l'extraction, à l'intérieur duquel on remarque la capsule chargée de poudre fulminante et l'enclume couvre-amorce percée d'un évent pour la communication du feu de l'amorce à la poudre, dont le volume est de 5 grammes, et enfin, de la balle dite d'Englebert.

12

Démontage et remontage du Comblain.

Les pièces de l'arme seront enlevées dans l'ordre suivant :

1. La bretelle.
2. La vis pivot du levier de sous-garde.
3. Le mécanisme de fermeture.

Mettre le chien au premier cran avant d'ôter la vis du levier de sous-garde ; sans cette précaution, le chien viendrait butter contre la face inférieure de la chambre.

4. La vis de l'extracteur et l'extracteur.
5. La baguette.
6. Les boucles en desserrant les vis.
7. Le battant de bretelle.
8. La vis de renfort.
9. Le fût.

Les autres parties de l'arme ne doivent être enlevées que par les soins d'un armurier.

Les pièces seront replacées dans l'ordre inverse à celui suivi pour le démontage.

Le mécanisme de fermeture sera démonté de la manière suivante :

1. Abattre le chien.
2. Dégager, en se servant du monte-ressort, le bec de la chaînette ; détourner ensuite la vis de pression et enlever le monte-ressort et le ressort.
3. Détourner la vis pivot de l'obturateur et cette vis étant enlevée :

4. Séparer le chien de l'obturateur et ensuite l'obturateur du levier de sous-garde.

5. Enlever le pivot de la détente.

Le mécanisme est alors suffisamment démonté pour permettre le nettoyage.

Le *nécessaire d'arme* du Comblain se compose :

1. Du tourne-vis, monte-ressort dans lequel on distingue : *a*) la lame du tourne-vis ; *b*) le corps qui se trouve être en même temps une fiole à l'huile.

2. Une boîte en fer blanc pour contenir la graisse.

3. Une petite brosse douce.

4. Des curettes en bois tendre.

5. Une pièce grasse (morceau de drap).

6. Des morceaux de vieux linges.

———

L'infanterie de ligne de la garde civique se trouve encore armée de fusils à silex, transformés en armes à percussion, lesquelles, à leur tour, seront appelées à être modifiées sous peu, pour en faire des armes se chargeant par la culasse. Nous nous bornerons donc à n'en donner que le montage et le démontage qui se feront dans l'ordre suivant :

1. La baïonnette.

2. La bretelle.

3. La baguette.

4. Les deux grandes vis de platine.

5. La platine.

6. La goupille du battant de sous-garde.

7. Le battant de sous-garde.

8. Le pontet.

9. L'embouchoir.

10. La grenadière.

11. La capucine.

12. Le canon.

Pour le détacher, on renverse l'arme dans la main gauche, la sous-garde au-dessus, la bouche du canon vers la terre. On frappe ensuite avec la main droite sur la poignée jusqu'à ce que le canon soit dégagé de son canal, on le maintient avec la main gauche en attendant que la main droite l'enlève entièrement, le marteau étant préalablement relevé et mis au cran de repos.

13. La vis de sous-garde.

14. L'écusson.

15. La vis de détente.

16. La détente.

Les autres pièces de l'arme, de même que celles composant la platine, ne seront enlevées que par les soins d'un armurier.

Le remontage se fera dans l'ordre inverse à celui suivi pour le démontage.

Entretien et nettoyage des armes.

PRÉPARATION DE LA GRAISSE. — Prendre un litre d'huile d'olives de première qualité, qu'on mettra dans un pot de terre vernissé. On projettera sur cette huile un kilogramme de plomb fondu; on laissera le plomb dans l'huile pendant vingt-quatre heures, puis on l'en retirera et l'on répétera la même opération trois fois, afin que l'huile soit tout à fait dépourvue de son mucilage. On prendra ensuite un kilogramme de saindoux découpé en petits morceaux ; on fera fondre la graisse lentement ; on la fera passer à travers un linge et on la mêlera immédiatement après avec l'huile, qu'on devra chauffer pour que le mélange soit parfait ; puis, on la laissera refroidir pour ne l'employer que trois jours après.

Pour nettoyer les armes, on se servira de la graisse réglementaire ou, à son défaut, d'huile de pied de bœuf ; d'émeri ou de brique brûlée bien pulvérisée.

Pour étendre la graisse, on se servira d'une brosse et l'on fera usage de curettes de bois tendre pour frotter l'émeri ou la brique pilée, sur les parties rouillées. Ces curettes serviront également à enlever les crasses et les cambouis des cavités et des têtes de vis.

Le lavoir vissé sur la baguette et garni d'une bande de linge ou d'étoupe servira à nettoyer l'intérieur du canon.

Un morceau de drap, dit pièce grasse, servira à lubrifier le canon et les autres pièces de l'arme, après un service.

Après chaque tir, l'arme a besoin d'être nettoyée, mais il n'est pas toujours nécessaire de la démonter entièrement.

La première chose à faire, après un tir, c'est de nettoyer l'âme du canon, la chambre et le mécanisme de culasse.

Lorsque le canon est fortement encrassé, il faut le laver.

Dans ce cas : introduire dans l'âme le lavoir garni d'étoupe ou de linge sec, plonger la culasse dans un réservoir d'eau sans atteindre la hausse, saisir de la main droite le chasse-noix introduit dans le trou de la tête de la baguette et agir comme avec une pompe, en imprimant à la baguette un mouvement de va-et-vient, laver ainsi jusqu'à ce que l'eau, sortant du canon, soit claire.

Quand le canon est bien lavé, l'égoutter pendant quelques instants, l'essuyer ensuite avec le lavoir garni d'étoupe ou de linge sec et renouveler le linge jusqu'à ce que ce canon soit bien sec, essuyer également la chambre, la boîte de culasse et l'extérieur du canon, puis graisser l'âme du canon et la chambre.

THÉORIE DU TIR.

—◦o◦o◦oo—

Principes généraux.

Tout corps, quelles que soient du reste sa direction initiale et la force avec laquelle il est lancé, finit toujours par retomber à terre ; mais la distance à laquelle il tombe du point de départ est variable avec l'angle de départ et la force d'impulsion ; cette distance est ce qu'on nomme *la portée*.

Le trajet que parcourt le corps pour arriver à terre est aussi variable avec ces deux éléments ; mais, dans tous les cas, ce trajet est une ligne courbe, ainsi qu'on peut s'en rendre compte en lançant des pierres ou des objets quelconques ; cette ligne parcourue s'appelle *trajectoire*.

Reportons-nous à ce que fait un homme qui veut atteindre un but avec une pierre : il commence par mesurer de l'œil la distance qui le sépare de ce but ; puis il combine la force dont il dispose avec la direction en hauteur qu'il va donner à cette pierre ; il fait varier cette direction en raison de l'éloignement du but, car il sait, par expérience, que plus ce but est éloigné, plus le corps devra s'élever dans certaines limites, pour venir l'atteindre.

Le même fait se produit dans un fusil, où la balle s'élevant d'abord graduellement par rapport à la ligne de mire, s'en rapproche ensuite pour venir la rejoindre après avoir décrit sa trajectoire, et le point où elle la rejoint est d'autant plus éloigné que la balle se sera élevée davantage par rapport à la ligne de mire.

Il faut donc, pour augmenter la portée, augmenter l'angle que forme le canon avec la ligne de mire ; par conséquent, la portée d'une balle varie avec l'inclinaison donnée au canon par rapport à cette ligne, et à chaque distance correspond une inclinaison déterminée.

Les hausses dont sont pourvus les fusils, servent à régler cette inclinaison ; suivant que le curseur est plus ou moins élevé le long du montant, le canon a une inclinaison plus ou moins grande.

Les principes généraux du tir se déduisent des positions relatives occupées par trois lignes, qui sont :

La ligne de *tir* (l'axe du canon indéfiniment prolongé) ; la *trajectoire* (ligne courbe que décrit la balle pendant son trajet en l'air) ; et *la ligne de mire* (ligne droite ou rayon visuel passant par le milieu supérieur du cran de mire, par le sommet du guidon et par le point visé).

L'*angle de tir* est l'angle que la ligne de tir forme avec l'horizon au moment du tir.

L'*angle de mire* est formé par la ligne de tir et la ligne de mire.

La ligne de mire coupe la trajectoire en deux points : le premier très-rapproché de la bouche du canon, le second plus éloigné se nomme *but en blanc* (fig. 1).

La distance mesurée sur la ligne de mire, de la bouche du canon au but en blanc, s'appelle *portée de but en blanc*.

A chaque ligne de mire correspond une portée de but en blanc particulière qui augmente à mesure qu'on élève le cran de mire de la hausse.

En faisant abstraction de la première rencontre de la trajectoire avec la ligne de mire, rencontre qui n'a aucune influence sur le tir, on remarquera : qu'au delà du but en blanc, la trajectoire s'abaisse au-dessous de la ligne de mire et de plus en plus à mesure que la balle s'éloigne du canon ; et, qu'en deçà du but en blanc, la balle s'élève au-dessus de la ligne de mire de quantités différentes, suivant la position que l'on considère.

Puisqu'à une distance égale à la portée du but en blanc, la trajectoire rencontre la ligne de mire, il faut, pour atteindre un point situé à cette distance, diriger la ligne de mire sur ce point.

Lorsqu'on tire sur un objet d'une certaine étendue, on doit diriger la ligne de mire sur le centre ou le milieu de cet objet ; car si on la dirigeait vers une des extrémités, on aurait plus de chance de le manquer, par suite d'une déviation de la balle, d'une erreur ou d'une maladresse dans le tir.

Ainsi, le milieu du corps ou la ceinture est le but que l'on doit tâcher d'atteindre.

Quand, par suite de l'influence du vent ou par toute autre cause, la balle dévie régulièrement à droite ou à gauche, il faut viser à gauche ou à droite du but du côté opposé à l'écart, d'une quantité égale à celui-ci, afin de ramener la balle sur le point à toucher.

Règles du tir.

Nous avons cru devoir donner la théorie de la hausse, les chasseurs-éclaireurs et l'artillerie étant déjà en possession d'armes nouvelles, et l'armement de la garde en général ne devant pas tarder à être modifié en ce sens.

Le mètre est l'unité de mesure employée pour désigner les diverses distances du tir.

Pour le pointage à toutes les distances, on visera directement le point à battre, en dirigeant la ligne de mire de façon qu'elle passe par le milieu supérieur du cran de mire et le sommet du guidon.

Aux diverses distances, la hausse s'emploie comme suit :

Viser le centre du but (la ceinture de l'homme ou le poitrail du cheval).

1° De 0 à 250 mètres avec le cran de mire de 200 mètres ;

2° De 250 à 350 mètres avec le cran de mire de 300 mètres ;

3° De 350 à 450 mètres avec le cran de mire de 400 mètres ;

4° Pour les distances plus grandes que 450 mètres, placer le curseur en coïncidence avec le trait qui indique la distance appréciée et lever le montant de la hausse.

Contre des hommes isolés, on ne tire pas à plus de 600 mètres.

La hausse à curseur permet de tirer à des distances intermédiaires à celles fixées ci-dessus ; quand elle est rabattue à 200 mètres, elle a spécialement pour objet de fournir une trajectoire rasante contre l'infanterie jusqu'à la distance de 270 mètres.

Par exception : pour tirer jusqu'à 125 mètres sur un but de peu d'élévation, tel qu'un homme abrité dans une excavation ou derrière un pli de terrain, etc., et dont on ne voit que la tête ou la partie supérieure du corps, on visera avec la même hausse par le fond du cran de mire et par le sommet du guidon (pointage à grain fin).

La trajectoire de 300 mètres frappe, dans toute son étendue, la cavalerie jusqu'à 350 mètres.

Trajectoires.

Les règles précédentes sont les seules applicables dans les feux de guerre. Mais dans un tir de précision, exécuté à des distances intermédiaires à celles indiquées sur la hausse, on pourra chercher à toucher exactement le point fixé, et alors on devra se conformer aux principes suivants :

Quand le point à atteindre est en deçà du but en blanc, il faut viser au-dessous, d'une quantité égale à l'élévation de la trajectoire au-dessus de la ligne de mire. Quand le point à toucher est au delà du but en blanc, il faut viser au-dessus, d'une quantité égale à l'abaissement de la trajectoire au-dessous de la ligne de mire.

Ci-dessous, nous donnons les élévations ou les abaissements de la trajectoire par rapport à la ligne de miré de 25 en 25 mètres. Il en résulte, par exemple, que, pour toucher la rose à 100 mètres, il faut viser, avec la ligne de 200 mètres, à 41 centimètres au-dessous, et que pour la toucher à 225 mètres, il faut viser, avec la ligne de mire de 200 mètres, à 26 centimètres au-dessus.

Tableau des trajectoires moyennes.

Distances.	Ordonnées par rapport à la ligne de mire des trajectoires de :			Distances.	Ordonnées par rapport à la ligne de mire des trajectoires de :		
	200 m.	300 m.	400 m.		200 m.	300 m.	400 m.
25	0^m16	0^m29	0^m43	250	$+0^m59$	0^m64	2^m09
50	0 29	0 53	0 82	275	$+0$ 99	0 36	1 96
75	0 37	0 74	1 17	300		0 00	1 74
100	0 41	0 90	1 48	325		$+0$ 45	1 44
125	0 39	1 04	1 73	350		$+0$ 98	1 05
150	0 32	1 06	1 93	375			0 58
175	0 19	1 05	2 07	400			0 00
200	0 00	0 99	2 15	425			$+0$ 68
225	$+0$ 26	0 85	2 16				

Les ordonnées précédées du signe + sont comptées au-dessus de la ligne de mire.

Espaces dangereux.

On entend par espace dangereux, l'espace en deçà et au delà du but en blanc dans lequel un fantassin ou un cavalier est touché par la balle.

En deçà du but en blanc, l'espace dangereux
dépend de l'élévation de la trajectoire au-dessus de
la ligne de mire, et au delà du but en blanc, il dépend
de l'abaissement de la trajectoire au-dessous de la
ligne de mire.

Le tableau suivant donne les espaces dangereux
des diverses trajectoires, en supposant que l'on vise
contre l'infanterie de 0m85 au-dessus du sol (ceinture
de l'homme) et contre le cavalier à 1 mètre au-dessus du sol (poitrail du cheval).

Distances du but.	ESPACES DANGEREUX.					
	Front d'infanterie de 1m70.			Front de cavalerie de 2m40.		
	En deçà du but.	Au delà du but.	Total.	En deçà du but.	Au delà du but.	Total.
Mètres.	Mètres.	Mètres.	Mètres.	Mètres.	Mètres.	Mètres.
200	200	67	267	200	76	276
300	75	45	120	300	51	351
400	39	31	70	72	36	108

A chaque ligne de mire correspond un espace
dangereux particulier, qui est d'autant plus petit
que la distance est plus grande.

Il n'est pas nécessaire que l'ennemi soit placé au
but en blanc pour être touché; il suffit qu'il se
trouve dans l'espace dangereux qui correspond à la
ligne de mire employée. Ainsi, en visant à la ceinture avec la ligne de mire de 300 mètres, le tireur
est certain de toucher un fantassin qui se trouvera
en n'importe quel point du terrain situé entre 225 et

345 mètres; il pourra donc commettre une erreur de 45 mètres en plus ou de 75 mètres en moins, dans l'appréciation de la distance.

D'après ce que nous venons de voir, la chance de toucher un homme placé à une distance inconnue décroît à mesure qu'il est plus éloigné du tireur; il faut donc éviter, en rase campagne, de tirer à de trop grandes distances et ne pas perdre de vue qu'il est toujours plus avantageux, dans les tirs de guerre, de tirer plutôt en deçà du but qu'au delà, les ricochets donnant encore la chance de toucher.

Pour atteindre un objet qui se meut, il faudra tenir compte de son mouvement, en dirigeant la ligne de mire sur le point où l'on juge que l'objet sera arrivé quand la balle aura franchi la distance qui l'en sépare.

Appréciation des distances à vue.

Des expériences nombreuses et des observations réitérées peuvent seules donner une justesse de coup d'œil, qui permette d'apprécier convenablement les distances.

Quoique le mètre soit l'unité de mesure adoptée pour les exercices de tir, les hommes emploieront le pas réglementaire de 0m75 (trois quarts de mètre) pour mesurer les distances. On s'efforcera de le leur rendre familier par des exercices comparatifs : c'est ce qu'on appelle *régler le pas*.

Les officiers et les sous-officiers devront se familiariser avec la réduction des mètres en pas; quant aux soldats, il suffira de leur apprendre que

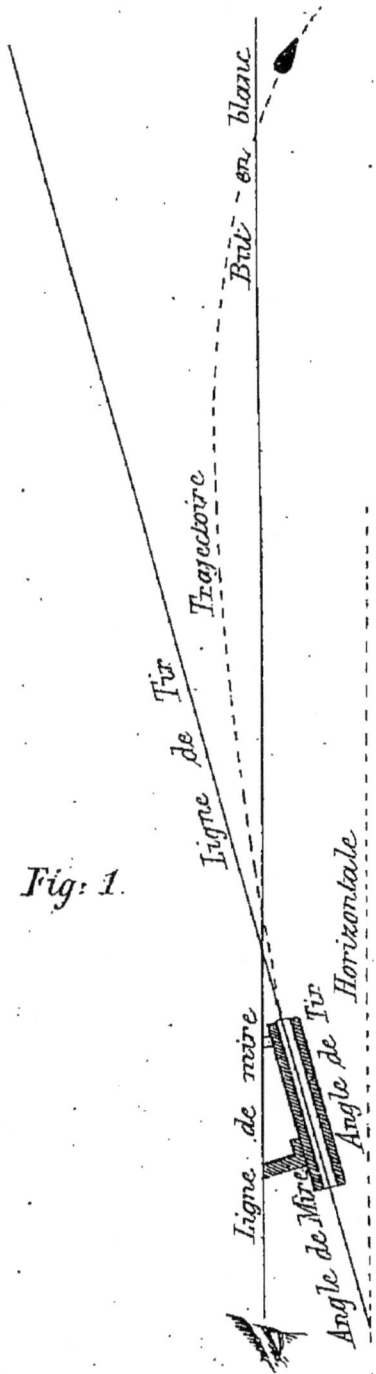

Fig: 1.

Ligne de Tir

Trajectoire

Brûlé - en - blanc

Ligne de mire

Ligne de Mire

Angle de Tir

Angle de Tir

Angle de Horizontale

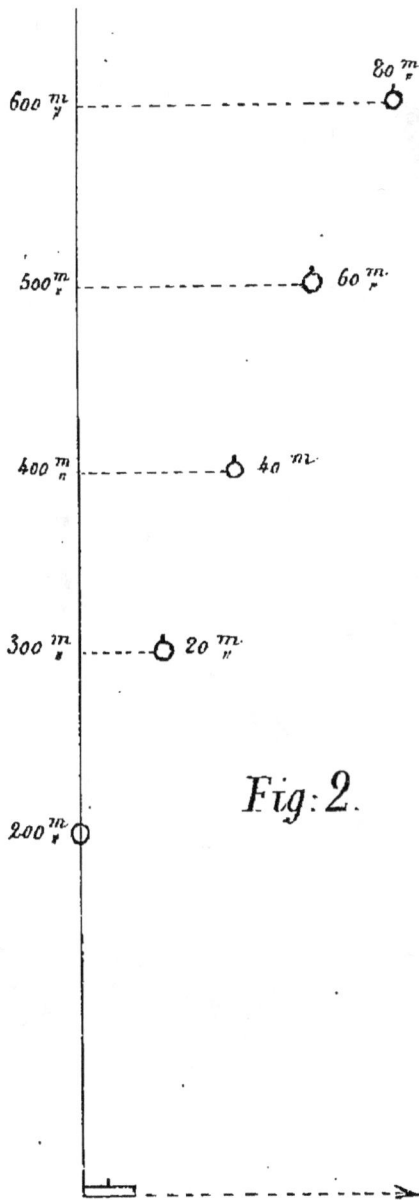

Fig: 2.

600 ^m_y

500 ^m_r

400 ^m_n

300 ^m_r

200 ^m_r

80 ^m_r

60 ^m_r

40 ^{m}

20 ^m_r

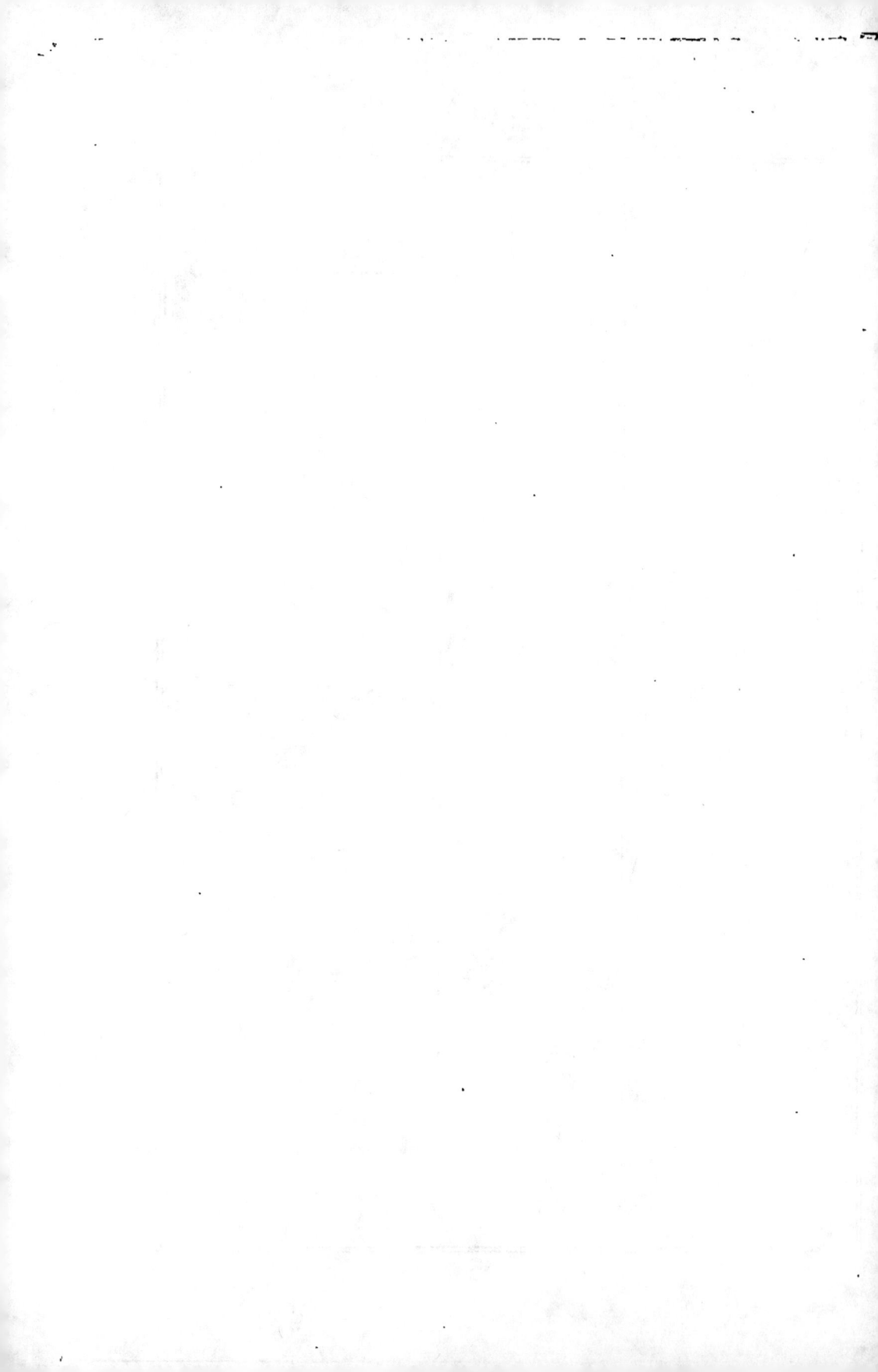

75 mètres équivalent à 100 pas ou que quatre pas valent trois mètres.

L'instructeur constatera les circonstances atmosphériques qui peuvent influer sur le tir, et les fera remarquer aux hommes. Il fera ensuite mesurer exactement au cordeau métrique[1] une ligne aussi grande que possible, qui sera divisée par des perpendiculaires aux diverses distances des buts en blanc. A chacune de ces subdivisions, il y aura un soldat reposé sur l'arme et faisant face au peloton. Ces soldats seront placés à droite et à gauche de la ligne principale, sur les perpendiculaires et à des distances de plus en plus grandes de cette ligne, afin que tous puissent servir tour à tour de point d'observation aux hommes qu'on exerce (fig. 2).

L'instructeur fera successivement remarquer aux hommes les diverses parties du corps, de l'habillement et de l'armement qu'ils peuvent encore apercevoir nettement sur le soldat placé à la première distance, et celles qu'on ne peut plus distinguer facilement. Il interrogera les hommes l'un après l'autre sur les remarques faites par chacun d'eux; les réponses seront nécessairement en raison de la vue. Chaque soldat tâchera de s'imprimer dans la mémoire l'aspect de celui placé à cette première distance.

L'instructeur conduira ensuite les hommes en face du soldat placé à la deuxième distance, il agira comme il vient d'être dit pour la première et continuera ainsi pour les autres distances. Dans ces différentes

[1] Pour mesurer une distance, on ne met pas le cordeau métrique sur le terrain, mais on le tient à la hanche, pour ne pas suivre les sinuosités du terrain.

opérations, il s'attachera à signaler à chaque homme, et suivant les observations de chacun d'eux, les différences qui existent aux diverses distances, quant à la distinction nette, confuse ou impossible de certains objets.

Afin de s'assurer si ces observations sont gravées dans la mémoire, l'instructeur fera rentrer les soldats placés aux divers points d'observation et enverra l'un d'eux à une distance quelconque qu'il désignera.

A ce moment, les hommes feront face en arrière et ne se replaceront face en tête qu'après que le soldat sera établi au point prescrit; ils estimeront alors la distance, en se rappelant les observations qu'ils ont faites aux distances connues. L'instructeur les interrogera séparément, annotera leur appréciation, puis les formera sur un rang, en commençant par celui qui aura indiqué la distance la plus courte. Il ordonnera à chaque homme de viser sur le soldat observé et s'assurera qu'il a placé la hausse au cran voulu.

Le rang se mettra ensuite en marche pour mesurer la distance, en laissant un ou plusieurs hommes au point de départ. Chaque homme s'arrêtera à la distance qu'il aura indiquée et constatera l'erreur qu'il aura commise; faisant ensuite face en arrière, il fera de nouvelles observations, et visera sur les hommes restés en place.

Pour les distances de 500 mètres et au delà, l'instructeur enverra plusieurs hommes aux points d'observation, et il ne perdra pas de vue que c'est aux distances plus grandes que celles du premier but en blanc qu'il importe surtout d'obtenir de la justesse dans l'appréciation.

Ces exercices se feront ensuite par sections opposées, sous le commandement d'officiers. A cet effet, au signal de : *En avant* ou *en retraite*, que fera donner le capitaine, deux sections s'éloigneront ou se rapprocheront l'une de l'autre, sans observer de direction. Au signal de : *Halte*, elles s'arrêteront et se feront face. Les hommes mettront en joue la section opposée en réglant la hausse d'après leur appréciation, et les officiers prendront connaissance des estimations. Un sous-officier ou caporal de chaque section, ayant le pas bien réglé, se détachera pour mesurer la distance, en marchant l'un vers l'autre et en comptant les pas; s'étant rejoints, ils feront l'addition des deux nombres et retourneront en rendre compte à leur chef de section, qui communiquera aux hommes la distance en mètres et fera exécuter le simulacre d'un feu d'ensemble avec la hausse convenable.

L'appréciation des distances devra, autant que possible, avoir lieu dans des circonstances atmosphériques diverses et sur des terrains de configurations différentes.

On fera remarquer aux soldats que tout ce qui fait ressortir un objet, tel que la grandeur, la couleur, la lumière surtout, tend à le faire paraître plus rapproché qu'il n'est réellement; cet effet se produit aussi quand l'objet est situé sur une hauteur, ou que le terrain intermédiaire ne présente aucun point de repère.

Les officiers étant appelés à commander le feu et à régler le tir devant l'ennemi, devront particulièrement s'exercer à l'appréciation des distances, afin d'acquérir l'habitude de les estimer rapidement.

Positions diverses et pointage.

POSITION DEBOUT ET POINTAGE. — Après avoir expliqué et démontré la position, l'instructeur la fera prendre par chaque homme, en disant : *Tel numéro, prenez la position debout.*

L'homme désigné prendra la position du dernier temps de la charge, de manière que les genoux soient tendus sans roideur, le corps droit, d'aplomb sur les hanches et portant également sur les deux jambes.

L'instructeur dira ensuite : *Pointez.*

A ce commandement, élever l'arme des deux mains sans brusquer le mouvement; appuyer la crosse contre l'épaule; rapprocher la main gauche du pontet de sous-garde, le coude appuyé au corps, le coude droit à peu près à hauteur de l'épaule; fermer l'œil gauche, pencher légèrement la tête vers la crosse de manière que l'œil droit puisse apercevoir aisément le cran de mire, le guidon et l'objet sur lequel on doit viser, l'arme ne penchant ni à droite ni à gauche; le pouce de la main droite en travers sur la poignée, le premier doigt légèrement courbé, la deuxième phalange touchant légèrement le pontet et l'extrémité de la détente; les autres doigts entourant la poignée et s'aidant du pouce pour maintenir l'arme.

L'instructeur fera quitter la position, ou retirer l'arme, en disant : *Quittez la position* ou *retirez l'arme.* Dans le premier cas, retirer l'arme, désarmer et prendre la position de *reposez;* dans le second, reprendre la position d'*apprêtez.*

Il fera ensuite prendre les positions par tous les

hommes à la fois, et les laissera en joue pendant un temps suffisant pour les y affermir.

Quand on se sert d'un cran plus élevé que le premier cran de mire, le tireur doit abaisser de plus en plus la crosse et le bras droit, et redresser un peu la tête, à mesure que le cran de mire s'élève.

Pour viser, l'instructeur prescrira de chercher le plus rapidement possible la ligne de mire, de la diriger quelques centimètres au-dessous du point désigné, de l'élever lentement jusqu'à ce qu'elle passe par ce point et de l'y maintenir, autant que possible.

Placé à cinq ou six mètres en avant du premier homme, l'instructeur lui prescrira de viser son œil droit au moyen des différentes lignes de mire ; il dira à chaque homme : A ... *mètres, pointez* et rectifiera les fautes. Il fera ensuite viser tout le rang à la fois, en ayant soin d'indiquer un but et de ne pas tenir les hommes trop longtemps en joue ; il fera quelquefois mettre la baïonnette au canon.

Position a genoux et pointage. — Après avoir montré la position aux hommes, l'instructeur la fera prendre en commandant : *Tel numéro, prenez la position à genou.* Pour exécuter ce mouvement : le soldat étant reposé sur l'arme, rentrer la pointe du pied gauche, porter le pied droit en arrière et à gauche, poser le genou à terre, s'asseoir sur le talon droit, prendre la position la plus aisée et apprêter l'arme.

L'instructeur dira ensuite : *Pointez.* Mettre en joue comme il a été prescrit pour la position debout, en appuyant le coude gauche sur la cuisse, près du genou.

Pour quitter la position, retirer l'arme, désarmer, poser la crosse à terre, se relever et prendre la position de *Reposez*, ou bien retirer seulement l'arme.

POSITION DU TIREUR COUCHÉ, ET POINTAGE. — Pour prendre cette position, se coucher à plat ventre, la tête levée; pour pointer, se servir des deux coudes comme points d'appui.

Le tireur pourra encore utiliser, comme points d'appui et pour augmenter la justesse du tir, un arbre ou tout autre montant, la plongée d'un parapet, une motte de terre, un schako, une baïonnette plantée en terre. Il est aussi des positions avantageuses qui assurent l'immobilité de l'arme et du corps, telles que : accroupi, les deux coudes sur les jambes; assis, le coude gauche sur la jambe du même côté à demi ployée.

Maniement de la détente.

Toute pression brusque sur la détente entraîne un dérangement de l'arme; de sorte que, bien dirigée d'abord, cette arme peut ne plus l'être au moment où le coup part.

Après s'être assuré que les hommes savent plier le premier doigt de la main droite, l'instructeur, se plaçant devant le rang de manière à présenter le flanc droit et, tenant le fusil des deux mains, la platine au-dessus, le chien abattu, montrera aux hommes comment ils doivent agir sur la détente, d'après les principes suivants :

Placer la deuxième phalange du premier doigt en avant et contre l'extrémité inférieure de la queue de la détente; presser sur la détente lentement et sans saccade, en fermant progressivement le doigt et en retenant la respiration jusqu'après le départ du coup; rester en joue un instant après que le coup est parti, et s'assurer que la ligne de mire passe encore par le point visé.

Quoique le tireur doive agir graduellement sur la détente, il doit s'habituer cependant à tirer promptement, car lorsqu'on reste trop longtemps en joue, la respiration manque, les bras se fatiguent, et, si l'on veut tirer dans ces conditions, le coup est généralement mauvais.

Causes de déviation.

Les causes de déviation qui produisent les irrégularités dans le tir se divisent en quatre catégories :

1° Les causes d'irrégularités provenant de l'arme ;
2° Celles provenant des munitions ;
3° Celles provenant du tireur ;
4° Celles provenant de circonstances extérieures.

1° *Causes provenant de l'arme.*

Causes que l'on peut faire disparaître :
1° Position défectueuse de la ligne de mire ;
2° Canon faussé ;
3° Variations du calibre ;
4° Départ de platine trop dur.

Causes inhérentes à l'arme et qu'on ne peut corriger :
5° Recul ;
6° Vibrations du canon.

Quand la hausse et le guidon, qui déterminent la

ligne de mire, ne seront pas placés exactement dans le plan de tir, il y aura déviation.

Si, par exemple, le cran de mire de la hausse était à droite du plan de tir, et le sommet du guidon exactement placé dans ce plan, la balle porterait à droite de la ligne de mire; si, au contraire, le cran de mire était à gauche, le coup irait à gauche de la ligne de mire.

Les effets inverses de déviation auraient lieu si le guidon était mal placé; ainsi, si le guidon était à droite du plan de tir, bien que le cran de mire de la hausse fût dans ce plan, les coups porteraient à gauche de la ligne de mire ; le contraire aurait lieu si le guidon était placé à gauche du plan de tir.

En combinant les deux positions défectueuses de la hausse et du guidon, on trouvera que les déviations s'ajoutent quand la hausse et le guidon sont placés de côtés différents relativement au plan de tir, et qu'elles se neutralisent, en tout ou en partie, lorsqu'ils se trouvent du même côté de ce plan.

Pour bien comprendre ces trois paragraphes, il importe de savoir que la trajectoire est toujours dans le plan de tir; si donc, par suite de la mauvaise position du cran de la hausse ou du guidon, la ligne de mire est à droite ou à gauche du plan de tir, on tirera à gauche ou à droite du but.

Dans une arme bien fabriquée, la ligne de mire est dans le plan de tir, qui est toujours un plan vertical passant par le but et qui renferme la ligne de mire, trajectoire et ligne de tir.

Lorsque la hauteur de la hausse et du guidon au-dessus de l'axe du canon est mal déterminée, elle donne une variation dans la portée. Ainsi, si le guidon est saillant et le cran de mire trop bas, les coups porteront bas, et si le guidon est trop bas et le cran de mire trop haut, ils porteront haut.

Quand le canon est faussé, il ne présente plus un axe en ligne droite et la direction de la balle est mauvaise dès le principe.

Le forcement de la balle se ressent également des variations dans le calibre du canon et dans la profondeur des rayures, quand elles dépassent certaines limites.

Le départ de platine trop dur oblige le tireur à faire un effort pour faire partir le coup, et l'arme et le corps perdent l'immobilité.

Le recul, qui commence même avant que la balle ne soit sortie du canon, donne des déviations plus ou moins grandes, selon la forme et le poids de l'arme, le poids de la balle et celui de la charge. Le recul se produit dans la direction de l'axe du canon, en sens opposé à celui de la balle, et donne lieu à deux mouvements : l'un, qui a pour effet de chasser l'épaule du tireur en arrière, et l'autre, de relever le canon.

Le premier de ces deux mouvements a pour résultat de porter l'extrémité du canon à droite, le deuxième de l'élever ; par conséquent, le recul fait porter les coups à droite et trop haut.

Toutefois, l'influence du recul sur la justesse du tir sera à peu près neutralisée si le tireur a soin de bien épauler, de manière à faire corps avec son arme, et de la contenir avec les deux mains.

Les vibrations du canon augmentent avec la charge et produisent également des déviations. Elles sont de deux espèces : l'une diamétrale, dans un sens perpendiculaire à l'axe du canon ; l'autre longitudinale, qui déplace cet axe même, par un mouvement oscillatoire. La vibration longitudinale est d'autant plus forte que le recul est plus complétement arrêté.

2° *Causes provenant des munitions.*

Causes provenant des charges de poudre :

1° Charges altérées par l'humidité, ou formées de poudre de qualité inférieure ;

2° Cartouches mal confectionnées ou détériorées ;

3° Encrassement ;

Causes provenant des projectiles :

4° Balles qui n'ont pas le poids ou le calibre, ou qui sont déformées ;

5° Balles qui n'ont pas le centre de gravité sur leur axe.

Les cartouches humides et celles confectionnées avec de la poudre de qualité inférieure donneront une diminution dans la portée.

Les cartouches mal confectionnées ou détériorées produiront également des variations dans la portée.

Si la charge est trop faible, ou qu'une partie de la poudre soit réduite en pulvérin, la vitesse de la balle sera diminuée et la portée sera moins longue. Si, au contraire, la charge est trop forte, la vitesse de la balle sera augmentée et la portée plus grande. Dans ce dernier cas, on devra viser plus bas ; dans les précédents, plus haut.

L'encrassement du canon diminue la portée et la justesse du tir.

Dans un tir prolongé ou précipité, le canon s'échauffant, la poudre s'enflammera avec plus de rapidité ;

l'action des gaz sera plus énergique et plus vive, ce qui augmentera la portée et, par conséquent, forcera à viser plus bas.

Les balles qui n'ont pas le poids, ou celles qui sont plus petites que le calibre, donneront moins de portée et de justesse.

Les balles déformées occasionneront, par suite de la résistance et de l'air, une déviation d'autant plus grande que les déformations seront plus prononcées.

L'excentricité cause également une déviation dans le tir, parce que, si la balle n'est pas homogène ou symétriquement construite, le mouvement de rotation sera irrégulier.

3° *Causes provenant du tireur.*

1° Inclination de l'arme;
2° Visée défectueuse;
3° Action brusque sur la détente et mobilité dans le tir.

Les causes de déviation provenant du tireur sont très-nombreuses : indépendamment de ce qu'il peut ne pas mettre la ligne de mire en ligne droite avec le point qu'il voudra atteindre, il pourra aussi pencher l'arme à droite ou à gauche, et alors la ligne de mire n'étant plus dans le plan de tir qui est toujours vertical et contient toujours la trajectoire, il y aura déviation du côté où l'arme sera penchée.

Lorsque le tireur, au lieu de placer le sommet du guidon au ras de la ligne horizontale formée par le bord supérieur du curseur ou de la tête du montant, le met au-dessus ou au-dessous de cette ligne, il augmente ou diminue l'angle de mire et, par conséquent, la portée. S'il ne vise pas exactement par le milieu du cran de mire, il y aura déviation du côté vers lequel le guidon sera porté.

Pour bien tirer, il ne suffira pas de diriger la ligne de mire sur le point visé, il faudra encore l'y maintenir en faisant partir le coup. On parvient à ce résultat en prenant une bonne position, en contenant fortement l'arme avec les deux mains, en agissant graduellement et sans secousse sur la détente et en s'efforçant de garder la position du corps, même après que le coup est parti.

4° *Causes provenant de circonstances extérieures.*

1° État atmosphérique ;
2° Vent ;
3° Position du soleil ;
4° Différence de niveau entre le but et l'arme.

L'état hygrométrique et la température de l'air modifient sa densité et exercent, par conséquent, une influence sur les portées. Cette influence est d'autant plus sensible que la distance à laquelle on tire est plus considérable.

En général, l'air sec oppose à la balle moins de résistance que l'air humide et il en est de même de l'air chaud comparé à l'air froid.

La température et l'humidité de l'air modifient, en outre, la rapidité de l'inflammation de la poudre et, par suite, la force de projection de la balle.

Le vent exerce une grande influence sur la justesse du tir ; ainsi, il agit : sur le tireur, de façon à déranger son équilibre ; sur l'arme, quand elle est en joue, de manière à en déranger l'aplomb; et, enfin, sur le projectile, en lui causant des déviations irrégulières, parfois considérables et qui augmentent très-rapidement avec les distances.

Quand le vent est opposé à la balle, sa vitesse est ralentie et elle se rapproche d'autant plus vite du sol, que le vent est plus fort; si, au contraire, il souffle dans la direction du tir, l'air présente moins de résistance et la trajectoire régulière se soutient mieux. Dans le premier cas, il faut viser plus haut, et, dans le second, plus bas, d'une quantité à apprécier d'après la force du vent et la distance à laquelle on se trouve du but.

Si le vent souffle perpendiculairement au plan de tir, la balle étant portée du côté opposé, il faut viser plus ou moins à droite ou à gauche, suivant la distance et la force du vent; ce qui est facile à déterminer si le tir a lieu à une petite distance et par un vent modéré, ou si l'on a pu voir où les coups ont porté. Aux grandes distances, on pourra corriger ces déviations en faisant naître une cause déviatrice en sens contraire à celle du vent; par exemple, en inclinant l'arme à droite, si le vent vient de droite, et à gauche, s'il vient de gauche.

La position du soleil produit des causes de déviation, en éclairant parfois diversement les deux côtés du guidon et les deux arêtes du cran de mire. Par exemple, si le soleil vient de droite, la partie droite du guidon est éclairée, tandis que la partie gauche est dans l'ombre; on remarque alors, sur la droite du guidon, un point brillant qui attire l'attention du tireur et qui le porte à juger le milieu du guidon plus vers la droite qu'il ne l'est en réalité. Un effet inverse se produit sur le cran de mire de la hausse : la partie droite du cran de mire est dans l'ombre et la partie gauche est éclairée; le tireur est donc porté à faire passer le rayon visuel par un point situé sur la gauche du cran de mire. Ainsi, la ligne de mire, passant à gauche du milieu du cran de mire et par le côté droit du guidon, laissera le plan de tir à gauche et la balle ira frapper à gauche du but. On remédie à cette cause de déviation en visant un peu à droite, quand le soleil est à droite, et un peu à gauche, lorsqu'il est à gauche.

Un tireur intelligent cherchera à remédier à l'inconvénient du soleil, en se plaçant de manière à couvrir la hausse et le guidon de son arme par l'ombre d'un objet quelconque.

La différence du niveau entre le tireur et l'objet à atteindre est encore une cause d'irrégularité. En tirant de bas en haut, la trajectoire est moins tendue, et, par conséquent, la portée moins grande qu'en terrain horizontal. En tirant de haut en bas, la trajectoire est plus tendue et la portée plus grande. Dans le premier cas, il faut viser plus haut, et dans le second, plus bas.

SERVICE INTÉRIEUR.

––––◆◆◆––––

Le service intérieur en usage dans l'armée ne pouvant être appliqué à la garde civique que dans le cas où elle serait mobilisée, nous ne croyons pas utile d'en donner ici toutes les règles, nous bornant à indiquer les mesures les plus indispensables pour le jour où elle serait casernée.

Service de semaine.

Le service de semaine commence le samedi, à la parade de garde, et finit le samedi suivant.

Dans la légion il y a : un officier supérieur de semaine; un capitaine de police; un adjudant-major; un adjudant et un musicien de semaine.

Dans chaque compagnie il y a : un lieutenant ou sous-lieutenant, un sergent et un caporal de semaine.

Dans un bataillon détaché il n'y a pas d'officier supérieur de semaine.

L'officier supérieur de semaine a la surveillance de tous les services ; il prend connaissance des détails du rapport avant de se rendre chez le colonel ; il visite tous les locaux ; il préside à la parade de garde et inspecte les hommes ; il a sous ses ordres tous les officiers et sous-officiers de service.

Le capitaine de police assiste à tous les appels, sauf à celui du matin. Il est chargé des distributions et désigne les officiers de semaine qui doivent y assister. Il répond de la propreté du quartier, de la police intérieure et de l'exécution de tous les ordres qui y sont relatifs. Il surveille les cuisines et la préparation des aliments, visite les salles de discipline et toutes les parties occupées de la caserne. Il a sous ses ordres les officiers et les sous-officiers de semaine, et surveille leur exactitude dans les détails du service. Il a encore sous ses ordres l'adjudant-major et l'adjudant sous-officier de semaine, la garde de police et les plantons. Il remet, avant l'heure du rapport, à l'officier supérieur de semaine les diverses pièces journalières qui doivent être fournies par lui au chef de corps.

L'adjudant-major de semaine vérifie toutes les pièces du rapport, sauf celles que doit fournir le capitaine de police, et les remet à l'officier supérieur de semaine. Il fait rassembler le rapport, les gardes et les piquets. Il tient un contrôle pour commander le service des officiers, et le passe à celui qui prend le service à la fin de la semaine. Il surveille la garde de police et est à la disposition du capitaine de police.

L'adjudant sous-officier de semaine est sous les ordres du capitaine de police et de l'adjudant-major de semaine ; il leur rend compte de tout ce qui s'est passé pendant leur absence. Il surveille spécialement le service des sergents et des caporaux de semaine, des plantons, de la garde de police et des cuisines. En prenant le service de la semaine, il reçoit de celui qu'il relève le contrôle des sous-officiers et caporaux pour commander le service. Il se trouve aux appels, au rassemblement du rapport, des gardes, des piquets, des détachements, etc., etc. Il fait rassembler les détenus de la salle de police et les consignés, aux heures prescrites pour les exercices de punition ; il fait de fréquents appels des consignés. Il réunit toutes les pièces du rapport journalier et les remet à l'adjudant-major de semaine. Enfin, il exerce une surveillance incessante, tant de jour que de nuit, sur tous les détails du service intérieur du quartier, où il maintient toujours le plus grand ordre.

L'officier de semaine assiste à tous les appels, excepté à celui du matin ; il rend compte des hommes manquants au capitaine de police ; il assure tous les détails du service intérieur et surveille particulièrement la tenue des hommes. Il passe chaque jour dans les chambres, qu'il fait tenir avec propreté, dans l'ordre prescrit ; il est responsable de tous ces devoirs envers son capitaine, comme envers le capitaine de police.

Le sergent de semaine est spécialement aux ordres de l'officier de semaine, pour tout ce qui concerne les détails du service. Il commande les corvées et en tient un rôle qu'il remet, à la fin de la semaine, au sergent qui le relève. Il assiste à tous les appels, fait réunir les hommes qui doivent être présents aux exercices d'instruction ou de punition, ainsi que ceux qui sont commandés pour les corvées. Il veille à la propreté des chambres et à ce que les détenus changent de linge en temps utile. Il ne peut s'absenter du quartier, même pour le service, sans l'autorisation de l'adjudant de semaine, et alors il se fait remplacer par le caporal de semaine.

Le caporal de semaine est spécialement aux ordres du sergent de semaine; il réunit les hommes commandés pour les corvées et les distributions. Il tient la liste des hommes punis et la remet, à la fin de la semaine, à celui qui le relève. Il réunit les hommes consignés, quand on en fait l'appel; conduit ceux punis aux salles de détention et les en fait sortir pour les services. Il fait porter la nourriture des détenus au sergent de la garde de police, et celle des hommes de service aux différents postes. Il ne sort du quartier qu'avec l'autorisation du sergent de semaine.

Service journalier.

Le réveil a lieu habituellement à 5 heures, pendant les mois de mai, juin, juillet et août; à 6 heures, pendant les mois de mars, avril, septembre et octobre, et à 7 heures, pendant les mois de novembre, décembre, janvier et février. Une demi-heure après se fait la corvée de propreté; le premier repas, trois quarts d'heure après le réveil; le deuxième, à midi, du 1er avril au 30 septembre, et à 11 heures, du 1er octobre au 31 mars; à midi et demi il y a appel; immédiatement après, rassemblement de la garde; à une heure, la garde; les distributions immédiatement après; le troisième repas a lieu à 5 heures, du 1er avril au 30 septembre, et à 4 heures, du 1er octobre au

31 mars ; l'appel du soir se fait une heure après la retraite ; enfin, l'extinction des feux et lumières, une demi-heure après l'appel du soir.

Au réveil, le caporal de chambrée, qui est le plus ancien de la chambre, fait lever les hommes, en fait l'appel et fait aérer les chambres.

Le sergent de semaine passe dans les chambres, le caporal lui rend compte de l'appel, et il prend le nom des hommes malades. Ce sous-officier fait ensuite son rapport au sergent-major, qui se rend chez l'adjudant sous-officier de semaine chargé de réunir l'appel de toutes les compagnies.

Le sergent-major commande les sous-officiers, caporaux et soldats qui prennent le service à la parade de garde. Le tambour-major en fait autant pour les tambours ou clairons.

Le sergent-major dresse ensuite l'état des hommes malades, il envoie cet état à la garde de police pour être remis au médecin.

L'appel terminé, le caporal de chambrée veille à ce que les hommes se lavent, se nettoient et s'habillent convenablement dans la tenue ordonnée. Il fait arranger les lits et mettre tous les effets dans l'ordre prescrit.

Un garde de chambre, commandé tous les jours, à tour de rôle, parmi les hommes de la chambrée, nettoie les tables et les bancs, balaye la chambre et enlève la poussière. Il est chargé de la surveillance des objets de casernement et des effets des hommes qui ne sont pas dans la chambre.

Le caporal de chambrée maintient l'ordre dans la chambre.

Le sergent de semaine assiste à tous les repas ; les

14

officiers de semaine sont tous présents au deuxième repas, et au troisième un seul par bataillon.

Tous les matins, à l'heure fixée par le chef de corps, le médecin fait sa visite au quartier, dans la chambre destinée à cet usage. Le sergent de la garde de police lui remet les états des malades, et fait battre ou sonner aux sergents de semaine qui présentent les hommes au médecin. Le médecin dispense de service, pour vingt-quatre heures, ceux qui ne sont pas assez malades pour être envoyés à l'hôpital, et signe les billets pour ceux qui doivent y être envoyés. Il remet à l'adjudant sous-officier de semaine, pour être transmis à l'officier supérieur de semaine, un état des malades.

Le rapport a lieu tous les matins, à l'heure fixée par le colonel.

A l'appel de midi et demi, les sergents-majors présentent à la signature de leur capitaine le rapport journalier, contenant les demandes de toute nature relatives au personnel, à la discipline, à l'administration, etc., qui doivent figurer au rapport du lendemain. Ils y joignent toutes les pièces à fournir au rapport. Le capitaine vérifie et signe ces pièces, après avoir ajouté sur le rapport journalier les demandes des officiers de la compagnie, ainsi que ses observations.

Toute demande de permission ou de dispense de service doit également être faite au rapport.

Chaque adjudant sous-officier établit le rapport journalier du bataillon auquel il appartient; il signe cette pièce et la remet le lendemain au rapport, après l'avoir soumise à son chef de bataillon.

Les états des mutations survenues pendant les

vingt-quatre heures sont soumis à la signature des commandants de compagnie, par les sergents-majors, avant 8 heures du matin.

A l'heure fixée, l'adjudant-major de semaine fait battre ou sonner pour le rapport. Le capitaine de police, l'adjudant-major et l'adjudant sous-officier de semaine, ainsi que les sergents-majors, se réunissent au lieu désigné par l'officier supérieur de semaine. Cet officier supérieur reçoit le rapport du capitaine de police, ainsi que les rapports des bataillons, qui ont été vérifiés par l'adjudant-major de semaine. Il prend connaissance de ces pièces et recueille tous les renseignements nécessaires. Il se rend ensuite chez le colonel, avec l'adjudant-major et l'adjudant sous-officier de semaine ; il lui remet toutes les pièces et rend compte verbalement des punitions infligées aux officiers.

Le colonel prononce sur les objets mentionnés au rapport, et donne les ordres relatifs au service.

L'adjudant-major et l'adjudant de semaine en prennent une note écrite.

L'adjudant sous-officier se rend immédiatement au quartier, réunit les autres adjudants sous-officiers, les sergents-majors, le tambour-major et le musicien de semaine, et leur communique les ordres.

Les ordres sont ensuite transmis, savoir : aux officiers de l'état-major de la légion, par les soins de l'adjudant sous-officier de semaine ; aux majors, par les adjudants sous-officiers, qui les font communiquer ensuite aux officiers de l'état-major du bataillon dont ils font partie ; aux capitaines, par les sergents-majors ; aux lieutenants et sous-lieutenants, par les soins des sergents-majors.

Les officiers signent l'ordre chaque jour.

Les exercices se font habituellement entre le premier et le deuxième repas. Les recrues exercent deux fois par jour. Les théories ont lieu suivant les ordres du colonel, qui indique chaque jour, au rapport, le travail du lendemain.

Tous les officiers sont présents à l'appel de midi et demi, ainsi qu'à la parade de garde. Le capitaine de police fait faire un roulement et prendre un alignement général. L'appel a lieu aussitôt ; les sergents-majors en rendent compte aux officiers de semaine, qui vont faire leur rapport au capitaine de police, puis à leur commandant de compagnie.

Après le rapport de l'appel, le capitaine de police fait battre la berloque. Les officiers de semaine font rompre les rangs.

Les jours où la légion prend les armes, le colonel peut supprimer cet appel.

Immédiatement après l'appel de midi et demi, le tambour-major réunit tous les tambours et cornets, et, sur l'ordre de l'adjudant sous-officier de semaine, il fait rappeler pour la réunion de la garde. L'adjudant précité appelle les sergents-majors, s'assure de la présence du nombre d'hommes à fournir par chaque compagnie, puis forme les postes.

Les hommes de chaque poste sont placés par rang de taille, et pris, autant que possible, dans la même compagnie, excepté pour la garde de police, qui est formée d'hommes de différentes compagnies. Les ordonnances et les plantons sont placés à la gauche de la garde.

Les caporaux de semaine prennent note des postes que vont occuper les hommes de la compagnie, pour leur faire porter à manger.

L'adjudant sous-officier de semaine réunit les sergents-majors, les caporaux de semaine et les hommes de réserve; il les forme sur trois rangs en face de la garde. Les officiers, formés sur trois rangs, se placent à quatre pas en avant de ce peloton de sous-officiers et caporaux.

L'adjudant-major de semaine, qui a surveillé la répartition des postes, prévient le colonel que la garde est formée.

En l'absence du colonel et du lieutenant-colonel, l'officier supérieur de semaine passe l'inspection de la garde, et la fait défiler au commandement de l'officier le plus ancien montant la garde.

La garde ayant défilé, l'adjudant-major de semaine fait former le cercle aux sergents-majors et leur communique les ordres qui n'auraient pas été donnés; il commande le service pour le lendemain et désigne les officiers. L'adjudant de semaine commande le service des sous-officiers, caporaux et soldats. L'adjudant-major fait rompre le cercle, après avoir pris les ordres de l'officier supérieur.

Lorsqu'il n'y a pas eu d'appel à midi et demi, les officiers de semaine sont seuls présents à la parade de garde.

Les distributions ont lieu, habituellement, après la parade de garde. Le capitaine de police désigne les officiers qui doivent y assister.

L'appel du soir se fait dans les chambres, par le sergent-major, en présence de l'officier de semaine. Les sergents sont à leur section.

L'adjudant sous-officier de semaine fait l'appel des caporaux-tambours et clairons et des musiciens.

Les officiers et l'adjudant sous-officier de semaine

rendent compte de l'appel, par écrit, au capitaine de police. Celui-ci fait mention de cet appel, comme des autres, sur le rapport qu'il remet le lendemain à l'officier supérieur de semaine.

Une demi-heure après l'appel du soir, le sergent de la garde de police fait battre ou sonner pour l'extinction des feux et lumières.

Le jeudi et le samedi, sont les jours spécialement consacrés aux inspections et aux travaux de propreté.

Tous les samedis, à l'heure fixée par le colonel, le médecin passe, en présence des officiers de semaine, une visite sanitaire de tous les sous-officiers, caporaux et soldats.

Officiers malades.

L'officier dont l'état de santé ne lui permet pas de faire son service, en informe son chef immédiat. Celui-ci le mentionne sur le rapport journalier, et pourvoit à son remplacement.

L'officier porté malade est tenu de garder la chambre, au moins pendant vingt-quatre heures. Il informe de son rétablissement, de la même manière qu'il a fait connaître son indisposition.

Absence des officiers.

L'officier qui s'absente pour un motif quelconque, ou qui rentre au corps, se présente au colonel, ainsi qu'au chef immédiat sous les ordres duquel il est placé.

Tenue.

La tenue du jour est prescrite par le chef de corps, tant pour le service que pour l'intérieur de la caserne, et pour se présenter en public.

Garde de police.

Dans chaque caserne, il y a une garde de police, dont la force est déterminée par le chef de corps, en raison des localités et des circonstances.

Une consigne générale, arrêtée par le colonel ou le commandant du détachement, est affichée dans le corps de garde.

Le sergent de garde est responsable de l'exécution de cette consigne, et exécute ou fait exécuter les ordres qu'il peut recevoir de l'officier supérieur de semaine, du capitaine de police, de l'adjudant-major et de l'adjudant sous-officier de semaine.

Il fait faire, par le tambour ou clairon de garde, toutes les batteries ou sonneries du service journalier.

En prenant possession de son poste, il visite les salles de police, les prisons et les cachots; il vérifie le nombre des détenus; il n'y laisse entrer et n'en fait sortir que sur un ordre, et en conserve constamment les clefs. Le matin et le soir, il y retourne et constate les dégradations qui ont pu être commises, s'informe s'il n'y a pas de malades, fait renouveler l'eau dans les cruches, vider les baquets et balayer les locaux, qu'il fait aérer deux fois par jour, en plaçant une sentinelle pour empêcher toute évasion.

Il fait porter la nourriture à tous les détenus en même temps, et veille à ce qu'on ne leur procure ni lumière, ni tabac, ni boissons, etc.

Le sergent de garde tient au courant le registre des hommes punis ; le matin, il en remet un état au capitaine de police.

Une demi-heure après le réveil, il fait nettoyer la caserne, par les hommes punis de salle de police, les consignés et les hommes commandés.

A l'appel du soir, il ferme les portes de la caserne et en garde les clefs.

Une demi-heure après, il fait faire le roulement pour éteindre les lumières dans les chambres et les cantines.

Il mentionne sur un rapport les sous-officiers, caporaux ou soldats rentrés après l'appel sans être munis d'une permission ; enfin, il s'assure de l'ouverture des cuisines à l'heure ordonnée.

Indépendamment de la garde de police, il y a, depuis le réveil jusqu'à l'appel du soir, un sergent de planton à la porte du quartier, qui surveille spécialement la tenue, et il ne laisse sortir que ceux qui sont dans la tenue prescrite.

Dans chaque cuisine, il y a, en outre, un caporal de planton. Son service commence à l'ouverture des cuisines et cesse quand on les ferme. Il en remet les clefs au sergent de la garde de police. Ce caporal est responsable de tous les détails d'ordre et de propreté, qui doivent être spécifiés dans une consigne donnée par le chef de corps. Il est, ainsi que le planton à la porte du quartier, sous les ordres des mêmes autorités que le sergent de garde.

Lorsque la garde de police est commandée par un

officier, il ne reçoit d'ordres que de l'officier supérieur de semaine et du capitaine de police ; le sergent continue à être chargé des dispositions qui concernent les détenus, la propreté du quartier, les batteries, etc.

Marques extérieures de respect.

Le salut est dû par tout inférieur à son supérieur. Il ne se renouvelle pas dans une promenade ou tout autre lieu public.

Le salut consiste à porter la main droite à la coiffure. Lorsqu'on est assis, on se lève avant de saluer.

Le sous-officier ou soldat armé, marchant isolément, remplace ce salut en portant l'arme dans le bras droit.

Le sous-officier ou soldat, armé ou non armé, fait halte et front, à quatre pas, avant de saluer les officiers généraux, et conserve cette position jusqu'à ce qu'il soit dépassé de la même distance.

Le salut doit toujours être rendu.

Quand un officier entre dans une chambre de la caserne, on crie à l'ordre, et les hommes, se plaçant au pied de leur lit, se découvrent s'ils sont en bonnet de police, et gardent le silence et l'immobilité jusqu'à ce que l'officier leur ait permis de reprendre leur position antérieure.

La garde de police sort et porte les armes pour le commandant du corps.

Tout officier, sous-officier ou soldat, arrivé à six pas du Roi ou d'un membre de la famille royale, fait halte, front, salue et reste dans cette position jusqu'à ce qu'il soit dépassé de la même distance. Les sous-officiers et soldats armés font halte, front et présentent les armes.

Punitions.

Les fautes contre la discipline sont punies conformément à ce que prescrit le règlement de discipline.

Les punitions doivent être proportionnées non seulement aux fautes, mais encore à la conduite habituelle de celui qui mérite d'être puni. Elles doivent être infligées avec justice et impartialité, et jamais par un sentiment de haine ou de passion.

Tout supérieur a le droit d'ordonner provisoirement les arrêts à son inférieur. L'inférieur s'y rend immédiatement, et, en cas de refus ou de murmure, le supérieur peut ordonner son arrestation.

Le droit de déterminer les punitions appartient au chef de corps, aux officiers supérieurs et aux commandants de compagnie.

Le capitaine-adjudant-major, le capitaine de police et les adjudants-majors ont les mêmes droits que les commandants de compagnie, en ce qui concerne leur service.

Les officiers de santé et les officiers comptables sont dans les mêmes conditions que les officiers des grades auxquels ils sont assimilés.

Le commandant du corps peut augmenter ou diminuer les punitions infligées par ses subordonnés. Il peut en changer la nature et, au besoin, les supprimer entièrement.

Les commandants de détachement ont les mêmes droits que le chef du corps, sauf en ce qui concerne la dégradation, la rétrogradation et l'interdiction du port de l'arme.

Les généraux sous les ordres desquels les corps sont placés ont le droit d'annuler les punitions ou de les modifier en restant toutefois dans les limites fixées par le règlement de discipline.

Tout officier général a le droit d'infliger à ses subordonnés de tous grades, les punitions fixées par les règlements.

Punitions des officiers.

Les arrêts simples obligent l'officier de garder la chambre sans pouvoir en sortir, si ce n'est pour le service. Il en est de même des arrêts provisoires, sauf le droit réservé au chef de corps de les infliger sans accès.

Les arrêts sans accès ou la prison suspendent l'officier puni de toute fonction. L'officier qui se trouve dans ce cas remet son sabre à l'adjudant sous-officier chargé d'aller le prendre.

L'officier puni de prison est conduit au lieu où il doit subir sa punition par un officier d'un grade plus élevé ou du même grade, mais plus ancien que lui.

Quand on est en route, l'officier puni de prison ou d'arrêts sans accès marche sans armes à sa compagnie.

A défaut de prison, l'officier subit sa punition dans son logement, devant lequel on peut placer une sentinelle.

Toutes les punitions peuvent être ordonnées de vive voix par un officier supérieur en grade ou plus ancien que l'officier puni, ou par un billet cacheté et porté par un adjudant sous-officier. Ce billet con-

tient les motifs et l'époque de l'expiration de la
punition.

A l'expiration, les punitions cessent de plein droit.

L'officier qui a été puni est tenu de se présenter
avant l'heure du rapport à celui qui l'a puni, et à
l'heure du rapport à son colonel.

Punitions des sous-officiers et soldats.

Les arrêts provisoires pour les sous-officiers, caporaux et soldats comprennent les arrêts au quartier
ou à la salle de police, selon la gravité du cas. Quand
ils sont punis d'arrêts, ils ne sont dispensés d'aucun
service; de salle de police, ils en sortent pour le service et y rentrent aussitôt après; de cachot ou de
prison, tout service leur est interdit. En route, ces
derniers marchent à l'arrière-garde. Ceux dont la
punition est expirée, sortent au moment où la garde
de police se relève, par les soins du sergent de la
garde descendante.

Compte rendu des punitions. — L'officier qui
a ordonné les arrêts à un autre officier, en rend
compte, sans délai, au chef immédiat de celui qui a
été puni. Ce chef immédiat en informe de son côté
le colonel, par la voie hiérarchique, et le plus promptement possible.

Tout officier, sous-officier ou caporal qui a infligé
une punition quelconque à un sous-officier, caporal
ou soldat, le fait connaître au commandant de compagnie de celui qui a été puni. Ce chef en rend
compte sur son rapport journalier.

Indépendamment du droit inscrit dans le règlement de discipline pour les réclamations à faire après

l'expiration des punitions, il est permis à quiconque est puni de demander à être entendu par le colonel au rapport, même avant que la punition soit expirée. Il peut au besoin s'adresser aux généraux sous les ordres desquels le corps est placé, mais en suivant la voie hiérarchique.

Les règles suivantes, adoptées pour le temps ordinaire, par la garde civique de Bruxelles, complètent les mesures intérieures que nous venons d'énumérer. Ce règlement a été arrêté par le commandant supérieur et approuvé par la Députation permanente.

Introduction.

ART. 1er. La discipline consiste dans le plus grand ordre possible, dans la plus prompte exécution et sans la moindre réplique, des ordres donnés; dans la répression inévitable des négligences ou défauts, et dans la punition certaine de ceux qui les ont commises ou qui manquent à leur devoir dans l'exécution des ordres prescrits, tandis qu'une obéissance absolument passive des inférieurs envers leurs supérieurs en est la base.

ART. 2. La plus parfaite harmonie doit régner dans le service de l'État; tout esprit de parti doit être évité, et la justice et l'impartialité doivent être la règle de toutes les actions; chacun doit faire son devoir de bon gré et sans murmure, et contribuer d'un commun accord à l'honneur de la garde, ainsi qu'au bien du service de l'État.

ATTRIBUTIONS.

Dispositions générales.

ART. 3. Conformément à l'article 89 de la loi du 8 mai 1848, les devoirs des officiers, sous-officiers, caporaux ou brigadiers et gardes à l'égard de leurs chefs, pendant la durée du service, sont les mêmes que dans l'armée.

ART. 4. L'uniforme est le signe distinctif du service.

ART. 5. Tout membre de la garde, de quelque rang et de quelque grade qu'il soit, est tenu de témoigner du respect et de l'obéissance à ses supérieurs en grade, et, à grade égal, à ses anciens de service.

ART. 6. Tout garde est obligé, dans le service, d'obéir promptement et sans réplique aux ordres de ses supérieurs et de les exécuter fidèlement, sauf le droit d'en porter ensuite ses plaintes lorsqu'il s'en trouve lésé.

ART. 7. L'intérêt du service veut que la discipline soit ferme; il veut assi qu'elle soit bienveillante: le supérieur ne doit jamais oublier que, dans l'exercice de son commandement, il doit se comporter comme un citoyen commandant à des citoyens.

ART. 8. Les gardes doivent le respect à leurs supérieurs en grade appartenant à l'armée ou à d'autres gardes civiques.

ART. 9. Tout membre de la garde, revêtu de son uniforme, qui, même hors de service, aura commis un acte d'insubordination envers ses supérieurs ou aura posé des faits de nature à porter atteinte à l'honneur de l'uniforme ou à la dignité de la garde, sera puni conformément aux articles 90 et 91 de la loi du 8 mai 1848, sans préjudice des peines comminées par cette loi.

Commandant supérieur, chef de la garde.

ART. 10. Le commandant supérieur, nommé en exécution de l'article 31 de la loi, exerce, comme chef de la garde, la surveillance sur toutes les branches du service des légions et corps placés sous son commandement.

Il passe ou ordonne les revues et inspections des armes et de l'équipement.

Il dirige et surveille les exercices et manœuvres.

Il donne tous les ordres qu'il juge nécessaires à la marche régulière des services, inspecte ou fait inspecter par les officiers qu'il délègue à cet effet, les contrôles, les livres d'ordre et d'armement ; enfin, il s'assure en tout temps si les instructions qu'il a données sont régulièrement observées.

Il peut accorder directement dispense d'un service commandé et, dans ce cas, en donne avis au chef de corps.

État-major du commandant supérieur.

ART. 11. Le chef d'état-major est chargé du détail du service, il transmet les ordres du commandant supérieur et exécute ceux qu'il en reçoit.

Il commande et surveille tous les services.

Il signe par délégation et, dans ce cas, sa signature est précédée des mots : *Par ordre*; les pièces ainsi signées sont considérées comme émanant du commandant supérieur lui-même.

Les autres officiers de l'état-major font en général tous les travaux qui leur sont confiés par le commandant supérieur et le chef d'état-major.

Ils portent verbalement les ordres ou instructions qui ne pourraient, dans certains cas, se donner par écrit.

Colonel, chef de corps.

ART. 12. Le colonel, comme chef de légion, fait exécuter tous les ordres qu'il reçoit du commandant supérieur, il veille à ce que les titulaires des différents grades, qui sont sous ses ordres, remplissent avec exactitude, tant pour le service que pour l'administration, les fonctions attachées à ces grades.

Il préside le conseil d'administration, signe toutes les pièces de comptabilité et organise le corps de musique, dont il nomme le chef.

Lieutenant-colonel.

ART. 13. Le lieutenant-colonel est l'intermédiaire habituel du colonel dans toutes les parties du service.

Major.

ART. 14. Le major, comme chef de bataillon, est chargé de surveiller l'instruction théorique et pratique des officiers et sous-officiers. Il s'assure de la marche régulière du service, de la bonne tenue du contrôle et du livre d'ordre et d'armement de son bataillon.

Capitaine adjudant-major.

ART. 15. Le capitaine adjudant-major est l'aide habituel du colonel dans toutes les branches du service; à cet effet, il reçoit du colonel communication de tous les ordres, instructions ou dispositions donnés par le commandant supérieur, pour les faire exécuter. Il est chargé, sous l'approbation du colonel, de régler le service de semaine des lieutenants adjudants-majors et des adjudants sous-officiers.

Il est chargé de la tenue du livre d'ordre de la légion, il le fait communiquer aux officiers de l'état-major de la légion et aux adjudants-majors des bataillons, qui y apposent leur visa; il constate que ces derniers les ont transcrits exactement et en temps utile sur le livre d'ordre du bataillon.

Il fait la théorie et donne l'instruction aux officiers de la légion.

Lieutenant adjudant-major.

ART. 16. Le lieutenant adjudant-major est chargé du service de la semaine; ce service commence le dimanche, à midi.

Il est spécialement chargé de l'instruction des sous-officiers du bataillon.

Il reçoit et exécute les ordres que lui donne le major.

15

Il aide, lorsqu'il en est requis, le capitaine adjudant-major dans le travail relatif à la comptabilité de l'armement et de l'équipement.

Capitaine quartier-maître.

ART. 17. Le capitaine quartier-maître tient le registre matricule de la légion et fait toute la correspondance relative à l'administration : il adresse, le 15 de chaque mois, aux lieutenants quartiers-maîtres, les inscriptions, radiations et mutations ordonnées par le conseil de recensement, et au capitaine adjudant-major la liste des gardes qui doivent être armés ou désarmés.

Il est secrétaire-trésorier du conseil d'administration, dont il tient les écritures.

Il est responsable des fonds qui lui sont confiés et ne fait aucun paiement que sur mandat régulier et dans la limite des crédits ouverts au budget. Il conserve, sous inventaire, les archives appartenant à la légion et qui restent déposées à l'état-major du corps.

Lieutenant quartier-maître.

ART. 18. Le lieutenant quartier-maître tient le contrôle matricule du bataillon et communique endéans les cinq jours de leur réception, aux capitaines, les mutations survenues dans le personnel de leur compagnie respective.

Il remplit les fonctions de secrétaire adjoint près de toutes les commissions pour lesquelles le commandant supérieur le désigne.

Médecins.

ART. 19. Le service médical est réglé par le médecin de légion, sous l'approbation du colonel.

La veille de tout service commandé et aux heures désignées par le colonel, deux médecins doivent se trouver à l'état-major de la légion pour examiner les réclamations des gardes qui demandent une dispense de service pour cause de maladie ; l'un des deux visitera à domicile les gardes empêchés.

Les médecins assistent, lorsqu'ils en sont requis, aux séances du conseil de recensement et sont tenus de faire toute visite à domicile que le conseil ordonne.

Ils assistent aux prises d'armes générales et sont toujours pourvus des objets nécessaires pour donner les premiers secours.

Capitaine.

ART. 20. Le capitaine, comme chef de compagnie, est responsable de la bonne tenue des membres de la compagnie.

Il surveille la tenue exacte des contrôles et la régularité des convocations.

Il remet, le lendemain de chaque service, au chef de bataillon, la liste des gardes, quel que soit leur grade, qui ont été absents ; il mentionne dans la colonne d'observations les motifs des dispenses et joint les pièces à l'appui ; ces pièces doivent être envoyées dans l'ordre hiérarchique au commandant supérieur. Il remet au major, lors de chaque prise d'armes, la liste des présents et des absents.

Lieutenant et sous-lieutenant.

Art. 21. Les lieutenants et sous-lieutenants sont employés par le capitaine à tous les détails du service et concourent, sous sa direction, à compléter et à maintenir la bonne organisation de la compagnie.

Adjudant sous-officier.

Art. 22. L'adjudant sous-officier est placé sous les ordres immédiats de l'adjudant-major pour tout ce qui concerne le service de semaine et ce qui a rapport au service et à la discipline.

L'adjudant sous-officier de semaine se rend chaque jour, de midi à une heure, à l'état-major du commandant supérieur pour recevoir les ordres et les transmettre au chef de la légion : il veille à ce que le tambour désigné pour être de planton à l'état-major général se rende exactement à son poste.

Sous-officiers et caporaux.

Art. 23. Les attributions des sous-officiers et caporaux, en ce qui concerne l'administration et le service, sont les mêmes que dans l'armée[1].

[1] Le sergent-major est chargé de la tenue de l'administration de la compagnie, et en est responsable envers le capitaine; il fait tous les appels et en rend compte à l'officier de semaine ou à l'adjudant; il commande tous les services et veille à l'exécution des

Armes spéciales.

ART. 24. Les commandants des compagnies d'armes spéciales, quel que soit leur grade, correspondent directement avec le commandant supérieur dans les attributions qui précèdent ; ils agissent comme chef de corps pour tout ce qui concerne l'administration et le service.

Remplacement et remise de commandement.

ART. 25. Le remplacement des officiers, sous-officiers et caporaux, en cas d'absence ou autre empêchement, a lieu de la manière suivante :

Commandant supérieur, par l'officier de la garde.

ordres et aux détails intérieurs de la compagnie ; il fournit aux officiers de la compagnie les pièces et renseignements qui leur sont utiles ; il soumet au capitaine toutes les demandes des sous-officiers, caporaux et soldats de la compagnie.

Les sergents répondent de leur section envers le sergent-major et les officiers de la compagnie ; surveillent tout ce qui concerne l'exécution des ordres, la police, la tenue et la discipline de la section de laquelle ils font partie ; tiennent pour leur section un livret nº 1ᵇ, et roulent entre eux pour le service de semaine.

Le fourrier est spécialement chargé des distributions et des détails du casernement ; il établit les pièces qui concernent ces deux services et aide le sergent-major dans la tenue de l'administration.

Les caporaux ont, envers les sergents, le sergent-major et les officiers de la compagnie, la même responsabilité, pour leur escouade, que les sergents pour leur section. Ils roulent entre eux pour le service de semaine.

Le tambour-major est chargé, avec le concours des caporaux-tambours de l'instruction des tambours, et le sergent-cornet, aidé de ses caporaux, de celle des cornets. Ils les commandent pour les services et veillent à ce que jamais ceux de la même compagnie ne soient de service le même jour.

le plus ancien dans le grade le plus élevé, à moins que l'autorité supérieure n'en ait décidé autrement.

Le chef d'état-major, par le plus ancien officier supérieur aide de camp, et à défaut, par un officier de l'état-major général désigné par le commandant supérieur.

Colonel, par le lieutenant-colonel.

Lieutenant-colonel, par le plus ancien major de la légion.

Major, par le plus ancien capitaine du bataillon.

Capitaine, par le lieutenant de la compagnie.

Capitaine adjudant-major, par l'un des capitaines désigné par le chef de corps.

Capitaine quartier-maître, par le plus ancien lieutenant quartier-maître.

Médecin de légion, par le plus ancien médecin de bataillon.

Lieutenant adjudant-major, par un des lieutenants du bataillon désigné par le major.

Lieutenant quartier-maître, par un des sergents-majors désigné par le major.

Lieutenant porte-drapeau, par un lieutenant ou sous-lieutenant désigné par le colonel.

Lieutenant, par le plus ancien sous-lieutenant de la compagnie.

Sous-lieutenant, par le sergent-major.

Sergent-major, par le fourrier pour ce qui concerne l'administration, par le plus ancien sergent pour les autres parties du service.

Sergent, par le plus ancien caporal.

Fourrier, par un caporal.

Caporal, par un garde désigné par le chef de la compagnie.

Il y a lieu à la remise du commandement, en cas d'absence ou autre empêchement qui dépasse quarante-huit heures, par le commandant supérieur de la garde, le chef de corps, le chef de bataillon et le chef de compagnie.

Les lieutenants, sous-lieutenants et sous-officiers qui s'absentent plus de quarante-huit heures, en donnent connaissance par écrit au capitaine de leur compagnie.

Dans le même cas, les officiers de l'état-major du commandant supérieur en informent celui-ci ; ceux de la légion, le chef de légion ; ceux du bataillon, le chef de bataillon.

Ancienneté.

ART. 26. L'ancienneté se règle de la manière suivante :

Entre tous les officiers du même grade, d'après leur âge lorsqu'ils sont élus ou nommés pour la première fois, lors d'une élection quinquennale.

Par la date de leur nomination ou élection lorsque celles-ci ont lieu à une autre époque.

A chaque renouvellement quinquennal, par l'ancienneté dans le même grade ou la supériorité dans un grade inférieur.

L'ancienneté se règle de la même manière entre les sous-officiers et caporaux.

Démissions.

ART. 27. Toute démission d'un grade doit être adressée par la voie hiérarchique : celle des titulaires élus, aux chefs de la garde, et celle des titulaires nommés par le Roi, au gouvernement; ceux nommés par le chef de la légion et le capitaine, à l'officier qui les a nommés.

Réclamations.

Art. 28. Toute réclamation concernant le service ou dirigée contre un supérieur en grade, doit être adressée, dans l'ordre hiérarchique, au chef de corps ou au commandant supérieur. Le chef de corps ne pourra en aucun cas se dispenser de porter ces réclamations à la connaissance du chef de la garde.

Dispositions finales.

Art. 29. Pour tout ce qui concerne le règlement du service, la communication des ordres, les gardes, postes et honneurs militaires, la garde se conformera aux dispositions des règlements militaires réglant dans l'armée le service de garnison.

Dispositions pénales.

Art. 30. Toute contravention aux dispositions qui précèdent est réprimée conformément aux articles 90, 91 et 93 de la loi du 8 mai 1848.

Honneurs funèbres.

Art. 31. Tout garde, dont la famille en fait la demande au commandant supérieur chef de la garde, reçoit, lors de son enterrement, les honneurs ci-après déterminés :

La garde entière est appelée à prendre les armes pour le général en chef inspecteur général et pour le commandant supérieur chef de la garde.

La légion pour son colonel ; la moitié de la légion pour le lieutenant-colonel ; le bataillon pour son major ; la compagnie pour le capitaine ; la moitié de la compagnie pour les lieutenants et sous-lieutenants ; le quart d'une compagnie pour l'adjudant sous-officier et les autres sous-officiers ; une escouade pour un caporal ou un garde.

Les mêmes honneurs sont rendus, d'après leur grade, aux officiers des états-majors. La cavalerie accompagne à pied un enterrement.

Des détachements pris parmi les gardes convoqués pour un enterrement font trois décharges de leurs armes, la première au moment où le convoi part de l'endroit où le corps a été déposé, la deuxième lorsque le corps arrive au cimetière, et la troisième après l'inhumation en défilant devant la fosse. Ces détachements sont composés comme suit :

Pour le général en chef, inspecteur général et le commandant supérieur, 200 gardes ; pour les colonels 150 gardes ; pour les capitaines 50 gardes ; pour les lieutenants et sous-lieutenants 25 gardes ; pour les sous-officiers 12 gardes et pour les caporaux et gardes 6 gardes.

Pendant l'enterrement des généraux, l'on tire 5 coups de canon.

Les sous-officiers et gardes portent l'arme sous le bras droit.

Les coins du poêle sont tenus par quatre membres de la garde, d'un grade égal à celui du défunt, et à leur défaut, par quatre officiers ou sous-officiers du grade immédiatement inférieur.

Des crêpes sont attachés aux drapeaux ; les caisses de tambour sont revêtues d'étoffe noire, les trompettes ou cornets garnis de sourdines ou de rubans de crêpe. Le cheval de bataille des officiers montés, couvert d'un drap noir et conduit à la main, suit le convoi funèbre. Les frais des funérailles sont supportés par la famille du défunt.

Le deuil est porté pendant la cérémonie : pour les officiers généraux et supérieurs par tous les officiers; pour les capitaines, lieutenants et sous-lieutenants par les officiers d'un grade égal ou inférieur à celui du défunt.

Le signe de deuil consiste dans un crêpe attaché au bras gauche au-dessus du coude.

Les honneurs ci-dessus déterminés seront rendus aux officiers qui ont conservé leur grade, à titre honoraire, en vertu de l'article 61 de la loi.

SERVICE DE GARNISON.

———oo◦◦oo———

Le service de garnison a pour objet d'assurer le maintien de l'ordre intérieur et la défense des places.

Les chefs de corps reçoivent, en ce qui concerne ce service, les ordres du commandant de la place, et ils lui remettent les rapports prescrits par les règlements, ainsi que ceux qu'il juge à propos de leur demander extraordinairement.

Le commandant de place fixe le nombre et la force des postes, des patrouilles, des rondes et des piquets; il donne les consignes, et il a sous ses ordres toutes les troupes de service.

Le commandant de place et ses sous-ordres visitent souvent, et à l'improviste, les gardes et les sentinelles, pour s'assurer si chacun fait son devoir.

Du service.

Le service de garnison est commandé chaque jour pour le lendemain. Un sous-officier, par régiment, se rend au bureau de la place à l'heure indiquée, pour y prendre copie de l'ordre.

Les chefs de corps commandent nominativement les officiers requis pour le service de garnison; et les adjudants, les sous-officiers, caporaux et soldats.

Les sergents et les caporaux sont commandés par la tête et par la queue, dans l'ordre des compagnies auxquelles ils appartiennent; les soldats le sont dans l'ordre de leurs compagnies et également par la tête et par la queue, de manière que la garde soit composée d'anciens et de nouveaux soldats.

Il y a 4 tours de service pour l'infanterie : le premier pour les détachements, les escortes et pour la garde des poste extérieurs, qui n'est relevée qu'après plus d'un jour; le deuxième pour les gardes et piquets de réserve, qui sont relevés tous les jours; le troisième pour les gardes d'honneur; le quatrième pour les corvées.

En temps de siége, il y a un cinquième tour de service pour les travaux des fortifications.

Les deuxième, troisième et quatrième tours de service sont fournis par un nombre égal de soldats pris dans toutes les compagnies du régiment.

A l'égard du premier tour de service et de celui des travailleurs dans les siéges, les compagnies n'y participent jamais que par escouades, lesquelles formeront des détachements, comme suit :

Le détachement entier comprendra huit escouades et deux tambours; il sera commandé par un capitaine.

Le demi-détachement sera formé de quatre escouades avec un tambour, et commandé par un lieutenant ou sous-lieutenant.

Le quart de détachement comprendra deux escouades commandées par un sergent.

Le petit détachement sera d'une escouade, sous les ordres d'un caporal.

La cavalerie a également 4 tours de service :

Le premier pour les détachements et les escortes; le deuxième pour les gardes à pied; le troisième pour les gardes d'honneur; le quatrième pour les corvées.

Le service à cheval commencera par la tête du régiment, et celui à pied par la queue.

Les divers détachements de cavalerie seront commandés, composés et formés de la manière prescrite par le règlement sur les exercices de cette arme.

Les 1er, 3e et 4e tours de service seront continués, en temps de guerre comme en temps de paix, soit dans les quartiers d'hiver ou dans les places, soit en campagne.

Le deuxième tour sera repris à chaque changement de garnison.

Pour que le service soit toujours commandé conformément à ce qui précède, les adjudants tiendront un contrôle des tours de service dont il s'agit.

Les détachements, escortes, postes extérieurs et gardes d'honneur seront répartis de manière que chaque corps y contribue dans une égale proportion.

Les détachements commandés pour les processions seront réputés gardes d'honneur et compris dans ce tour de service, ainsi que les escortes qui accompagnent les grands corps de l'État dans les cérémonies publiques.

Dans toutes les armes, les services des officiers commenceront par le plus ancien.

Lorsqu'un officier aura fait son tour de service, il ne pourra être commandé de nouveau, tant que le rôle des officiers de son grade dans le régiment ne sera pas épuisé.

Quand un officier se trouvera en même temps le premier à marcher pour différents services, il sera commandé pour le premier de ces services, dans l'ordre où ils sont désignés par les différents tours. Les autres seront censés passés pour lui.

Il ne sera point fait de rappel aux officiers malades. Cependant, à l'égard des corvées, le rappel aura lieu une seule fois.

Les officiers qui, pour cause de maladie, seront hors d'état de faire le service pour lequel ils ont été commandés, en préviendront, en temps utile, l'adjudant-major de semaine, afin qu'il soit pourvu à leur remplacement.

Les officiers de l'état-major des corps, les sergents-majors, les tambours-majors et les fourriers sont exempts des 1er, 2e et 4e tours de service. Néanmoins, les sergents-majors et les fourriers seront obligés de suivre le détachement, quand leur compagnie sera détachée en entier.

Les capitaines qui, en l'absence du commandant de place, seront chargés du commandement de la garnison, et ceux qui commanderont un bataillon, jouiront des mêmes prérogatives, à moins que leur compagnie ne soit envoyée en détachement. Dans aucun cas, un capitaine ne peut être exempté de marcher avec sa compagnie.

En temps de guerre ou de troubles intérieurs, les commandants de place règlent le service d'après les circonstances et disposent des troupes de la garnison comme ils le jugent convenable pour le bien du service.

Des gardes.

Le commandant de la place doit faire connaître à chaque corps les gardes qu'il doit fournir et les postes qu'il a à occuper.

On règle le service des officiers de manière qu'ils aient, au moins, six nuits de repos dans l'infanterie, et dix dans la cavalerie.

Autant que possible, les sous-officiers et soldats sont traités sur le même pied, et, dans aucun cas, ils ne peuvent avoir moins de trois nuits de repos.

Les troupes à cheval font le service à pied. L'artillerie monte la garde comme l'infanterie et la cavalerie; mais il lui sera tenu compte des services spéciaux auxquels elle est employée.

Les gardes montantes défilent de leur quartier; elles sont réunies, formées et conduites à leurs postes, de la manière indiquée par le service intérieur.

Installation des gardes.

Les gardes d'infanterie porteront l'arme sur l'épaule, tant pour se rendre au poste que pour retourner au quartier.

Les hommes à pied auront le sac au dos, et ceux à cheval, le manteau en bandoulière. En hiver, les troupes mettront la capote; en été, elles seront en grande tenue.

Les sentinelles déposeront le sac ou le manteau dans la guérite.

A l'arrivée de la nouvelle garde, le poste sortira de sa garde au cri de : *Aux armes!* du factionnaire; son chef fera porter les armes et aligner, en plaçant ses hommes de manière à laisser sur sa gauche le terrain nécessaire à la nouvelle garde.

Si le terrain n'est pas assez large pour ranger les deux gardes de front, l'ancienne se placera à quelque distance en avant et face au corps de garde, et la nouvelle se placera entre elle et le corps de garde, auquel elle tournera le dos.

Lorsque la nouvelle garde approchera (40 pas) du poste qu'elle doit relever, son chef fera porter les armes et battre la marche. Arrivé au poste, il commandera : *Peloton, halte!... Front!...* et alignera sa garde à la gauche de l'ancienne ou comme il vient d'être expliqué.

Les gardes de 6 à 8 hommes seront formées sur un rang, et à partir de 9 hommes, sur deux rangs.

La garde sera toujours partagée en deux ou quatre sections, suivant sa force, afin que, le cas échéant, elle ne se dégarnisse pas de tout son feu à la fois.

Si c'est un officier qui commande le poste, il se placera au centre de sa garde, à deux pas en avant du premier rang; si c'est un sous-officier ou caporal, il se placera sur le flanc droit. Le tambour se trouvera à la droite de la garde.

Dès que la nouvelle garde sera formée sur le terrain qu'elle doit occuper, les commandants des deux gardes feront présenter les armes et ordonneront aux tambours de battre aux champs; les officiers se salueront du sabre. Ils feront ensuite reposer sur les armes et s'avanceront l'un vers l'autre.

Le commandant de la garde descendante communiquera les ordres et les consignes à celui de la garde montante. Pendant cet intervalle, le sergent fera numéroter les hommes.

Le caporal de consigne de la nouvelle garde visitera, avec celui de l'ancienne, le corps de garde, ainsi que le mobilier inventorié pour voir si le tout est en bon état. Au cas contraire, il en donnera connaissance au commandant du poste, qui le renseignera sur son rapport au commandant de la place.

La visite du poste terminée, le commandant de la garde montante fera relever les sentinelles par les caporaux (caporaux de pose), qui recevront les consignes des caporaux de l'ancienne garde.

Pendant ce temps, les deux commandants de garde visiteront ensemble les avenues du poste et se remettront le tableau des consignes, le registre d'ordres et l'inventaire du matériel.

Les sentinelles relevées, le chef de l'ancienne garde commandera : *En avant, marche!* Le tambour battra la marche. Le peloton étant arrivé à 50 pas du poste, sera arrêté et le sergent sera chargé de le reconduire au quartier dans le meilleur ordre.

En même temps, le chef de la nouvelle garde commandera : *Par le flanc droit, — à droite, — en avant, — marche!* arrêtera son peloton sur l'emplacement que l'ancienne garde viendra de quitter et commandera : *Peloton, — halte, — front!* fera présenter les armes et le tambour battra la marche, jusqu'à ce que l'ancienne garde soit remerciée. Alors, le chef commandera : *Peloton, — demi-tour, — à droite, — présentez armes, — à la garde, — marche!*

16

Des consignes.

Le commandant de la place donnera les consignes générales et particulières pour tous les postes.

Les corps de garde seront pourvus d'un tableau de ces consignes, et d'un registre pour inscrire les événements survenus ou les ordres donnés.

Les gardes seront relevées toutes les vingt-quatre heures. Les caporaux d'un même poste partageront entre eux le temps de leur garde, en sorte qu'ils aient un service égal à faire, soit de jour, soit de nuit. Ils régleront également le temps de la garde des soldats, de manière qu'ils aient autant d'heures de faction les uns que les autres. Lorsque ce partage ne pourra se faire exactement, le sort décidera.

Les sentinelles seront relevées de deux en deux heures. Pendant les fortes gelées, elles pourront être relevées d'heure en heure ; dans ce cas, l'adjudant de place en avertira à l'ordre.

Les officiers de garde seront obligés de rester à leur poste, et ils ne pourront s'en éloigner que pour l'accomplissement de leur service. Ils ne pourront se désarmer ni quitter les insignes de leur service.

Le commandant de la garde ne pourra donner à boire ou à manger dans son poste qu'à ceux qui seront de garde avec lui.

Il ne sera jamais permis aux sous-officiers, caporaux et soldats de s'écarter de leur garde, si ce n'est pour un service commandé.

Leurs repas leur seront apportés.

Les soldats qui mériteront d'être punis, seront contraints, pour les fautes ordinaires, à faire les corvées de la garde. Dans les cas graves, le commandant du poste les fera arrêter et en rendra compte au commandant de la place.

Nul soldat, étant de garde, ne pourra être arrêté, sans la participation du chef de poste.

Des chefs de poste.

Le chef de poste veillera à ce que les hommes sous ses ordres remplissent tous leurs devoirs. Il se promènera souvent au dehors pour voir ce qui s'y passe. Il fera faire l'appel de sa garde toutes les fois qu'on relèvera les sentinelles, et plus souvent, s'il le juge nécessaire; il habituera ses hommes à se former promptement sous les armes.

Si on lui demande du secours, il sera obligé de le fournir, pour autant que la sûreté de son poste ne s'en trouve pas compromise.

Sur la réquisition des officiers de police civile ou judiciaire, il prêtera main-forte pour la répression des délits ordinaires et pour l'exécution des ordonnances ou jugements des tribunaux.

Il fera arrêter, pour délits ordinaires, toute personne militaire ou civile, prise en flagrant délit ou poursuivie par la clameur publique, et celles qui dégraderaient les ouvrages ou bâtiments militaires.

A moins d'ordres supérieurs, les chefs de poste ne pourront faire usage de la force des armes que pour défendre leur poste ou leur personne contre une attaque violente, ou lorsqu'ils ne pourront défendre autrement le terrain qu'ils occupent. Dans ce cas, l'emploi des armes pourra être fait sans réquisition ni sommation (voir le chapitre qui concerne les émeutes).

Pendant les moments de danger, ils feront garder les armes dans l'intérieur du corps de garde; il en sera toujours ainsi pendant la nuit.

Il fera placer les sentinelles de manière que les plus anciens soldats soient devant les armes et aux postes avancés.

Il inspectera et interrogera sur les consignes générales les hommes au moment d'aller en faction.

Immédiatement après l'installation de la garde, il visitera toutes les sentinelles, afin de s'assurer de leur vigilance, de la manière dont elles s'acquittent de leurs devoirs, et leur fera répéter les consignes.

Les chefs de poste enverront à la grand'garde trois rapports écrits pendant les vingt-quatre heures, savoir :

Un le soir, au coucher du soleil; il contiendra tout ce qui sera survenu depuis le départ de la garde précédente, ainsi que les consignes qui auront été données dans la journée. Un en double le matin, à la pointe du jour; il contiendra tout ce qui sera survenu pendant la nuit, renseignera les rondes et patrouilles. Un à 11 heures du matin, indiquant tout ce qui s'est passé depuis l'envoi du rapport précédent.

Tout ce qui surviendra de peu important aux postes, après 11 heures du matin, sera consigné dans le rapport du commandant de la nouvelle garde.

Ils devront mentionner dans leur registre et dans le rapport du matin, l'heure à laquelle les différentes patrouilles et rondes se sont présentées au poste.

Quand un événement important se présentera, les chefs de poste enverront un rapport extraordinaire à la grand'garde.

Des caporaux de consigne.

Le caporal de consigne sera toujours le plus ancien des caporaux de la garde ; dans les petits postes commandés par un caporal, celui-ci remplira lui-même ces fonctions.

Il est responsable de la conservation des objets de casernement consignés dans un inventaire collé sur une planchette. Il sera puni lorsqu'il y aura des dégradations à ces objets, sans qu'il en ait fait rapport.

Il enverra chercher, par des soldats de garde, le combustible et les chandelles qui doivent être fournis pour le corps de garde. Le chef de poste signera le bon nécessaire à la délivrance de ces objets.

Ce sera le caporal de consigne qui sortira, quand la sentinelle placée devant les armes aura crié : *Caporal hors la garde !*

Des caporaux de pose.

Le caporal de pose est celui qui est chargé de poser les sentinelles. S'il commande lui-même le poste, il pourra se faire remplacer, pour poser et relever les sentinelles, par le plus ancien soldat.

Quand le nombre des sentinelles sera plus ou moins considérable, on pourra employer plusieurs caporaux de pose.

Le caporal de pose de la garde montante recevra la consigne de celui qui aura fait la pose précédente, et il se fera accompagner par lui, lorsqu'il ira poser les sentinelles pour la première fois.

Sur l'ordre qui lui sera donné par le commandant de la garde, de relever les sentinelles, il fera porter les armes et commandera n° 1, 2, 3, *etc.*, *en avant*. A ce commandement, les hommes appelés se placeront sur un ou deux rangs, suivant leur nombre, et le caporal les conduira aux endroits où ils doivent être posés.

Avant de partir, il présentera les sentinelles au chef de poste qui les inspectera comme il a été dit.

En allant relever les factionnaires, il portera l'arme dans le bras droit; les sentinelles le suivront, portant l'arme sur l'épaule droite et dans le plus grand ordre.

La pose des sentinelles commencera par celle placée devant les armes, qui seule ne sera pas tenue de suivre les autres, après avoir été relevée; on continuera ensuite en commençant par les factionnaires les plus éloignés.

Les sentinelles, en se relevant, se présenteront les armes l'une à l'autre, au commandement du caporal, et elles se donneront la consigne en sa présence, les autres hommes s'étant arrêtés à 6 pas derrière.

La consigne étant donnée, le caporal commandera: *Portez vos armes,* — *marche!* et l'ancienne sentinelle ira rejoindre les autres hommes.

En posant les sentinelles, le caporal s'assurera du bon entretien des guérites, etc., et en rendra compte au chef de poste en lui présentant les sentinelles relevées.

Des sentinelles.

Les sentinelles doivent être alertes et attentives à observer tout ce qui se passe près de leur poste; elles ne se laisseront pas approcher pendant la nuit et sortiront de leur guérite pour rendre les honneurs, quel que soit le temps.

Elles communiqueront leur consigne au chef de poste, quand il l'exigera, et ne se laisseront relever ou donner de nouvelles consignes que par les caporaux de leur poste.

Elles porteront l'arme sur l'une ou l'autre épaule, l'arme à la bretelle ou l'arme au pied, sans jamais s'appuyer sur le fusil.

Celles posées aux magasins à poudre feront faction avec un sabre ou une baïonnette, et déposeront leur fusil dans la guérite.

Pendant qu'elles seront en faction, elles ne pourront jamais quitter leurs armes, même dans leur guérite, ni s'asseoir, chanter, siffler ou parler à personne, sans nécessité, ni, en se promenant, s'écarter de leur poste à plus de 30 pas, et empêcheront que l'on fasse des ordures ou dégradations à proximité de leur poste.

Quand le poste devra prendre les armes, la sentinelle criera : *Aux armes!* et quand la garde devra sortir sans armes, la sentinelle criera : *Hors la garde!*

Lors de la visite du commandant de la place ou d'un adjudant de place, la sentinelle du poste criera : *Aux armes!* la garde sortira et se mettra au port d'arme, à moins que le poste ne soit commandé par un officier plus ancien ou plus élevé en grade, auquel cas l'adjudant de place devra s'adresser au chef du poste, pour que celui-ci ordonne à la garde de prendre les armes ; le chef de poste ne se mettra pas dans les rangs et remettra le commandement à celui qui le suit.

Quand une sentinelle apercevra un incendie pendant la nuit, elle criera : *Au feu!* Cet avertissement passera de sentinelle en sentinelle jusqu'au poste.

Les sentinelles s'arrêteront et porteront les armes lorsqu'il passera à portée d'elles, soit une troupe, soit des officiers, de quelque corps qu'ils puissent être.

Elles présenteront les armes pour le Roi et les membres de la Famille royale, pour les généraux, les officiers supérieurs, le commandant de la place, quel que soit son grade, l'auditeur militaire, pour les drapeaux des régiments, un convoi militaire et le saint sacrement.

Quand le Roi se trouvera dans une place qui n'est pas sa résidence permanente, les sentinelles porteront les armes pour les officiers de tous grades.

Il en est de même pour les sentinelles aux palais et châteaux du Roi et de la Famille royale.

Les sentinelles porteront les armes aux commandeurs, officiers et chevaliers de l'Ordre de Léopold; elles les présenteront aux grands-officiers et aux grands-cordons.

Les personnes décorées de la Croix de fer ont droit aux honneurs du port d'armes.

Les officiers de la garde civique et de la marine royale recevront les honneurs dus à leur grade.

Il en sera de même à l'égard des membres de l'intendance et des officiers du service de santé.

Tous les honneurs précités seront également rendus aux officiers qui sont au service des puissances étrangères, et suivant leur grade.

On ne rendra les honneurs ni après la retraite, ni

avant le réveil. Pendant la nuit, les sentinelles ne présentent les armes que pour les rondes et patrouilles.

S'il arrivait qu'une sentinelle fût insultée ou frappée, elle arrêtera l'agresseur et le tiendra dans sa guérite jusqu'à la première pose, pour le faire conduire à la grand'garde.

Lorsqu'il se commettra quelque désordre à proximité d'une sentinelle, elle criera : *A la garde !* Cet avertissement passera de sentinelle en sentinelle jusqu'au poste.

Dans les places fortes, dès que la nuit sera arrivée, elles crieront d'une voix forte à toute personne qui s'approche : *Halte là !* — *Qui vive?* Si, après avoir répété deux fois ce cri, l'on continue d'approcher, la sentinelle avertira qu'elle va tirer. Si, malgré cet avertissement, on continue d'avancer, elle tirera et appellera la garde.

Les sentinelles sur les remparts ne laisseront se promener sur la banquette ou dans les fortifications, que les officiers seulement, et la nuit elles ne laisseront passer que les rondes et les patrouilles.

Du commandant de la grand'garde.

La grand'garde est particulièrement chargée de maintenir l'ordre et la tranquillité dans l'intérieur de la place. C'est là que sont conduits tous les individus arrêtés par les autres gardes. S'ils sont militaires, le commandant de place, sur le rapport qui lui en est fait, prend à leur égard telle disposition que de droit; s'ils ne sont pas militaires, il les renvoie devant les officiers de police.

Une demi-heure après l'arrivée des gardes montantes, le commandant de la grand'garde recevra du bureau de la place le mot d'ordre cacheté. Il le fera parvenir aux chefs des autres postes par les caporaux qui lui apporteront les rapports du soir.

Les rapports ordinaires et extraordinaires de tous les postes se concentrent à la grand'garde ; à cet effet, le chef de cette garde adressera au commandant de la place deux rapports écrits, le premier vers le soir, après que les rapports de toutes les gardes seront rentrés, le second, dès que sa garde aura été relevée.

Le rapport du soir, qui devra contenir tout ce qui est survenu depuis l'arrivée de la garde au poste et les consignes extraordinaires qui lui auront été données, sera porté au bureau de la place par un sous-officier. Ce sous-officier le remettra respectueusement de la main gauche et en portant l'arme dans le bras droit. Le rapport étant remis, il se portera un peu en arrière et présentera les armes, jusqu'à ce que le commandant ait dit : *C'est bon.* Alors il portera l'arme, fera demi-tour à droite et retournera à la garde.

Le second rapport, qui embrassera les événements de la nuit et ceux du matin, sera remis au commandant de la place par le commandant de la grand'garde lui-même.

Le commandant de la grand'garde enverra, en outre, au bureau de la place une expédition des rapports que les autres chefs de poste doivent lui adresser en double le matin.

Il fera directement au commandant de la place tels rapports extraordinaires que les circonstances nécessiteront, et lui enverra sans délai ceux qu'il recevra des autres postes; mais il en tiendra note pour en faire mention dans son rapport général du soir ou du matin.

Des chefs de poste aux portes des forteresses.

Ils feront arrêter à 300 pas tout détachement qui se présente et enverront un sous-officier avec deux ou quatre hommes pour le reconnaître. Ce sous-officier viendra rendre compte du résultat de sa mission au chef de poste, celui-ci en fera rapport à la grand'garde et ne laissera entrer le détachement que sur l'ordre écrit du commandant de place ou d'un ordre verbal apporté par un adjudant de place.

Les trompettes et les parlementaires de l'ennemi ne dépassent jamais les premières sentinelles. Ils sont tournés du côté opposé au poste; au besoin, on leur bande les yeux. Un sous-officier reste avec eux pour faire observer ces dispositions et prévenir l'indiscrétion des sentinelles. Le commandant de la garde donne reçu des dépêches, les expédie immédiatement au commandant de la place et congédie le parlementaire. Cependant, si celui-ci avait pu recueillir des renseignements ou voir des ouvrages qu'il importerait de tenir cachés, le commandant du poste le fera retenir et rendra compte au commandant de place.

Les déserteurs, après avoir été désarmés, seront conduits au commandant de place; s'ils se présentent la nuit en grand nombre, le chef du poste de l'avancée ne les laissera approcher que successivement et avec précaution; il fera avertir sur-le-champ le commandant de place.

Quand il se présentera des voitures qui paraîtront suspectes, le chef de poste les visitera ou les fera visiter par le consigne de la porte. Si des voitures se trouvent sous la porte, la sentinelle fera arrêter celles qui arriveront du côté opposé, jusqu'à ce que les premières soient passées, et elle empêchera que des voitures s'arrêtent entre les ponts ou sous les portes ou sur les ponts.

Si un chariot vient à se casser, le commandant du poste fera prendre les armes et arrêtera la circulation jusqu'à ce que le chariot ait été retiré des ponts ou de dessous les portes.

Des consignes concernant l'ouverture et la fermeture des portes seront affichées dans les corps de garde; on s'y conformera ponctuellement.

Du piquet.

Le piquet se compose d'officiers, sous-officiers et soldats pris parmi ceux qui doivent marcher le lendemain pour le service du deuxième tour. Il est destiné à fournir les détachements et les gardes qui peuvent être commandés extraordinairement pendant les vingt-quatre heures. Il est commandé chaque jour, à la suite des hommes de garde.

Chaque bataillon fournit pour le piquet deux sergents, quatre caporaux, un tambour et quarante soldats. Le piquet est commandé par un capitaine ayant sous ses ordres deux lieutenants ou sous-lieutenants.

L'adjudant de semaine réunit le piquet en même temps que les gardes ; il est placé à douze pas en arrière de celles-ci et ne défile pas.

Les détachements et les gardes que fournit le piquet se composent des officiers, sous-officiers et soldats les premiers à marcher ; ceux qui marchent avant la retraite sont remplacés et ceux qui marchent après ne le sont que sur un ordre spécial.

On compte le service des piquets comme service du premier tour à ceux qui ont marché pour un détachement ou pour une garde, ou qui ont passé la nuit au bivouac.

Quand le piquet s'assemble pendant la nuit, l'adjudant-major et l'adjudant de semaine font prévenir les officiers et éveillent les sous-officiers sans bruit ni batterie de caisse. Les sous-officiers éveillent les soldats.

De l'officier supérieur du jour.

Quand le commandant de la place fait visiter les gardes par des officiers supérieurs, ceux de ces officiers qui font partie de la garnison, excepté les chefs de corps, seront tenus de faire ce service à tour de rôle. L'officier supérieur du jour est annoncé à l'ordre de garnison.

Avant la formation des gardes montantes, il ira chez le commandant de place, pour recevoir ses ordres ; s'il est supérieur en grade, les ordres lui seront envoyés. Il visitera les différentes gardes à l'heure fixée, les gardes sortiront et porteront les armes. Il examinera si elles sont en bon ordre ; il fera faire l'appel et se fera rendre compte du nombre de

sentinelles; ils s'assurera si elles ont été posées suivant les prescriptions ; il fera répéter les consignes
par les sentinelles, en présence du caporal, et les
comparera avec les consignes générales.

Si le commandant de place trouve bon de faire
effectuer cette visite pendant la nuit, l'officier désigné recevra le mot du commandant de la garde par
laquelle il devra commencer sa ronde.

Il rendra compte au commandant de place de ce
qu'il aura observé pendant ses visites.

De la retraite.

En temps de paix, la retraite sera battue à neuf
heures, pendant les mois d'été ; à huit heures, pendant les mois de printemps et d'automne ; à sept
heures, pendant les mois d'hiver, aux portes des
casernes par les tambours de garde à la police.

Le commandant de place pourra cependant
la faire battre plus tôt ou plus tard, suivant les circonstances.

Des rondes.

Les officiers et sous-officiers qui devront faire la
ronde seront commandés à l'ordre, immédiatement
après ceux qui devront monter la garde le lendemain, et de la même manière.

Ils iront prendre les ordres du commandant de la
place, à l'heure du rapport, et prendront le mot du
commandant du poste d'où ils devront partir pour
commencer la ronde.

La ronde se fait à pied et est accompagnée d'un
soldat portant une lanterne.

Les rondes partiront du poste désigné par le commandant de la place et suivront l'itinéraire déterminé par lui. Lorsqu'elles se rencontreront, elles se conformeront à ce qui est dit pour les patrouilles; celle du grade inférieur donnera le mot à l'autre.

Les officiers et les sous-officiers mettront réciproquement le sabre ou la baïonnette devant la poitrine, tant en donnant qu'en recevant le mot.

Si les rondes découvrent quelque chose qui intéresse la sûreté de la place, elles en avertiront sur-le-champ le poste le plus voisin, et se rendront ensuite chez le commandant de place, pour lui en rendre compte. Si la chose ne concerne que le bon ordre, elles se borneront à en prévenir le commandant du poste.

Quand la ronde sera faite par le commandant de place, elle sera appelée *ronde commandant*; on nommera *ronde major* celle faite par l'officier supérieur du jour; les autres rondes, y compris celles des adjudants de place, seront appelées suivant le grade de ceux qui les feront, savoir : *Ronde capitaine, ronde lieutenant, ronde sergent.*

Lorsque la sentinelle placée devant les armes verra arriver une ronde, elle criera : *Halte là!* La ronde s'étant arrêtée, elle criera : *Qui vive?* et dès qu'on aura répondu, elle criera : *Aux armes!* en désignant l'espèce de ronde, comme il est dit plus haut : *Ronde commandant, ronde major,* etc. Le commandant du poste fera aussitôt prendre les armes à sa garde, et le caporal de consigne se portera en avant avec deux hommes en se faisant éclairer par un soldat, s'il fait nuit. Il criera également : *Qui vive?* et quand on lui aura répondu, il criera : *Avancez au ralliement*, se mettra en défense contre celui qui s'avancera et recevra le mot de ralliement.

Si c'est le mot qui a été donné par l'ordre de la place, il criera au chef de poste : *La ronde est en règle !* portera et fera porter les armes aux soldats qui l'accompagnent.

Le chef de poste criera : *Avancez à l'ordre !* et se portera à quelques pas en avant de sa garde pour donner le mot d'ordre, si celui qui fait la ronde lui est supérieur en grade. Il recevra ce mot étant placé devant sa garde, si le commandant de la ronde lui est inférieur en grade.

Des patrouilles.

Les patrouilles ont pour objet le bon ordre, la tranquillité et la sûreté de la place. Si elles découvrent quelque chose qui y soit contraire, elles en avertiront sur-le-champ le poste le plus voisin ou le commandant de place.

Elles arrêteront tous les militaires n'ayant pas rang d'officier qui causeront quelque désordre, ou qui seront trouvés dans les rues ou dans les cabarets après l'heure de l'appel du soir, sans être munis d'une permission écrite.

Elles prêteront main-forte, lorsqu'elles en seront requises, aux officiers de police civile et judiciaire, ainsi qu'aux gardes du génie.

Elles arrêteront les individus pris en flagrant délit dans tous les cas prévus pour les commandants de garde.

Elles s'assureront de la vigilance des sentinelles,

et se feront communiquer par elles toutes les particularités survenues à leur poste.

Le commandant d'une patrouille donnera connaissance de tout ce qui intéresse la tranquillité de la place (incendie, etc.), au poste le plus voisin.

Lorsque les patrouilles se rencontreront, la première qui apercevra l'autre criera : *Qui vive?* l'autre répondra : *Patrouille !* en y ajoutant l'indication du corps.

La première patrouille devra ensuite se faire reconnaître, et si leur chemin est de se croiser, le mot sera donné à celle qui aura crié la première : *Qui vive?* Mais lorsqu'une patrouille commandée par un caporal en rencontrera une commandée par un sous-officier, ce sera à celui-ci à recevoir le mot.

Les patrouilles qui rencontreront des rondes, devront toujours donner le mot de ralliement, et elles s'arrêteront jusqu'à ce que la ronde se soit remise en marche.

Lorsque la sentinelle placée devant les armes apercevra une patrouille, elle l'arrêtera comme il a été dit pour les rondes. Dès qu'on aura répondu : *Patrouille*, la sentinelle criera : *Caporal hors la garde !* Celui-ci reconnaîtra la patrouille comme il est prescrit pour les rondes. Si la patrouille est en règle, le caporal portera et fera porter les armes à ses soldats, et la laissera passer.

Des honneurs.

Lorsque S. M. le roi se rendra dans une place, il y aura à son palais, avant son arrivée, une garde composée d'un bataillon avec le drapeau du corps et commandé par un colonel. Cet officier supérieur prendra les ordres et la consigne du grand-maréchal de la cour.

Les Princes auront une garde de cent hommes avec un drapeau, commandée par un capitaine et placée avant leur arrivée.

Les postes d'honneur se placent à droite en sortant du palais ou de l'hôtel. Lorsque la garde civique concourt à ce service, elle se range par exception à la gauche de la troupe de ligne, afin d'être plus rapprochée de la personne à laquelle les honneurs sont dus.

Il sera rendu des honneurs à toutes les personnes auxquelles le décret de l'an XII, sur les honneurs et préséances, en attribue, et à tout militaire gradé, suivant les distinctions ci-après :

Les ministres auront une garde de 60 hommes avec un drapeau, et commandée par un capitaine.

Un inspecteur général aura une garde de 30 hommes, commandée par un lieutenant et placée après son arrivée.

Les gardes aux palais et châteaux du Roi et de la Famille royale ne rendront les honneurs qu'au Roi et à la Famille royale.

Il en sera de même des autres gardes dans les places où le Roi ne fait qu'un séjour momentané.

Les gardes d'honneur ne rendent les honneurs qu'aux personnes supérieures ou égales en grade à celles pour qui elles sont placées.

Les gardes prendront et présenteront les armes pour le Roi et pour tous les membres de la Famille royale ; pour le drapeau d'un régiment ou d'une légion de la garde civique ; pour le saint sacrement et pour un convoi militaire ; les tambours battront aux champs et les officiers salueront du sabre. Elles présenteront également les armes pour tous les officiers généraux ; les tambours feront trois roulements pour les lieutenants-généraux et deux pour les généraux-majors.

Les gardes sortiront et porteront les armes pour tout commandant de place inférieur au grade de général-major, et pour une troupe armée qui passe à proximité du poste.

Les lieutenants-généraux auront deux sentinelles à leur porte ; les généraux-majors, les colonels et officiers supérieurs commandant une légion ainsi que les commandants de place en auront une.

Tout officier, sous-officier ou soldat rencontrant le Roi ou un membre de la Famille royale fera halte, front et saluera ; les sous-officiers et soldats armés, après avoir fait front, présenteront les armes. Les troupes se rangeront en bataille, présenteront les armes et les tambours battront aux champs. Ces dernières agiront de même en rencontrant le saint sacrement.

Les gardes descendantes ne rendent les honneurs qu'au Roi.

En passant près des officiers, les sous-officiers et soldats porteront l'arme sans s'arrêter.

Le sous-officier ou soldat, armé ou non armé, fera halte et front à quatre pas avant de saluer les officiers généraux et conservera cette position jusqu'à ce qu'il soit dépassé de quatre pas.

Quand deux troupes armées se rencontreront, elles se céderont mutuellement la droite ; si l'une d'elles marche avec le drapeau, l'autre se formera en

bataille, présentera les armes et les tambours battront aux champs.

Tout militaire doit, en toute circonstance, même
hors de service, de la déférence et du respect aux
grades qui sont supérieurs au sien, quels que soient
l'arme et le corps auxquels appartiennent ceux qui
en sont revêtus. L'inférieur prévient le supérieur en
le saluant, et le supérieur rend le salut.

Des honneurs funèbres.

Toute la garnison prendra les armes pour les lieutenants-généraux et pour les gouverneurs des places
de guerre décédés pendant qu'ils remplissaient ces
fonctions ; la moitié de la garnison, pour les généraux-
majors et les commandants de place décédés dans les
places qu'ils commandent.

Pour les colonels, la garnison fournira quatre
détachements ; pour les lieutenants-colonels, trois ;
pour les majors, deux ; pour les capitaines, un ; pour
les lieutenants et sous-lieutenants, un demi ; pour les
sous-officiers, un quart ; enfin, pour les caporaux,
un huitième de détachement.

Le convoi d'un colonel décédé à son corps sera
accompagné de la légion entière ; celui d'un lieutenant-colonel, de la moitié de la légion, avec le drapeau ; celui d'un major, du bataillon qu'il comman-
dait, avec le drapeau ; celui d'un capitaine, de la
totalité de sa compagnie ; celui d'un lieutenant ou
sous-lieutenant, de la moitié de sa compagnie ; celui
d'un sous-officier, de sa section, et celui d'un caporal,
de son escouade.

Les troupes commandées feront trois décharges

de leurs armes : la première, au moment où le convoi sortira de l'endroit où le corps était déposé ; la deuxième, au moment où le corps arrivera au cimetière ; la troisième, après l'enterrement. La poudre sera fournie par les magasins de l'État.

Les sous-officiers et soldats porteront l'arme à la bretelle.

Les officiers revêtus d'un grade honoraire ont droit aux honneurs dus à ce grade.

Les membres de l'intendance et les officiers de santé ont droit aux honneurs du grade auquel ils sont assimilés.

Les grands-cordons de l'Ordre de Léopold sont traités comme les lieutenants-généraux ; les grands-officiers, comme les généraux-majors ; les commandeurs, comme les colonels ; les officiers, comme les capitaines et les chevaliers, comme les lieutenants.

Lorsque la garnison entière marchera, les troupes seront commandées par l'officier général ou supérieur du grade le plus élevé, où le plus ancien dans le grade le plus élevé employé dans la garnison.

Quand une partie seulement de la garnison marchera, le commandement des troupes sera donné à un officier du même grade que celui à qui l'on rendra les honneurs funèbres ; il en sera de même quand ce seront des détachements qui marcheront.

Il n'y aura de musique militaire au convoi que quand l'escorte d'honneur sera formée de deux détachements au moins. Cependant, lorsqu'il s'agira d'honneurs à rendre aux officiers morts en activité de service à leur régiment, ainsi qu'aux membres de l'Ordre de Léopold décédés dans les mêmes conditions, la musique marchera avec les troupes qui accompagneront le convoi.

Les coins du poêle seront tenus par quatre personnes de rang ou grade égal au défunt, ou, à défaut, par celles du rang ou grade immédiatement inférieur.

Il sera mis des crêpes aux drapeaux ou guidons qui marcheront aux convois; les tambours seront couverts de serge noire; il sera mis des sourdines et des crêpes aux trompettes.

Tous les officiers porteront le deuil de leur colonel pendant un mois; il consistera en un crêpe au sabre. Les deuils de famille ne seront portés qu'au bras gauche.

Les frais des funérailles seront faits par l'État pour tout militaire mort sur le champ de bataille, ou dans les trois mois, des suites de ses blessures.

NOTIONS DE BARAQUEMENT.

Front de bandière.

C'est la ligne sur laquelle on établit le premier rang de tentes ou de baraques qui fait la tête du camp. C'est à partir de cette ligne que l'on mesure la profondeur du camp et l'espace nécessaire en avant pour ranger les troupes en bataille.

L'étendue du front de bandière est égale au front de la troupe en ligne.

Dimensions des baraques.

On compte pour chaque homme, lorsqu'il est couché, trois pas de long sur un de large, non compris une allée à ménager aux pieds des hommes pour le passage.

Les baraques de 8 hommes ont 8 pas de long sur 4 de large.

— 9	— 9	— 4
— 10	— 10	— 4
— 11	— 11	— 4
— 12	— 6	— 7
— 14	— 7	— 7
— 16	— 8	— 7
— 18	— 9	— 7
— 20	— 10	— 7

Les hommes sont couchés sur un rang dans les baraques de 8, 9, 10 et 11 hommes.

La hauteur intérieure ne doit pas avoir moins de 2^{m}80 dans la partie servant d'allée.

La construction des baraques demande beaucoup de temps, exige un grand nombre d'outils et de matériaux; on les emploie pour les troupes appelées à séjourner longtemps, tandis que dans les camps passagers on se sert plutôt d'abris. Nous nous contenterons donc de décrire ceux-ci.

Abri (fig. 1).

Il se compose de fermes [1] reposant sur la terre et portant une couverture en paille. Les fermes sont espacées de mètre en mètre. Les arbalétriers pénètrent en terre de 0^{m}10 environ; ils sont fixés à des piquets par des harts, des cordes ou des liens en paille, et reliés entre eux par un entrait à 2 mètres au dessus du sol. Dans l'un des pignons on construit une porte clayonnée en paille. La largeur de l'abri, au niveau du sol, doit être de 4^{m}80 et sa hauteur, sous le faîte, de 2^{m}80.

Deux rangées de piquets reliés par des clayonnements forment, au milieu de l'abri, une allée de 0^{m}70 de largeur, qui doit rester libre pour la circulation.

La paille qui remplace les lits de camp se met de chaque côté, et les sacs sont adossés contre ces petites séparations pour servir d'oreillers. Les hommes, lorsqu'ils sont couchés, ont ainsi les pieds tournés vers les versants.

---

[1] Une ferme consiste en deux piquets se croisant près de l'extrémité supérieure et reliés au pied par une traverse.

Chevalet.

On place auprès un chevalet d'armes (fig. 2), formé avec des perches assemblées par des harts.

Quand l'abri est terminé, on creuse en dehors une petite rigole pour recevoir les eaux de la pluie. Cette rigole règne à 0^m30 des versants; elle a 0^m15 de profondeur et 0^m40 de largeur. Les versants sont relevés vers le bas, afin de projeter l'eau dans la rigole.

Cuisine de campagne (fig. 3).

Dans l'alignement fixé pour la cuisine, on creuse une tranchée de 0^m60 de profondeur et de 1 mètre de largeur au fond, à talus très raide d'un côté, et de l'autre côté, avec des gradins pour y descendre. Avec les terres qui en proviennent, on forme un petit remblai parallèle au bord de la tranchée, en laissant une berme d'un mètre. Sur cette berme, à 0^m40 du bord, on marque l'emplacement des centres des fourneaux, à 1 mètre les uns des autres. Chaque fourneau est pour deux marmites. On en trace le contour à l'aide de ces marmites, qu'on accole par leur face plane et qu'on pose sur le terrain, de manière que leur plan de tangence soit perpendiculaire à la direction de la tranchée.

Le trou pour loger les marmites a 0^m18 de profondeur, pour qu'on puisse y engager les marmites jusqu'aux anses. On creuse 0^m20 de plus pour former le foyer, en laissant une retraite de 4 à 5 centimètres pour supporter les marmites.

Le foyer communique avec la tranchée par une bouche percée dans le talus et légèrement rétrécie vers l'ouverture.

La cheminée est adossée au remblai ; on la construit en gazons sur 0ᵐ60 de hauteur. Le conduit a 0ᵐ12 de côté ; il communique au foyer par une petite tranchée horizontale recouverte de gazons.

Mais les cuisines formées de simples rigoles sont préférables à tous les autres systèmes ; elles sont faites plus rapidement, ne sont pas sujettes à devoir changer de position pour le vent et brûlent parfaitement du bois ou du charbon. Quand la troupe devra séjourner pendant quelque temps, il faudra donner à la rigole la forme d'une croix dont les extrémités seront tracées en éventail, afin de permettre de s'en servir par tous les vents.

Latrines (fig. 4).

Les latrines ne se construisent que dans le cas où la troupe doit passer plus d'une nuit au bivouac ; elles consistent en une tranchée de 0ᵐ90 de profondeur et de 0ᵐ60 de largeur, dont les talus sont inclinés au quart. Cette tranchée doit avoir environ 5 mètres de longueur pour un demi-bataillon. Les terres provenant du déblai servent à exhausser le bord extérieur. Le bord intérieur est garni d'une perche servant de siége et d'une perche plus mince servant d'appui. L'une est à 0ᵐ38 du sol et l'autre à 0ᵐ76. Toutes deux sont fixées avec des cordes ou des harts à de petits chevalets composés de deux piquets fichés en terre. L'un de ces piquets a 1ᵐ50 de longueur, l'autre 2 mètres.

Lorsque le bivouac est transformé en camp, les latrines sont masquées au moyen de branchages ou de murs en gazons.

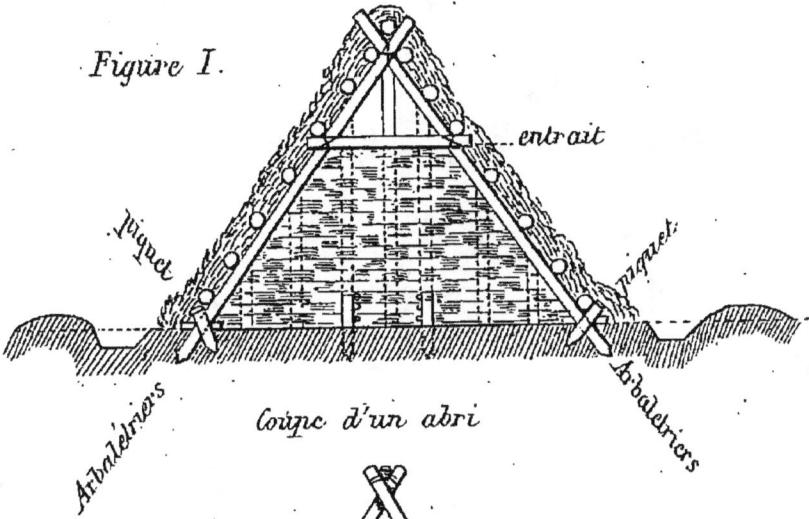

Figure I.

entrait

Piquet

Piquet

Arbalétriers

Arbalétriers

Coupe d'un abri

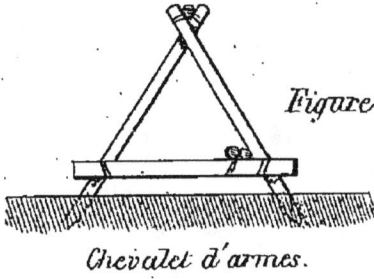

Figure II.

Chevalet d'armes.

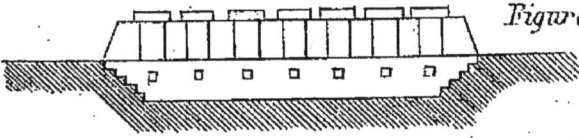

Figure III.

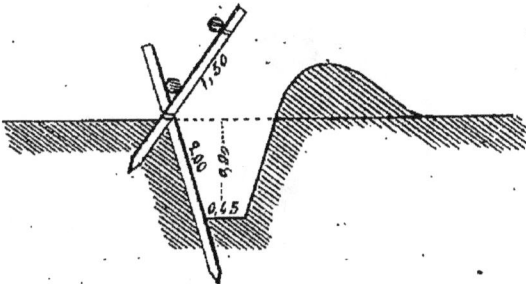

Figure IV.

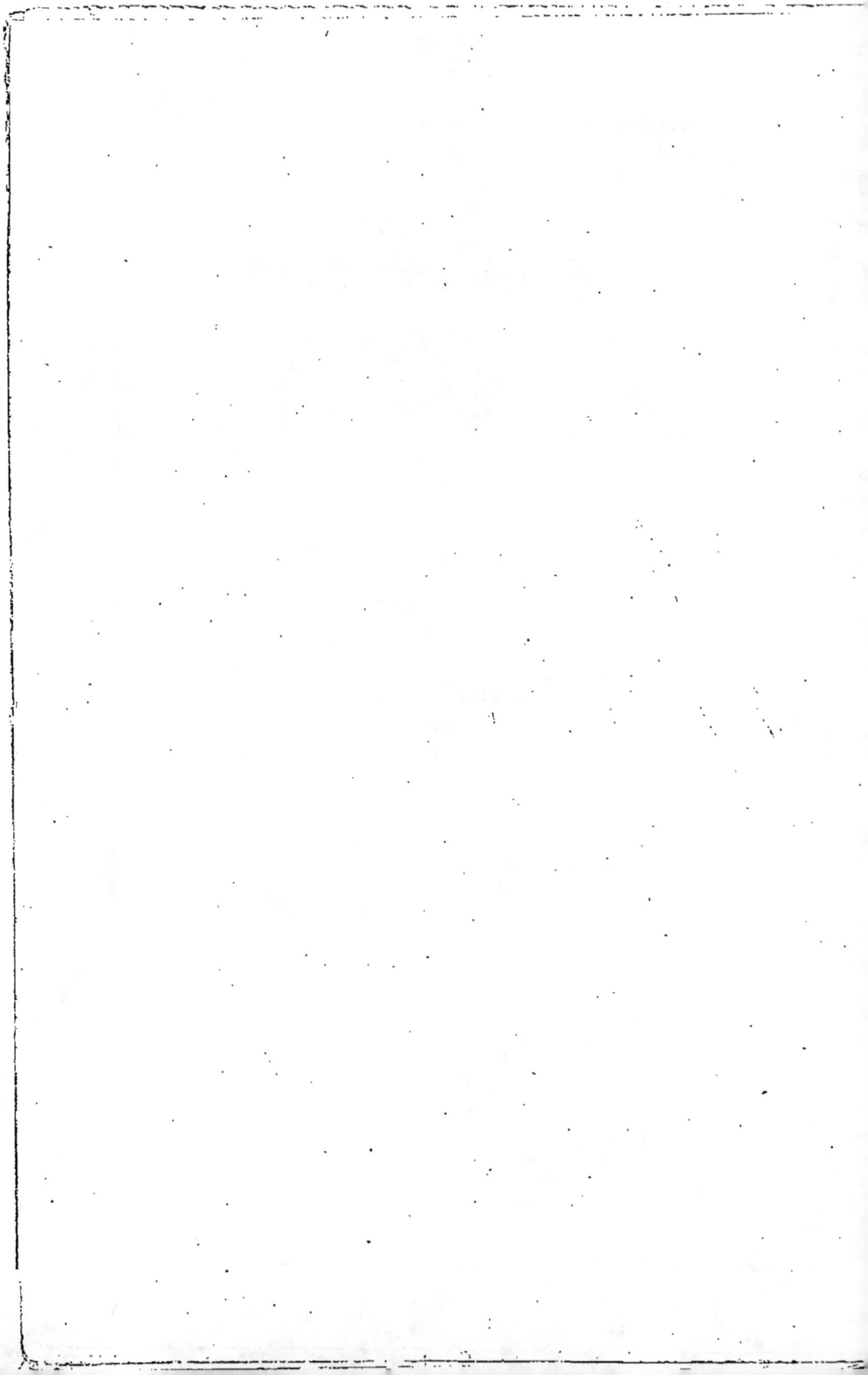

FORTIFICATION.

Définition.

La fortification est l'art de mettre les troupes établies sur une position, en état de résister avec avantage contre un ennemi supérieur en nombre. On y parvient en changeant les formes du terrain.

Elle se divise en deux parties :

1° *La fortification passagère*, qui a pour but d'organiser la défense sur des points d'une importance momentanée.

Dans la passagère, il faut agir au plus vite ; les ouvrages doivent être établis au moment du besoin ; on ne peut employer que les matériaux que l'on a sous la main ; il faut une prompte appréciation des ressources que la localité présente.

2° *La fortification permanente*, qui s'occupe de la construction des places fortes établies aux points stratégiques principaux d'un pays.

Points stratégiques.

Ce sont les points d'une importance telle, que l'on doit toujours en rester maître. Ils se trouvent sur des voies de communication, telles que grand'routes, cours d'eau, vallées dans les pays de montagnes, etc.

Le rôle des places fortes qu'on y établit est d'arrêter la marche de l'ennemi, en cas d'invasion, ou de faciliter l'irruption en pays étranger, en cas de guerre hors du territoire.

Position.

On appelle position l'espace de terrain sur lequel une armée est établie, afin d'y combattre dans des conditions avantageuses, quel que soit le but à atteindre.

Retranchement.

On entend par retranchement tout obstacle, soit naturel, soit artificiel, qui garantit des approches de l'ennemi et offre un abri contre ses coups. (Les cours d'eau, inondations, levées de terre, murs, bois, etc.)

Un ouvrage ou retranchement se compose d'un parapet et d'un fossé.

Parapet.

C'est la masse de terre élevée au dessus du terrain naturel pour arrêter les projectiles de l'ennemi ou pour éviter la lutte corps à corps.

Fossé.

C'est l'excavation qui forme obstacle en avant de l'ouvrage et qui fournit les terres nécessaires pour l'établissement du parapet.

Manière de représenter la fortification.

La forme du parapet et du fossé se représente sur le papier, au moyen de deux figures :

1° *Le plan*, qui indique toutes les dimensions en sens horizontal (longueur et largeur);

2° *Le profil* ou coupe indiquant les dimensions en sens vertical (hauteur et profondeur).

Hauteur.

La hauteur d'un retranchement doit être telle, qu'à l'intérieur on soit à l'abri des coups de feu tirés du dehors et des vues d'un cavalier ; cette hauteur sera donc de 2 mètres pour le premier cas, de 2ᵐ50 pour le second, et ne dépassera jamais 4 mètres, pour ne pas compliquer la construction de l'ouvrage.

Épaisseur.

L'épaisseur du parapet varie entre 1 et 5 mètres, elle doit être proportionnée à la pénétration des projectiles et elle dépend de la nature des terres.

— 262 —

Forme du parapet et du fossé d'un retranchement; nomenclature de leurs parties (fig. 1).

LL', ligne de terre, c'est à dire la surface du terrain naturel;

A B C D, profil ou coupe du fossé;

E F G H I M, profil ou coupe du parapet;

A B, talus de contrescarpe;

B C, fond du fossé;

C D, talus d'escarpe;

D E, berme;

E F, talus extérieur;

F G, plongée;

G H, talus intérieur;

H I, banquette;

I M, talus de banquette;

M L, terre-plein.

Ces plans se coupent deux à deux suivant des lignes qu'on appelle *arêtes*. La ligne supérieure porte le nom de *crête* et celle inférieure de *pied* des plans auxquels ces lignes appartiennent. D'après cela, A*a* sera la crête et B*b* le pied de la contrescarpe; C*c* le pied et D*d* la crête de l'escarpe; E*e* le pied et F*f* la crête du talus extérieur; F*f* sera aussi le pied de la plongée; H*h* sera le pied du talus intérieur; I*i* la crête et M*m* le pied du talus de banquette.

La ligne G*g* a le nom de *magistrale* ou *ligne de feu*; c'est par cette ligne qu'on représente la fortification, quand on ne veut en dessiner aucun détail.

Dimensions.

Le talus d'escarpe A B et de contrescarpe C D doivent être aussi raides que possible, afin de rendre difficile la descente dans le fossé et l'escalade du parapet. Ces deux talus ne peuvent avoir la même inclinaison, car la contrescarpe doit simplement se soutenir, tandis que l'escarpe doit supporter en plus le poids du parapet et est exposée directement aux projectiles de l'ennemi. On donne à la contrescarpe la moitié et à l'escarpe les deux tiers du talus naturel des terres.

On appelle *talus naturel des terres*, l'inclinaison que prennent les terres lorsqu'elles sont rejetées sur elles-mêmes. Formons de cette façon un petit monticule $x\, y\, z$ (fig. 2), qui ait un mètre de hauteur $y\, p$ et pour base $x\, p$. Pour chaque mètre de profondeur du fossé, nous prendrons la moitié de $x\, p$ de base pour la contrescarpe, en sorte que, si le fossé a 4 mètres de profondeur, par exemple, la moitié de 4 sera la base du talus de contrescarpe, et les deux tiers de 4, celle du talus d'escarpe.

Le fossé, pour avoir quelque valeur, doit avoir au moins 2 mètres de profondeur et 4 mètres de largeur en haut.

La berme D E est un petit plan horizontal dont le but est de reculer la charge du poids du parapet, afin d'empêcher son éboulement et celui de l'escarpe. Elle a pour inconvénient de diviser la hauteur à escalader et d'offrir ainsi à l'assaillant un point d'appui à l'abri des feux de la fortification où il peut organiser ses forces. Ces défauts sont tels, qu'on supprime la berme chaque fois qu'on le peut en la recoupant après la construction du parapet. Si la mobilité des terres ne permet pas de la recouper, on y met des défenses accessoires que nous verrons plus loin. Sa largeur varie de 0ᵐ30 à 0ᵐ60 et 1 mètre au maximum.

Le talus extérieur E F sert à soutenir les terres du parapet du côté de l'ennemi. Pour éviter que les projectiles le dégradent facilement, on lui donne l'inclinaison du talus naturel des terres (1 mètre de base pour 1 mètre de hauteur).

La plongée F G forme la partie supérieure du parapet; elle doit être telle que l'ennemi soit battu le plus près possible de la contrescarpe. Son inclinaison varie du 1/4 au 1/8, mais ordinairement elle est du 1/6 du talus naturel des terres.

Le talus intérieur G H doit être tel que les hommes puissent mettre aisément en joue au-dessus de la plongée tout en étant couverts; sa hauteur G H s'appelle hauteur d'appui, elle est invariablement de 1^{m}30; Hh' varie du 1/3 au 1/4 de la hauteur Gh'.

La banquette I H est un plan horizontal sur lequel se placent les défenseurs, sa largeur est de 0^{m}65 pour un rang de défenseurs et de 1^{m}20 pour deux.

Le talus de banquette I M doit être aussi doux que possible, afin de permettre aux hommes de descendre même à reculons et en chargeant les armes; aussi sa base Mi' est généralement double de sa hauteur Ii'.

Le glacis A L est la ligne qui se trouve en avant du fossé.

Le profil qui vient d'être décrit est le profil ordinaire, mais il est à remarquer qu'un ouvrage pareil exige un travail considérable et que, avec les armes actuelles, dans la plupart des cas où l'on doit faire usage de la fortification passagère, il ne s'agit plus de se séparer de l'ennemi par un grand fossé, mais bien de se mettre à couvert contre ses projectiles. De plus, si à un moment donné on veut reprendre l'offensive et charger l'ennemi, l'ouvrage constitue un obstacle pour les défenseurs, qui ne peuvent le franchir; pour en sortir, ils sont forcés de passer par de petites ouvertures, à 2 ou 3 de front; dans ces conditions, la charge ne peut plus avoir l'élan et l'ensemble qu'elle aurait si, au moment donné, les hommes pouvaient franchir le parapet et tomber sur l'ennemi. On n'emploiera donc le profil ordinaire que quand le temps permettra de terminer un ouvrage sans être inquiété et lorsque cet ouvrage sera créé en vue d'une défense passive.

La mousqueterie ayant fait d'immenses progrès sous le rapport de la portée, de la justesse et de la rapidité du tir, il est indispensable de mettre les troupes à couvert contre les coups de l'ennemi; à cet effet, il faut ou bien utiliser les couverts naturels (plis de terrain, bois, clôtures, chemins creux, etc.) ou bien construire des abris artificiels.

Tranchées-abris.

Les tranchées-abris ont pour objet principal de garantir les troupes contre les feux de l'infanterie, tout en offrant peu de prise aux coups de l'artillerie. Elles ont, en outre, l'avantage de rendre moins certain le tir de l'ennemi, qui ne pourra en apprécier les résultats, et de fournir aux défenseurs un appui de hauteur convenable pour leur arme.

Il est bien constaté que les couverts les plus efficaces sont ceux en terre, construits avec des outils portés par la troupe et établis de façon à rendre faciles les retours offensifs.

18

Le profil (fig. 3) représente une tranchée ayant 0^m50 de profondeur sur 1^m30 de largeur; en avant, un parapet de 0^m60 de hauteur, ayant pour profil un trapèze isocèle dont la base inférieure est de 1^m70 et la base supérieure de 0^m50. Entre le déblai et le remblai, une berme de 0^m30.

La tranchée peut recevoir deux rangs de défenseurs et le remblai peut résister à la mousqueterie. Les hommes ont un couvert de 1^m10 et ceux qui ne font pas le coup de feu peuvent s'abriter complétement en se mettant à genoux dans le fossé, en s'asseyant sur la berme ou sur le revers de la tranchée.

Ce retranchement ne constituera pas un obstacle pour les défenseurs, qui peuvent le franchir avec facilité pour un retour offensif.

On peut mener la construction de telle sorte que l'ouvrage, en voie d'exécution, puisse servir de couvert au soldat à genoux ou tout au moins couché, si l'on était surpris par une attaque subite de l'ennemi.

En moins d'une heure l'ouvrage peut être achevé en y employant le tiers des troupes qui doivent l'occuper.

Profil pour l'artillerie (fig. 4).

Pour l'artillerie on fait un épaulement de 0^m90 de hauteur sur 3 mètres de largeur. Le fossé se trouve du côté de l'ennemi.

La hauteur de 0^m90 couvre la pièce, mais ne suffit pas pour mettre les hommes à l'abri. Pour remédier à cet inconvénient, on creuse des rigoles dans lesquelles les tirailleurs peuvent se retirer quand ils ont terminé le service de la pièce.

Du tracé des fortifications.

Le relief d'une fortification (dimensions en hauteur) doit être le même en terrain horizontal, mais il n'en est pas ainsi du tracé qui varie avec les formes du terrain, avec le but qu'on se propose et avec la direction des chemins qui conduisent à la position fortifiée; ainsi, par exemple, si le but est défensif, la fortification doit être continue; si le but est offensif, elle doit être composée d'ouvrages présentant de larges intervalles pour les retours offensifs.

Les lignes de la fortification doivent être dirigées de manière à battre l'ennemi par des feux croisés sur tous les accès par lesquels il peut arriver; enfin les formes du terrain viennent encore modifier la direction du tracé.

Examinons donc à quelles conditions le tracé doit satisfaire. D'abord, la forme d'une fortification ne peut être celle d'une ligne droite, car chaque point de la ligne droite n'est défendu que par un seul coup de feu; l'ennemi dans le fossé est à l'abri des feux qui partent de la fortification; enfin, quand celle-ci a été forcée en un point, l'ennemi menace en flanc tout le reste de la position.

La fortification ne peut prendre la forme d'une ligne courbe pour les raisons que nous venons d'indiquer, et de plus parce que ces lignes ne se prêtent pas à une défense mutuelle. Nous conclurons donc que la forme d'un bon tracé doit être celle composée d'une suite de rentrants et de saillants successifs, forme qui n'offre pas les inconvénients signalés plus haut (fig. 5).

On appelle (fig. 6) feux directs ou de face, ceux qui atteignent l'ennemi de face ; feux de flanc, ceux qui le prennent en flanc ; feux d'écharpe ceux qui le frappent entre la face et le flanc ; feux de revers, qui prennent l'ennemi à dos.

Soit A F C D E B (fig. 6), une ligne de fortification, on appelle ligne flanquée, une ligne telle que E B qui est battue suivant toute sa longueur par une autre ligne F C, que l'on nomme ligne flanquante ; La ligne C B qui unit le point le plus éloigné de la ligne flanquée B à la ligne flanquante C, s'appelle ligne de défense ; enfin, l'angle F C B entre une ligne flanquante et une ligne de défense, porte le nom d'angle de défense.

On appelle angle mort, la partie de terrain en dessous du prolongement de la plongée (F E C B A, fig. 1), c'est la partie où l'ennemi n'est pas atteint.

On entend par secteur sans feu (fig. 8) la partie A B C du terrain en avant d'un saillant et qui n'est pas battue par les feux de la fortification.

Principes pour le tracé des fortifications.

1° Le développement d'une fortification, c'est à dire la longueur de la ligne de feu, doit être proportionné au nombre des défenseurs. Car il faut que la fortification soit bien défendue en chacun de ses points, et on estime qu'il faut un homme par mètre courant pour une défense passable, deux hommes pour une défense forte, trois pour une défense tout à fait vigoureuse; en ayant soin d'ajouter toujours une réserve du tiers ou du quart.

2° La surface intérieure de l'ouvrage doit être aussi grande que possible. Car plus elle sera grande, plus on aura de place pour exécuter les manœuvres, pour loger les troupes, pour construire des abris, réduits, magasins, etc., etc., enfin, plus on aura de chances d'échapper aux projectiles de l'ennemi, ceux-ci tombant sur une plus grande étendue.

3° Tous les accès qui conduisent à la fortification doivent être battus de feu croisés.

4° Les lignes flanquées doivent être battues dans tous leurs points par les lignes flanquantes.

5° Les feux doivent toujours être supposés directs. Car dans une attaque de nuit le soldat tirera habituellement droit devant lui; du reste, les feux obliques sont mauvais et n'existent pas dans les règlements.

6° Les angles saillants ne peuvent être plus petits que 60°. Pour moins de 60°, le saillant lui-même serait trop facile à écrêter; plus un saillant est grand, plus le secteur sans feu devient petit, plus les manœuvres y sont faciles, etc.

7° Les angles rentrants doivent être compris entre 90° et 110°. Pour moins de 90°, l'angle offrirait l'inconvénient que les feux d'une face pourraient atteindre les défenseurs de l'autre.

Longueur des lignes.

Pour que les feux se croisent en avant des saillants, il faut que les côtés de ces saillants aient une longueur à portée des armes que l'on emploie.

Ces armes sont celles de l'infanterie et de l'artillerie ; mais comme celles de l'infanterie sont plus nombreuses, surtout pour les retranchements de campagne, et que, de plus, l'artillerie peut venir à manquer, on se priverait d'une grande partie de ses moyens si l'on recherchait la longueur des lignes pour une défense exclusive de l'artillerie. On admet donc de ne pouvoir donner aux lignes plus de 250 à 270 mètres de longueur, afin que les extrémités soient flanquées et que les feux les dépassent pour battre les secteurs sans feu.

La limite maximum est de 20 mètres, cette longueur permettant encore de battre l'angle mort.

Classement des ouvrages.

Ils forment trois catégories : les ouvrages ouverts à la gorge, les ouvrages fermés et les lignes.

Nous ne nous occuperons que des ouvrages ouverts à la gorge et de leur construction.

Ouvrages ouverts à la gorge.

Ce sont les retranchements qui ne circonscrivent qu'incomplétement la position à défendre. La partie ouverte prend le nom de gorge. Ils ne peuvent s'employer que lorsque le terrain en arrière est inaccessible ou quand on peut les appuyer à des points tels que l'ennemi ne puisse les tourner.

Ligne droite.

Elle n'est employée qu'exceptionnellement : dans un défilé très étroit, resserré entre deux montagnes

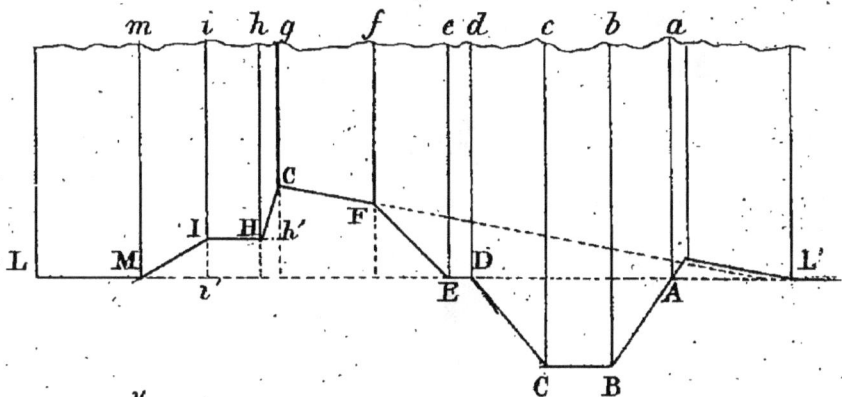

Fig. 1.

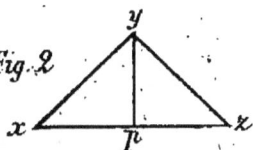

Fig. 2.

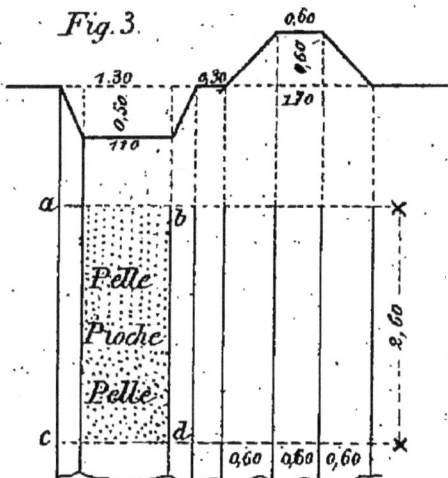

Fig. 3.

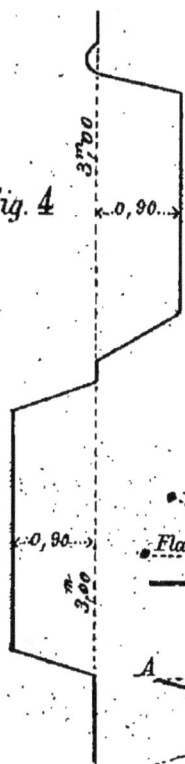

Fig. 4.

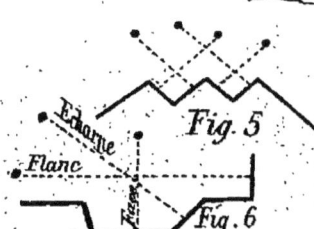

Fig. 5.

Fig. 6.

Écharpe

Flanc

Fig. 7.

Fig. 8.

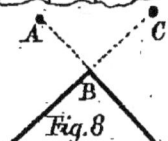

Fig. 9.

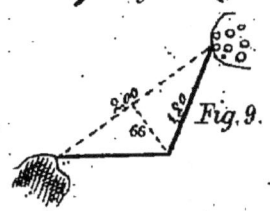

Pelle
Pioche
Pelle

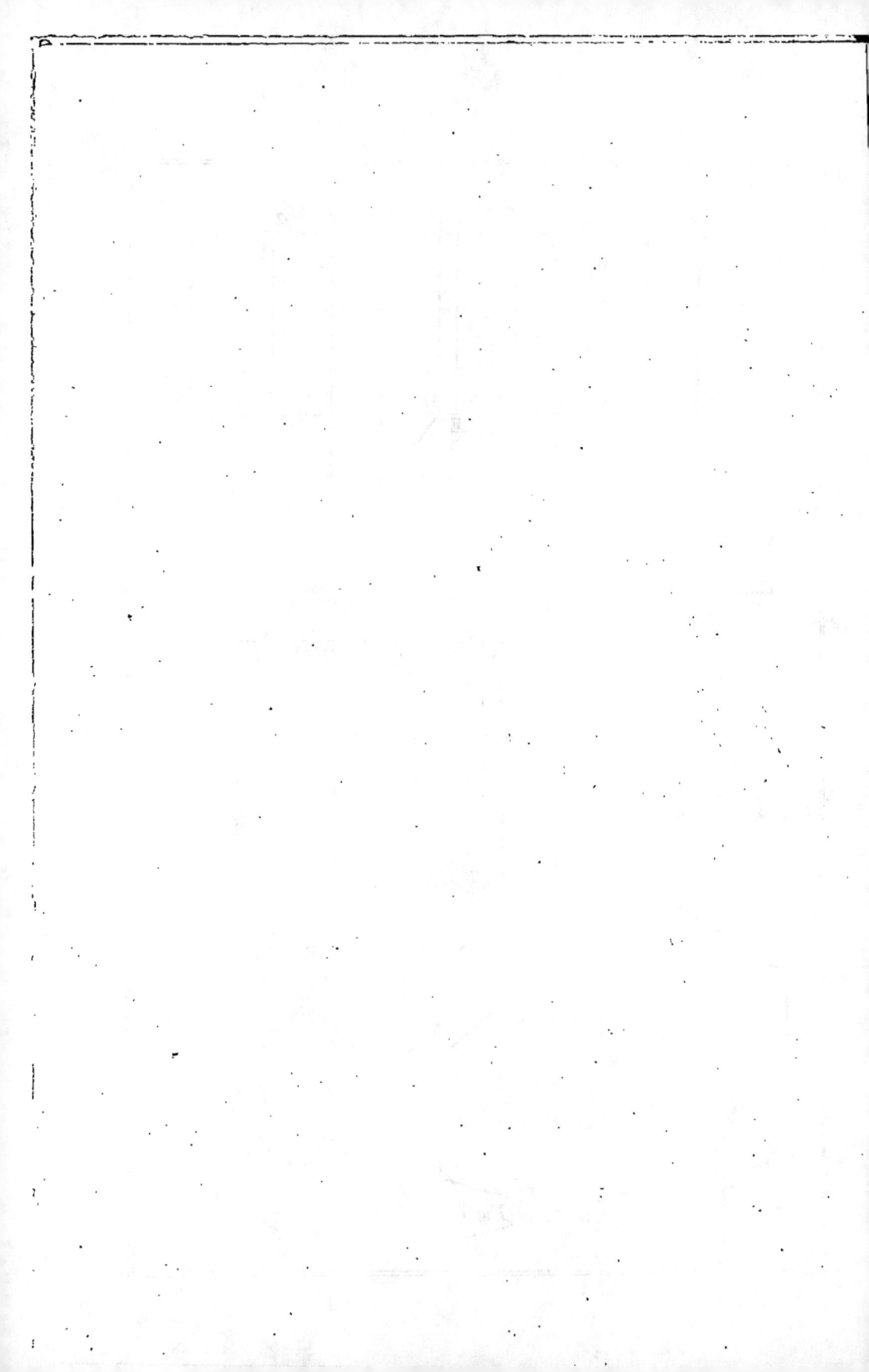

inaccessibles; pour défendre une route conduisant à un cours d'eau formant courbe concave. Il faudra toujours qu'elle soit appuyée à des obstacles naturels.

Flèche ou redan (fig. 8).

Quand les faces ont de 30 à 60 mètres, l'ouvrage prend le nom de redan; quand elles ont moins de 30 mètres, il s'appelle flèche. Ils présentent le saillant du côté de l'ennemi et peuvent servir pour garder un pont, garantir un petit poste destiné à défendre un camp, un poste avancé, ou pour défendre la tête d'un défilé, une porte, une ouverture dans une habitation ou un autre retranchement.

Tenaille (fig. 9).

Cet ouvrage présentant un angle rentrant du côté de l'ennemi, a ses flancs en l'air; il ne peut être employé avec avantage que lorsque ses extrémités sont appuyées à des obstacles naturels. La tenaille type a 200 mètres de front, 120 mètres de face et 66 mètres de capitale.

Lunette ou bastion (fig. 10).

La lunette se compose de deux faces ayant de 30 à 60 mètres de longueur et de deux flancs de 15 à 30 mètres de côté. Ses caractères sont les mêmes que ceux du redan; on l'emploie dans des circonstances tout à fait analogues, seulement quand le nombre de communications exige plus de deux lignes.

On entend par bastion (fig. 12) chacune des deux

lunettes réunies par une ligne droite ; la lunette est l'ouvrage isolé.

Redan à flancs (fig. 12).

C'est un redan ordinaire avec deux flancs perpendiculaires, à peu près de 20 mètres de longueur. Le but de ces derniers est de détruire les angles morts et les secteurs sans feu.

Queue d'haronde ou d'hironde (fig. 13).

Cet ouvrage se compose d'une tenaille ordinaire avec deux grandes branches. On l'emploie quand les flancs d'une tenaille ne peuvent être appuyés et quand il n'est pas possible de substituer à la tenaille un ouvrage présentant un saillant. Exemple : un pont établi au coude, formant saillie d'une rivière.

Front bastionné (fig. 14).

C'est un ouvrage dont les parties saillantes sont des lunettes ou bastions. On le trace sur une base variant de 150 à 400 mètres. Du milieu de cette droite A B, on abaisse une perpendiculaire du sixième au huitième de A B. On réunit l'extrémité de cette perpendiculaire P C aux deux extrémités A et B. De ces points, on prend sur les lignes A C et B C, des distances égales au tiers de A B et on mène des perpendiculaires F D, E K sur les lignes A D et B K ; on joint D K et l'on obtient le tracé bastionné A E K D F B.

A B est la longueur de front ; A E et B F, les faces ; E K et F D, les flancs ; D K, la courtine ; A D, B K, les lignes de défense; C P la perpendiculaire du front; B A E, l'angle diminué; B C A, l'angle de tenaille; D K E, l'angle de courtine, et K E A, l'angle d'épaule.

Quand deux fronts sont contigus, l'angle formé par les faces A E et A E', s'appelle l'angle flanqué, et la partie K E A E' K' prend le nom de bastion.

Bonnet de prêtre (fig. 15).

Cet ouvrage est composé d'une double tenaille avec deux branches.

Tête tenaillée (fig. 16).

Se compose d'une suite de tenailles faites sur une portion de polygone régulier.

Tête en crémaillère (fig. 17).

Se compose de grandes faces de même longueur et de petits flancs.

Ouvrage à cornes (fig. 18).

Formé de deux flancs réunis par un front bastionné.

Ouvrage à couronne (fig. 19).

Formé de deux flancs réunis par deux fronts bastionnés.

Ouvrage à double couronne (fig. 20).

Formé de deux flancs réunis par trois fronts bastionnés.

Ouvrage couronné.

Il prend ce nom lorsque les flancs sont eux-mêmes des fronts bastionnés.

CONSTRUCTION DES OUVRAGES.

La construction des ouvrages comprend : 1° le tracé et le profilement ; 2° les terrassements, et 3° les revêtements.

1° Tracé et profilement.

Le tracé est la projection horizontale des arêtes principales de l'ouvrage sur le terrain ; le profilement, la représentation du relief qui se fait au moyen de perches et de lattes.

Pour établir le tracé et le profilement, on se sert de lattes, de perches de 5 à 6 mètres, de jalons de 1m80 à 2 mètres, de piquets de 0m40 à 0m50, de maillets, d'un amorçoir pour enfoncer les piquets, de cordeaux de 50 mètres de longueur, de fils à plomb, d'un mètre, double mètre et quadruple mètre, d'un niveau de maçon, d'un niveau de pente, d'un marteau, de clous, de tenailles, de scies, de pioches et de triangles en cordes.

On commence par déterminer la place des saillants, l'épaisseur du parapet, la largeur et la profondeur du fossé. On calcule l'autre dimension du fossé.

On exécute ensuite le tracé et le profilement de la manière suivante :

La hauteur, la longueur et la direction des faces

Fig 10

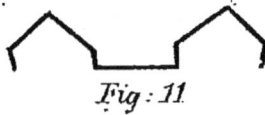

Fig : 11

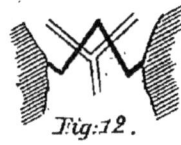

Fig: 12 .

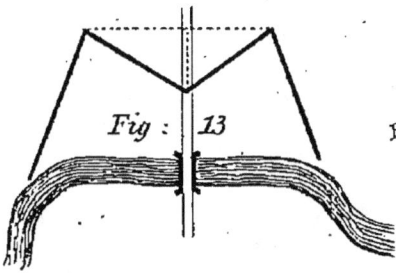

Fig : 13

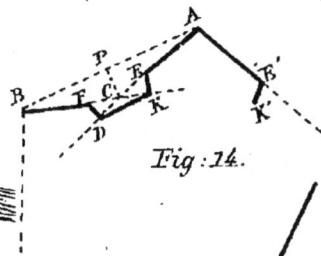

Fig : 14.

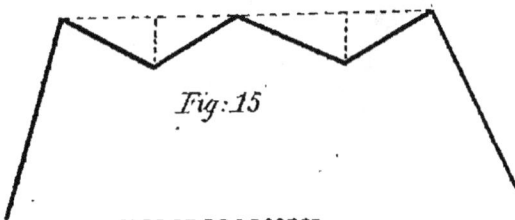

Fig: 15

Fig: 17

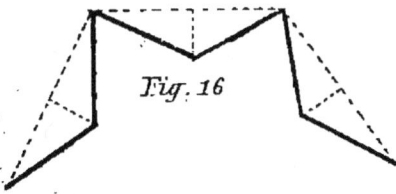

Fig. 16

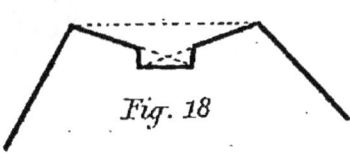

Fig. 18

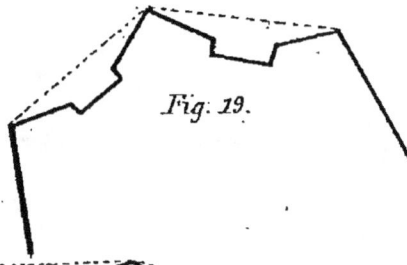

Fig. 19.

Fig. 20.

sont marquées par des perches placées aux saillants ; on creuse la ligne de feu et la trace du profil qui est perpendiculaire à cette ligne.

A P et M N (fig. 21) étant tracées, on enfonce un piquet P à leur point de rencontre sur lequel on cloue une latte Pp.

A une distance de P égale à l'épaisseur du parapet (soit 2 mètres), on plante un piquet O, sur lequel on cloue une latte Oo. La différence de hauteur entre les points p et o sera donnée par la pente de la plongée, soit 1/5 ; elle sera donc de 0^{m}40 et l'on prendra le point n à 0^{m}40 au dessous de p, on y cloue la latte $n\,o$. On fixe ensuite la latte $p'o$, direction de la plongée. Pour former le talus extérieur, on prend O F égal Oo, en F on enfonce un piquet et on cloue la latte oF.

On continue l'opération en prenant, à partir de P, une distance P Q égale à la longueur de la banquette. En Q on plante un piquet sur lequel on cloue la latte Qq. Sur Pp, on prend R situé à 1^{m}30 au dessous de p et on fixe la latte Rq où la banquette. A partir de R, on prend sur Rq une distance R S égale au tiers de pR, on fixe pS où le talus intérieur. Enfin, pour obtenir le talus de banquette, on prend à partir de Q une distance Q M double de Qp et on cloue la latte Mq.

On construit un second profil M' N' de la même manière et, pour que le travail marche plus vite, on en élève entre ces deux de 10 en 10 mètres.

On opère de la même façon sur l'autre, puis on établit le profil de la jonction des deux faces ; il est oblique et placé en capitale. Pour le construire, on creuse des rigoles M D et F E, M' D et F' E, à leur point de rencontre on enfonce des piquets, et les autres points sont déterminés par leurs projections.

Pour raccorder les crêtes extérieures on prend à partir de leur point de rencontre 0ᵐ50 à 0ᵐ60 sur leur projection. Aux points K et L ainsi obtenus, on plante des perches verticales et on place les lattes A K, A L, E K, E L. On fixe ensuite la latte K L et le profil de jonction est achevé.

Les profils qui soutiennent les faces sont généralement inclinés à 45°, c'est à dire que les lattes, au lieu d'être perpendiculaires au sol, sont inclinées à 45°.

Pour terminer, on indique le fossé au moyen de piquets à l'escarpe et à la contrescarpe; le nombre de piquets détermine ordinairement le nombre d'ateliers.

2° Terrassements.

Cette besogne nécessite la division de l'ouvrage et des travailleurs en ateliers.

L'atelier est donc une portion de l'ouvrage comprise entre deux plans verticaux et qui doit être exécutée par une brigade d'hommes, qu'on nomme également *atelier*.

CONDITION : Le déblai d'un atelier doit fournir les terres nécessaires au remblai correspondant.

Tous les ateliers doivent avoir le même travail et être assez larges pour ne pas gêner les hommes. Cette largeur varie, suivant le profil et les terres, entre 2 et 6 mètres; elle dépend du profil, parce que celui-ci indique le nombre de relais (le relais horizontal est de 4 mètres et le relais vertical, de

2 mètres) ; la largeur dépend des terres, parce que de la nature de la terre dépend le rapport entre les pelleteurs et les piocheurs. Plus le terrain est dur, plus il faudra de piocheurs par rapport aux pelleteurs.

Les ouvriers employés à la construction d'un ouvrage sont : des piocheurs, des pelleteurs, des remanieurs (pelleteurs qui jettent les terres de relais en relais), des régulateurs (égalisent les dernières terres jetées), des dameurs (tassent les terres égalisées par les régulateurs), et des taluteurs (règlent les talus au moyen de cordeaux tendus sur des lattes).

Pour obtenir le nombre de relais, on prend dans chaque atelier, la moitié de la distance du bord de la contrescarpe, au pied du talus de banquette ; ce qui donne la moyenne de la distance horizontale à faire parcourir aux terres ; et, divisant cette demi-distance par 4, on obtient le nombre de relais horizontaux.

Pour avoir le nombre de relais verticaux, on prend dans chaque atelier la moitié du relief, ce qui donne la distance moyenne à faire parcourir aux terres, et, en divisant cette distance par 2 (hauteur du relais vertical).

OPÉRATION À FAIRE POUR DÉTERMINER LE RAPPORT ENTRE LES PIOCHEURS ET LES PELLETEURS. — On fait piocher un homme pendant m minutes et l'on compte le nombre de minutes m' qu'il a fallu à un pelleteur pour enlever les terres piochées. Le rapport entre les pelleteurs et les piocheurs sera $\dfrac{m'}{m}$.

On dit que la terre est :

à une pelle, si $\dfrac{m'}{m} = \dfrac{1}{1}$ (1 pelleteur et 1 piocheur),

à deux — $\dfrac{m'}{m} = \dfrac{2}{1}$ (2 — 1 —),

à trois — $\dfrac{m'}{m} = \dfrac{3}{1}$ (3 — 1 —),

à une et demie — $\dfrac{m'}{m} = \dfrac{3}{2}$ (3 — 2 —).

CALCUL DU NOMBRE DE REMANIEURS. — Chaque relais exige un remanieur, donc dans chaque file de pelleteurs, il y aura autant de remanieurs qu'il y a de relais moins un, car le premier pelleteur est également remanieur ; et, dans tout l'atelier on aura :

Remanieurs = pelleteurs × relais — 1.

Mais ce nombre de remanieurs n'est pas nécessaire pendant tout le travail ; en conséquence, on divise le travail en périodes, on calcule le nombre de relais par période et de là le nombre de remanieurs.

Première période : On creuse le fossé à 1 mètre de profondeur et on calcule le nombre de relais.

Deuxième période : On creuse encore 1 mètre et on refait le calcul des relais nécessaires, et ainsi de suite.

Nombre de régulateurs, un pour deux ateliers ; *dameurs*, un ou deux par atelier ; *taluteurs*, deux par ateliers et quelquefois par deux ateliers ; généralement on en met un au talus extérieur et un au talus de banquette et au talus intérieur.

Avec le nombre d'hommes fixé comme nous venons

de le faire, on détermine le nombre d'ouvriers par atelier.

CALCUL POUR DÉTERMINER LA COMPOSITION DE CHAQUE ATELIER. — Soit : la terre à 1 1/2 pelle (3 pelleteurs pour 2 piocheurs); la distance de la contrescarpe au pied du talus de banquette égale à 22 mètres; le relief à 6 mètres.

On aura :

$$1° \text{ Relais horizontaux} = \frac{22}{2 \times 4} = \frac{11}{4}$$
$$\text{Relais verticaux} = \frac{6}{2 \times 2} = \frac{3}{2}$$
$$\Big\} = 4 \text{ en négligeant } \frac{1}{4}$$

2° Comme il y a 3 pelleteurs, on aura pour les remanieurs :

$3 \times (4 \text{ relais moins 1 relais}) = 9 \text{ remanieurs.}$

Nous aurons donc pour tout l'atelier :

3 pelleteurs, 2 piocheurs, 9 remanieurs, 1 régaleur, 1 dameur, 2 taluteurs, en tout 18 hommes ; en observant, bien entendu, que le nombre de remanieurs change à chaque période de travail.

DÉTERMINATION DES ATELIERS. — Connaissant le chiffre d'ouvriers pour un atelier, on lui donnera une largeur suffisante pour que les hommes n'y soient pas gênés ; il faut au moins un espace de 2 mètres entre chaque pelleteur.

Pour avoir l'emplacement de chaque atelier, on divise la contrescarpe en parties égales à la largeur de l'atelier, 6 mètres, par exemple (fig. 22), et la crête intérieure en un même nombre de parties égales et l'on joint les points de division par une petite rigole.

MÉTHODE DU TRAVAIL DANS CHAQUE ATELIER. — DÉBLAI. — Les ouvriers partent de l'escarpe vers la contrescarpe. Le déblai s'exécute par couche, et comme les pelleteurs creusent le sol verticalement, ils le commencent à une distance F I (fig. 21) de l'escarpe dans la direction verticale Ii (1 mètre), et vont ainsi jusqu'au point U en travaillant verticalement vers Uu, afin de ne pas dégrader le talus. Les points I et U sont marqués d'avance.

Après cette première couche, ils opèrent de la même façon pour les autres jusqu'au fond du fossé; sur les gradins de l'escarpe, se trouvent les remanieurs.

REMBLAI (fig. 23). — Il s'exécute par couche horizontale de 0m20 à 0m30 d'épaisseur. Les terres arrivant dans le coffre sont égalisées (régulateurs) et damées.

Les tatuleurs règlent immédiatement le talus de banquette, font ensuite le revêtement du talus intérieur et enfin le talus extérieur et la plongée. Les taluteurs recoupent ensuite les petits gradins ainsi que ceux du fossé, en commençant par la contrescarpe. Ces terres sont jetées sur la plongée.

Si l'on n'était pas certain d'avoir terminé avant l'arrivée de l'ennemi, on ne travaillerait plus par couches. On commencerait par creuser le fossé sur 1m30 de profondeur, de 1 mètre de largeur et on élèverait d'abord un remblai de 1m30 de hauteur et d'une épaisseur qui puisse résister à la balle. On continuerait la suite de l'ouvrage de la même manière.

CONSTRUCTION DE LA TRANCHÉE-ABRI (fig. 3). — Dans la tranchée-abri, deux compagnies sont employées à la construction du couvert d'un bataillon.

Le tracé est d'abord indiqué par les jalonneurs placés à environ 40 mètres l'un de l'autre ; entre ces jalonneurs on creuse à la pelle ou à la pioche une rainure qui indique l'un des bords de la tranchée, une seconde rainure à 1ᵐ30 de la première indique l'autre bord.

Le tracé étant terminé, on forme des ateliers *abcd*, de 2ᵐ60 de largeur, à chacun desquels on attache trois travailleurs, un piocheur et deux pelleteurs. Quelques profils, construits au moyen de lattes comme nous l'avons fait plus haut, indiquent l'emplacement et les dimensions du parapet. Les hommes travaillent sous la direction des officiers et des sous-officiers, qui feront d'abord jeter les terres de manière à augmenter simultanément l'épaisseur et le relief de l'abri, afin que, même inachevé, celui-ci puisse rendre des services dans le cas d'une attaque soudaine. On estime qu'en moins d'une heure le retranchement est achevé.

Devant l'ennemi, le profil de la tranchée-abri l'emporte encore sur le profil ordinaire sous le rapport de la construction, qui est évidemment de beaucoup plus avantageuse.

EMBUSCADE-ABRI (fig. 24). — Quand le temps ou les outils manqueront et lorsqu'on voudra abriter des tirailleurs en avant d'une ligne de bataille ou des tireurs de position, on pourra improviser une embuscade-abri, établie pour garantir un tireur couché. En quelques minutes, celui-ci pourra de la sorte se dérober presque entièrement au feu de l'ennemi et tirer avec précision, en se servant des coudes comme appui. En avant de l'embuscade, on plantera des branches pour la soustraire aux vues de l'ennemi.

3° Revêtements.

On emploie les revêtements pour rendre les talus plus raides que le talus naturel. Ils se font en gazons, en chiendent, en sacs à terre, en pisé, en fascines, en saucissons, en gabions, en claies, en paille ou en charpente.

DÉFENSES ACCESSOIRES.

Les défenses accessoires sont des obstacles que l'on ajoute aux ouvrages pour augmenter les difficultés opposées à l'approche de l'ennemi.

Il y en a de deux espèces : les premières, celles qui donnent prise aux coups de l'artillerie, se placent dans le fossé ; ce sont les palissades, les palanques, les fraises, les blockhaus, les chevaux de frise, les croix de Saint-André. Les autres se placent en avant de la contrescarpe ; ce sont les abatis, les chausse-trappes, les herses, les petits piquets, les haies en fil de fer, les trous de loup, les fougasses, les inondations.

Palissades-palissadement (fig. 25).

Les palissades sont des pieux à section triangulaire ou circulaire de 2ᵐ50 à 3ᵐ50 de longueur, de 0ᵐ15 à 0ᵐ20 d'épaisseur et terminés en pointes.

Un palissadement est une suite de palissades, soit jointives, soit espacées, de 6 à 8 centimètres, enter-

Fig: 23.

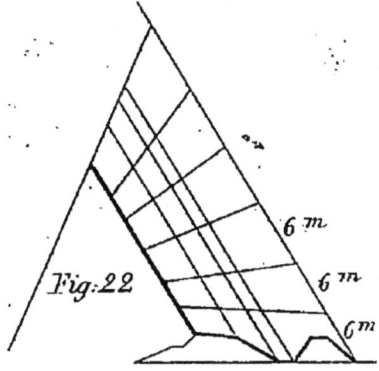

Fig: 22.

6^m

6^m

6^m

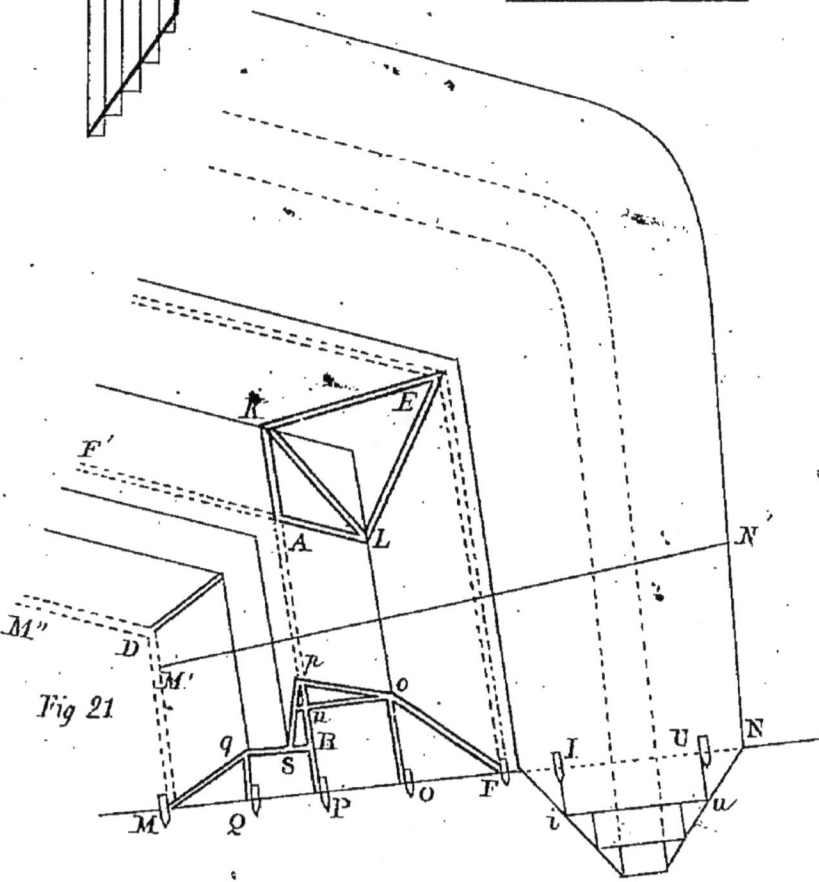

F'

N

K

E

A

L

M''

D

M'

Fig 21

p

o

q

n

B

I

U

N

S

O

F

M

Q

P

o

i

u

Fig: 24.

rées de 0m60 à 1 mètre de profondeur, réunies par un liteau placé à 1m30 de terre ou à 1m30 de la banquette, quand il y en a une.

La figure 26 indique l'emplacement que l'on peut donner aux palissades :

1° Au pied de l'escarpe, c'est un très bon obstacle, très difficile à franchir, mais il faut alors un flanquement, sinon l'ennemi arrivé dans le fossé pourrait détruire la palissade à coups de hache. On peut aussi la détruire à distance par les feux à trajectoire courbe.

2° La palissade établie au pied de la contrescarpe n'a pas ce dernier inconvénient et de plus, pour la détruire, l'ennemi doit se placer dans un angle très aigu où il manie difficilement la hache. En comblant l'angle compris entre la palissade et la contrescarpe, l'ennemi diminue la largeur du fossé et peut se servir de la palissade comme culée d'un pont.

3° Une palissade au milieu du fossé est une pile qui facilite l'établissement d'un pont, c'est pourquoi on l'incline pour diminuer sa hauteur.

4° La palissade établie derrière un glacis est complétement cachée à l'ennemi qui ne peut la détruire à distance, et s'il voulait le faire à coups de hache, il devrait affronter, à bout portant, le feu des défenseurs.

Palanques.

Les palanques diffèrent des palissades en ce qu'elles sont plus solides, plus épaisses; elles sont toujours jointives et percées de créneaux. On les emploie comme réduits, ou avec un tracé flanquant pour fermer la gorge des ouvrages, ou, enfin, pour barrer les passages dans les parapets.

Fraises (fig. 27).

Ce sont des palissades inclinées, plantées dans un talus ; elles ont les dimensions des palissades ordinaires, mais on les enterre à une plus grande profondeur (1^{m}30), où elles sont maintenues par deux pièces de bois, un coussinet en dessous, une lambourde au dessus.

Elles sont placées dans les talus d'escarpe et de contrescarpe, la pointe assez élevée, mais de préférence sur la berme, la pointe inclinée vers le bas.

Celles plantées dans l'escarpe doivent avoir une longueur telle, qu'elles ne puissent cacher l'ennemi arrivé dans le fossé et le mettre à l'abri des coups de feu des parties flanquantes.

Chevaux de frise (fig. 28).

Ce sont des corps d'arbres de 3 à 4 mètres de longueur et de 0^{m}20 à 0^{m}40 d'équarrissage. Les faces sont alternativement percées de trous espacés de 0^{m}15 d'axe en axe, et dans lesquels on introduit des fuseaux en bois de 2 à 3 mètres de longueur appointés aux deux bouts, ferrés s'il est possible, et dépassant également des deux côtés. Les corps d'arbres sont terminés par un crochet ou par une chaîne, afin d'en pouvoir relier plusieurs ensemble.

Ces accessoires sont peu employés, la construction en est difficile, le transport peu commode et la résistance peu sérieuse.

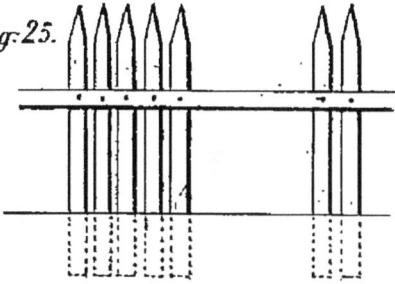

Fig. 25.

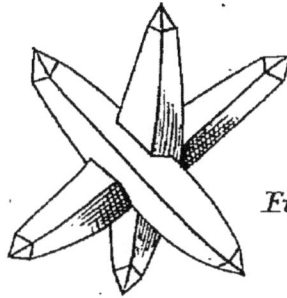

Fig. 29.

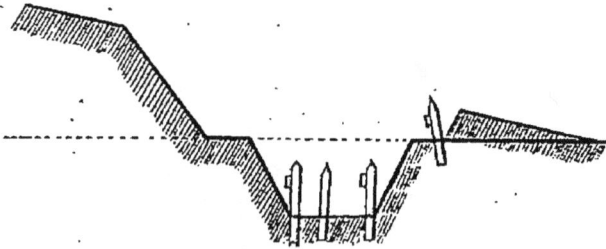

Fig. 26

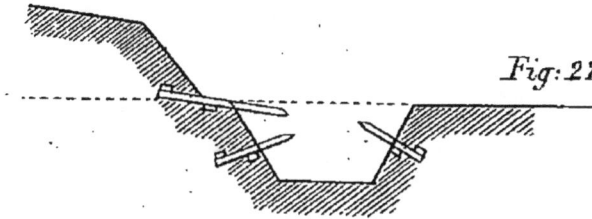

Fig. 27.

Fig. 28

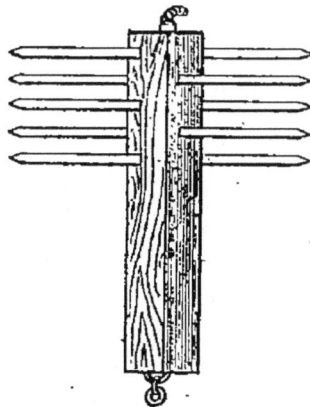

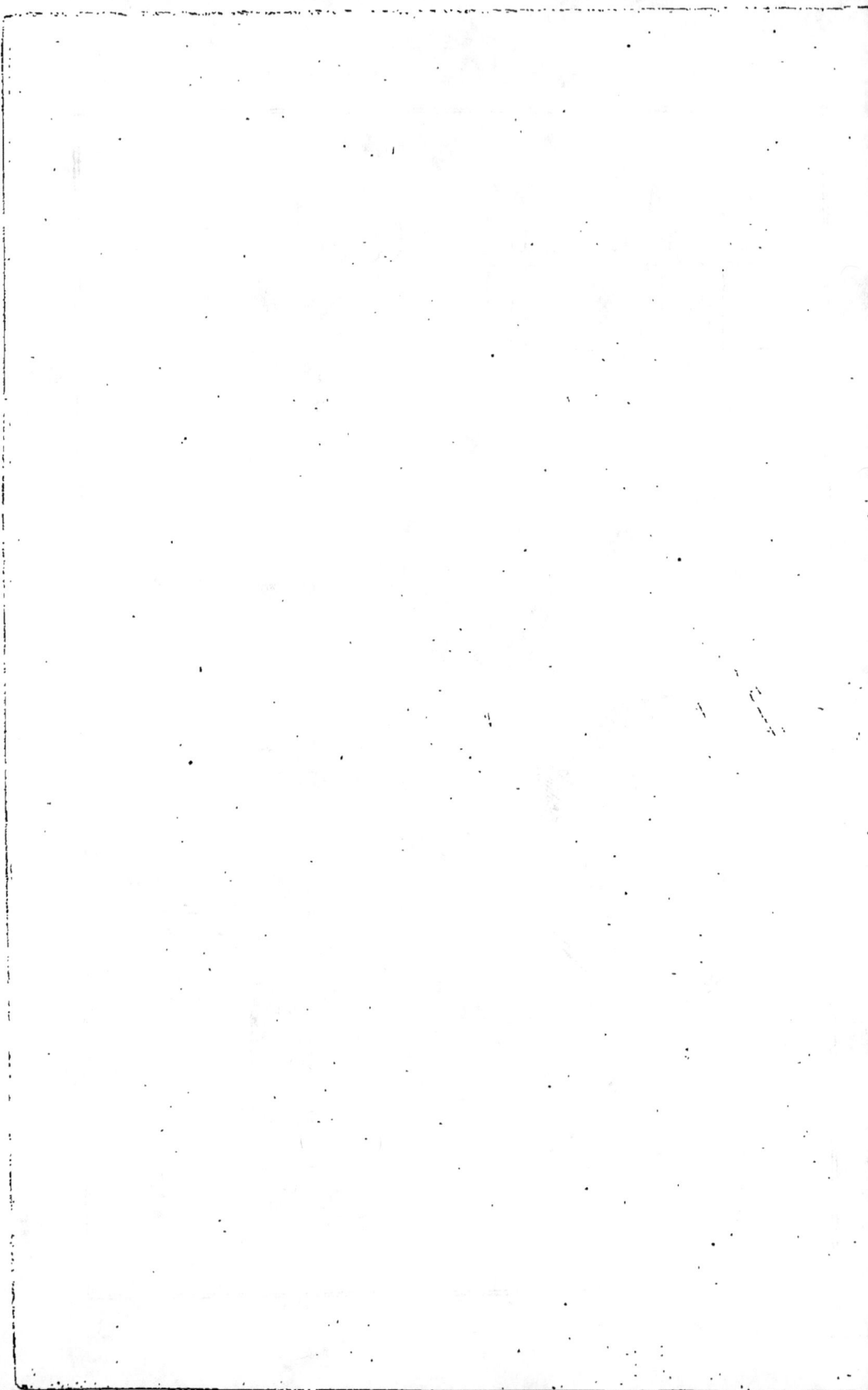

Croix de Saint-André.

Les croix de Saint-André (fig. 29) consistent en trois pieux de 2 à 2m50 de long, assemblés par leur milieu. On les juxtapose les pointes enchevêtrées les unes dans les autres, et on les réunit par des chaînes.

On s'en sert pour défendre la gorge des ouvrages, on les place aussi dans les fossés. Elles remplacent avantageusement les chevaux de frise, elles sont plus faciles à construire et à transporter.

Abatis.

Ce sont des arbres couchés sur le sol, conservant leurs branchages, qui sont enchevêtrés les uns dans les autres ; les branches sont coupées en sifflet pour blesser les chevaux si la cavalerie tentait à passer outre. On les place ordinairement en avant de la contrescarpe ou au pied du glacis.

On se sert souvent d'abatis pour constituer un retranchement, entourer un village, une ferme ; pour défendre une forêt ; pour intercepter les communications d'une route ; dans ce dernier cas, il faut des abatis sur une étendue d'au moins mille mètres. Ils sont surtout efficaces quand la route est bordée d'obstacles tels, que l'ennemi ne peut s'en écarter, comme un marais.

Vignes.

Les vignes sont des branches d'arbres plantées sur un talus d'escarpe ou sur un talus extérieur, et assez rapprochées pour former un obstacle continu.

Les abatis et les vignes sont de bonnes défenses, faciles à établir et sur lesquelles l'artillerie a peu de prise.

Chausse-trappes.

Les chausse-trappes sont formées de quatre pointes de fer (fig. 30), disposées de telle façon que, jetées sur le sol, elles reposent sur trois pointes et présentent la quatrième en l'air. On les forme au moyen de quatre clous soudés ensemble par leur tête.

Ces défenses sont très bonnes contre la cavalerie, là où on peut les dissimuler, comme dans les herbes et dans les inondations.

Herses.

Les herses de laboureurs sont aussi employées comme défenses; on les remplace au besoin par des pièces de bois assemblées et dans lesquelles on enfonce des piquets.

Petits piquets.

Les petits piquets sont formés au moyen de rondins de 0^m80 à 1 mètre de longueur et 0^m06 de diamètre, taillés sur deux pointes et enfoncés dans le sol de 0^m30 à 0^m40 (fig. 31). On les enfonce à l'aide de deux maillets; dans l'un des deux est pratiquée une excavation tronconique dans laquelle on engage le piquet sans détériorer la pointe.

L'emplacement des petits piquets est sur le terrain en avant, sur le glacis ou dans le fond du fossé. Ils doivent être assez rapprochés pour qu'on ne puisse placer le pied dans leurs intervalles; ils ne doivent pas tous dépasser le sol d'une même quantité.

Lorsqu'en avant de la position, on trouve des taillis, des bouquets de bois qui doivent être rasés, on les coupe de 0ᵐ60 à 0ᵐ80 au dessus du sol, à des hauteurs différentes et on appointe les extrémités.

Haies en fil de fer.

On enfonce dans le sol à 0ᵐ66 et sur trois rangées disposées en quinconce, de forts pieux de 1 mètre de longueur et distants l'un de l'autre de 2 mètres environ. On réunit diagonalement les têtes de tous ces pieux par du fil de fer de fort échantillon, enroulé autour des pieux et maintenu par des crampons; on forme ainsi une véritable toile d'araignée invisible à une distance de quelques centaines de mètres, tout à fait infranchissable à la cavalerie, n'ayant rien à redouter de l'artillerie, et dans laquelle un fantassin isolé a de la peine à s'aventurer. Leur emplacement est le même que celui des petits piquets.

Trous de loup (fig. 32).

Les trous de loup sont des séries de puits tronconiques de 1ᵐ30 de profondeur, 2 mètres de diamètre à la base supérieure, 0ᵐ70 à la base inférieure et espacés de 3 mètres d'axe en axe. A l'aide des terres provenant du puits, on forme un remblai qui l'entoure complétement et augmente la profondeur, de sorte qu'un homme qui y tomberait ne pourrait plus faire le coup de feu. Pour rendre les chutes plus dan-

gereuses, on établit au fond de l'excavation un petit
piquet de 0ᵐ70 à 0ᵐ80 de hauteur.

Les trous-de-loup se placent en avant de la contrescarpe dans les secteurs sans feu ; ils offrent peu
de prise à l'artillerie ; on les emploie encore dans les
fossés sans eau ou dans les inondations, mais, dans
ce cas, il faut éparpiller les terres qui accuseraient
la présence de ces accessoires.

Mines-fougasses.

On appelle mine, tout dispositif souterrain qui
vient aider à l'attaque ou à la défense des retranchements.

En passagère, l'emploi des mines est peu fréquent
et se borne aux fougasses ; ce sont des excavations
tronconiques dont l'axe est dirigé suivant la ligne de
tir. Au fond se trouve une boîte contenant de la
poudre ; cette boîte est recouverte d'un plateau en
bois sur lequel on dispose les pierres que l'on veut
lancer contre l'ennemi. Une mèche porte-feu permet
de mettre, à un moment donné, le feu à la charge.

Les fougasses s'établissent en avant de la contrescarpe, aux points faibles et où l'on s'attend à être
attaqué.

Eaux, inondations.

Lorsqu'un cours d'eau coule à proximité d'un
ouvrage, il est bon d'en tirer parti, soit en menant
les eaux dans le fossé, soit en inondant le terrain.
Les fossés pleins d'eau mettent les ouvrages à l'abri
d'une surprise ; mais quand on emploie ce système

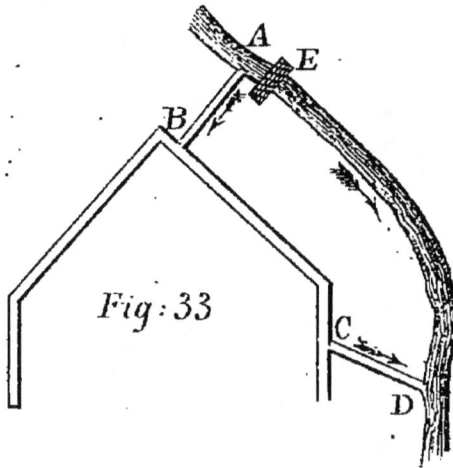

Fig: 33

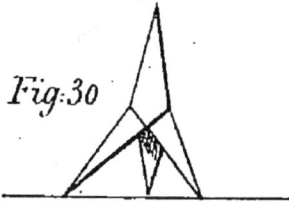

Fig. 30

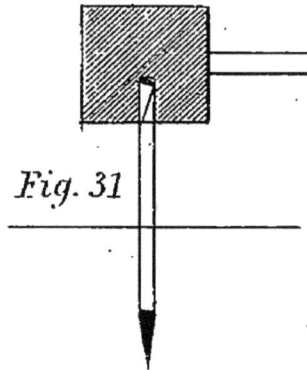

Fig. 31

2,00

Fig: 32.

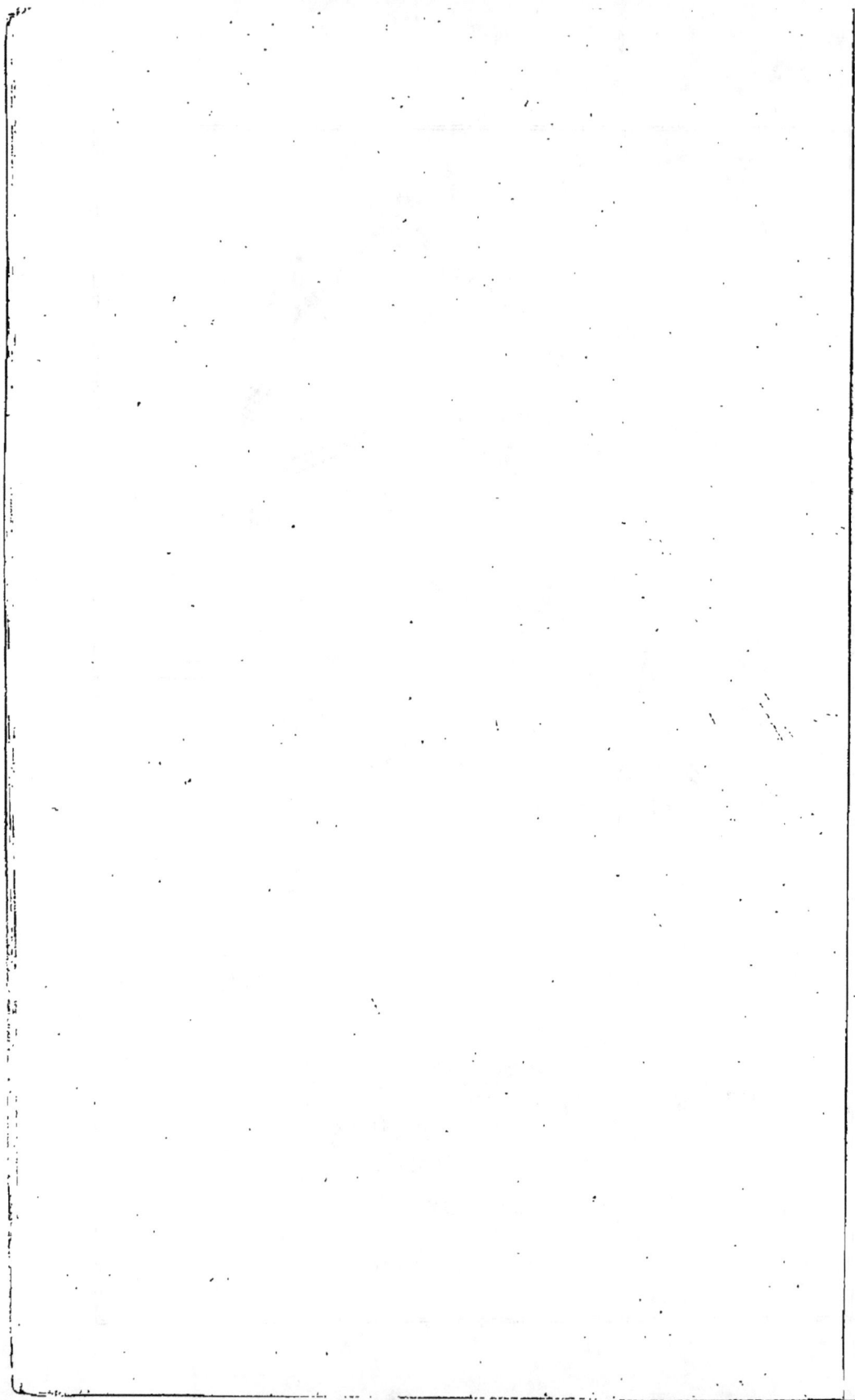

de défense, il faut tenir compte de la saison et de la température ; en hiver il serait dangereux.

Avant de faire venir l'eau dans le fossé, il faut aussi s'assurer de la nature des terres dont est construit l'ouvrage ; dans un terrain sablonneux l'eau s'infiltrerait, et dans un terrain où l'on aurait à craindre des affouillements, de l'eau dans le fossé pourrait entraîner la chute du parapet.

Pour faire arriver l'eau dans le fossé, il suffit de le relier au cours d'eau par un petit canal A B (fig. 33). En aval, on construit une digue E. Il est important de préserver l'ouvrage même d'une inondation ; à cet effet, on relie le fossé au cours d'eau par un second canal C D.

Pour inonder le terrain, on barre la rivière par une ou plusieurs digues.

Il est évident que digues et canaux doivent être établis sous le feu de l'ouvrage pour que l'ennemi ne puisse impunément les détruire.

Les inondations sont de bonnes défenses, quand même la profondeur ne serait que de 0ᵐ40 à 0ᵐ50 ; dans ce cas, on les appelle blancs-d'eau et, pour les rendre plus difficiles à franchir, on supplée à la profondeur par des trous de loup. On y établit aussi des petits piquets ou des chausse-trappes.

LEVÉ DES PLANS

EN CAMPAGNE

—◆◆—

Des échelles.

Le rapport entre le dessin et le terrain s'appelle l'échelle du plan. Si le dessin est 200 fois plus petit, l'échelle est au deux-millième ; s'il est 20,000 fois plus petit, l'échelle est au vingt-millième.

On donne aussi le nom d'échelles aux figures géométriques que l'on voit tracées en dessous de toutes les cartes et qui servent à faire connaître les dimensions réelles du plan au moyen des dimensions réduites du dessin.

Il y a deux espèces d'échelles :

1º LES ÉCHELLES DE TRANSVERSALES. — Soit à construire une échelle au deux-millième (1/2000). A cette échelle, 2,000 mètres du terrain sont représentés par un mètre sur le papier, 20 mètres du terrain par 0ᵐ01 sur le papier ; 10 mètres par 0ᵐ005 ; 100 mètres par 0ᵐ05, etc.

Sur une ligne droite AE (fig. 1), on porte des distances égales AB = BC = CD = DE = 0m05 autant de fois que l'on veut que l'échelle contienne de centaines de mètres. Aux points A, B, C, D et E, on enlève des perpendiculaires AA' BB' CC' DD' et EE', sur lesquelles on prend des distances égales et quelconques; on unit ces points de division et l'on trace ainsi dix lignes parallèles à la droite primitive AE.

On divise AB et A'B' en dix parties égales qui seront chacune, pour notre dessin, de 0m005 et on les unit comme l'indique la figure. Aux points A, B, C, D, E, on inscrit respectivement les nombres 100, 0, 100, 200 et 300. Entre A et B les pieds des obliques sont numérotés de la droite vers la gauche : 10, 20, 30, 40...... 80 et 90. Les points de division de la perpendiculaire BB' sont numérotés de bas en haut : 1, 2, 3, 4, 5, 6, 7, 8, 9 et 10.

Les deux exemples suivants feront comprendre l'usage de cette échelle.

1° Prendre une longueur représentant 247 mètres : placer les pointes du compas l'une en M, l'autre en N;

2° Prendre une distance de 365m50 : placer les pointes du compas en P et Q. P et Q étant les points milieux de la zone 5-6, le premier sur la transversale 60 et le second sur la perpendiculaire 300.

L'échelle de transversales est la véritable échelle de construction, celle dont on se sert sur le terrain.

2° ECHELLE RECTILIGNE. — La figure 2 l'indique suffisamment; elle est dessinée sur les cartes mises au net.

Levé au pas et à vue.

Le levé à vue est le plus simple et a une grande importance militaire, car il permet, par la rapidité de son exécution, de fournir au général les renseignements supplémentaires dont il a besoin pour déterminer l'exécution de ses projets devant l'ennemi. Ce levé exige une série d'opérations dont la première est la construction du canevas. Cette première opération est singulièrement facilitée si l'on possède une carte, même imparfaite, ou un instrument quelconque qui puisse donner la valeur des angles; mais nous préférons supposer l'officier dépourvu de tout instrument autre que ceux qu'on peut se procurer partout : des bâtons ou jalons et des cordes.

Pour rapporter sur le papier la représentation du terrain, on se servira d'une feuille de papier qu'on divisera en petits carrés d'un centimètre de côté; comme l'échelle ordinaire de ces levés est celle du vingt-millième (c'est à dire que 20,000 mètres du terrain valent un mètre sur le papier), chacun de ces centimètres représentera une longueur de 200 mètres.

Pour la construction du canevas, on commence par mesurer une base. Cette base doit être, autant que possible, une partie de chaussée ou de tout autre chemin important et en ligne droite; la mesure en est prise au pas avec toute l'exactitude possible, car de cette base dépend celle de tout le levé. Les chaussées étant généralement pourvues de bornes kilométriques, il y a avantage de s'en servir.

Il est bon d'être muni d'une corde de 20 mètres de longueur.

La base A B (fig. 3) étant mesurée et tracée sur le papier, on détermine la position d'un point quelconque C de la façon suivante : au moyen de jalons, on trace la direction des alignements A B et B C sur le terrain et l'on mesure l'angle C B A au moyen d'un triangle de corde *aBc*.

Pour construire ce triangle de corde, on prend trois bâtons réunis entre eux par deux cordes de 10 mètres de longueur et d'un cordeau de 20 mètres. Les bâtons et les cordes servent à donner la longueur des côtés qui comprennent l'angle, le cordeau donne le troisième côté. Au moyen de cette disposition, il est facile de construire à l'échelle du dessin le petit triangle *aBc* sur le papier et l'on aura la direction B C. En effet, connaissant la longueur des trois côtés du triangle *aBc*, pour le construire on prend, sur l'échelle adoptée pour le plan, *a*B et B*c* égales 10 mètres et du point B comme centre avec une ouverture de compas représentant ces 10 mètres, on décrit de petits arcs de cercle ; puis du point *a* comme centre avec une ouverture de compas de 20 mètres, on trace un deuxième arc de cercle qui coupe le premier en un point *c;* en joignant les points B et *c*, on obtient la direction B C.

Pour obtenir le point C, il suffit de mesurer B C comme on l'a fait pour A B.

Par la même méthode, on déterminera les directions C D, D E, E F et F A ; on obtient ainsi le canevas polygonal qui renferme en grande partie l'étendue du terrain à lever, et l'on choisit, autant que possible, pour les différentes directions que nous venons d'indiquer, des séries de chemins circonscrivant ce terrain.

Pendant l'opération, on a soin de marquer la direction des chemins, des cours d'eau et des lignes de faîte, ainsi que la position des points dominants et remarquables, situés tant à l'intérieur qu'à l'extérieur du canevas.

La deuxième opération consiste à achever le lever de ces cours d'eau, lignes de faîte et chemins secondaires, ce qui se fait par des cheminements analogues à ceux employés pour le polygone ABCDEF.

La troisième opération comporte le levé des détails, mais on ne s'occupe que de ceux qui peuvent gêner ou faciliter les communications, présenter des ressources pour l'attaque ou la défense, tels que les maisons isolées, les moulins, les villages, les clôtures, les haies, les bois, les ravins, les escarpements, etc. Le levé des détails commence généralement par la partie la plus élevée pour bien choisir les directions; ils sont ordinairement tracés à vue sur le papier.

Si on rencontre un village, on en relève d'abord le pourtour aussi exactement que possible, ensuite l'intérieur à vue en suivant la grand'route; de cette manière on risque moins de se tromper et d'étendre le village outre mesure, ce qui arrive ordinairement quand on procède par petites parties qu'on ajoute successivement.

Pour avoir un levé complet, il faudrait faire une dernière opération, le NIVELLEMENT. Mais pour cette partie il est indispensable d'avoir un niveau quelconque, et elle ne présente pas une importance très grande, car les trois opérations précédentes indiquent les vallées, les lignes de faîte et les escarpe-

Fig. 2.

10   5   0   10   20   30   40   50   60

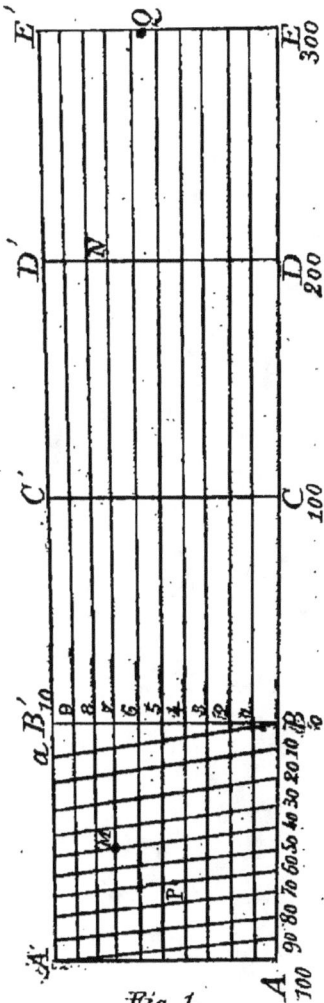

Fig. 1.

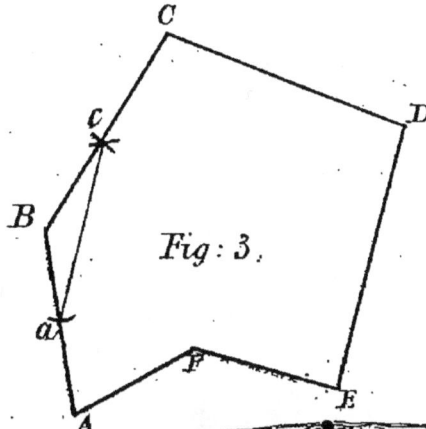

Fig: 3.

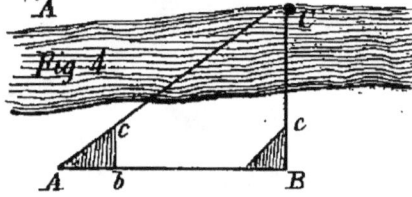

Fig 4

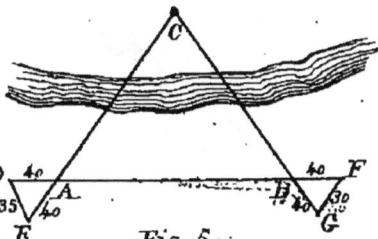

Fig. 5.

ments; s'il se présentait des pentes dont l'action fut sensible aux opérations militaires, on pourrait les indiquer dans le rapport qui accompagne toujours les reconnaissances.

Mesurer la largeur d'une rivière ou une distance inaccessible par une de ses extrémités.

Il suffit de posséder une équerre isocèle ou triangle à deux côtés égaux (facile à obtenir en pliant convenablement une feuille de papier) et des bâtons.

On se place à vue au point B (fig. 4), de manière que B C soit, autant que possible, perpendiculaire aux rives. On vise un point C le long d'un des côtés de l'équerre et on détermine, suivant l'autre côté, l'alignement A B; on suit cet alignement au moyen de jalons, en tenant le côté A B de l'équerre dans la direction de l'alignement et on s'arrête quand le côté Ac prolongé passe par le point C; on a alors A B (qu'on mesure) égal à B C (largeur de la rivière).

Connaissant la position de deux points A et B, déterminer celle d'un troisième point C, dont on ne peut approcher (fig. 5).

Sur le terrain, au moyen de jalons, on détermine les directions A C et B C; on prolonge la ligne A B de chaque côté d'une quantité quelconque de 40 mètres, par exemple; on fait la même chose pour les lignes C A et C B. On mesure les distances entre les extrémités de ces prolongements et l'on trouve D E égal 35 mètres et FG égal 30 mètres.

On a donc deux triangles A D E et B F G, connus par leurs trois côtés et qu'il est facile de construire sur le papier, ainsi que nous l'avons fait précédemment.

On prendra donc sur le papier une distance égale à la ligne A B et aux extrémités de cette ligne prolongée, on construira les deux petits triangles à l'échelle du plan, puis en prolongeant les lignes EA et G B, on aura par leur rencontre, la position cherchée du point C.

Si l'on veut connaître les SINUOSITÉS D'UNE RIVIÈRE, (fig. 6), on imagine une droite A B partant de deux points connus; on abaisse sur cette droite des perpendiculaires aboutissant aux points que l'on veut connaître a, b, c, d, e; on mesure A C, puis Ca, et on a le premier point a; on opère de même pour les autres.

LA LISIÈRE DES BOIS (fig. 7) se déterminera de la même manière, c'est à dire que l'on joindra les points saillants de leur contour par des droites A B, B C, C D, etc.; sur ces droites on abaissera les perpendiculaires ab, cd, ef, que l'on mesurera ainsi que les distances Ba, Bc, etc.

Description du relief du terrain par les sections horizontales.

Le moyen employé aujourd'hui pour décrire le relief consiste à dessiner les intersections avec le sol d'une série de plans horizontaux d'une égale épaisseur.

Ces intersections (fig. 8), appelées courbes de niveau ou sections horizontales, sont entièrement déterminées par cette seule condition d'être en tous leurs points à une distance connue de la surface de comparaison. La recherche de chacune d'elles se réduit donc : 1° à trouver sur le terrain une série de points A, B, C de même cote, 63 par exemple, et 2° à unir les projections de ces points par un trait continu.

La courbe que l'on obtient ainsi, est la courbe 63; on la cote de distance en distance pour indiquer la hauteur du plan horizontal qui lui a donné naissance.

Lorsque les points A, B, C, D sont assez rapprochés et l'équidistance $p\,q$, entre les plans horizontaux, assez petite, les courbes décrivent le relief d'une manière complète et facilitent singulièrement la lecture de la carte. En effet, l'intervalle sur le plan entre ces courbes est plus ou moins grand suivant que la pente est plus ou moins douce, et, en comparant cet intervalle à l'équidistance, on juge facilement de l'intensité de la pente en un point quelconque du terrain.

Lecture des cartes.

Sachant bien distinguer les différentes courbes de niveau, on se représentera parfaitement les formes du terrain, et, en se familiarisant avec les signes conventionnels, il deviendra facile de lire une carte.

Orientation.

Il est nécessaire de savoir s'orienter, afin de pouvoir se diriger avec certitude, à toute heure et en tout lieu, et donner des renseignements exacts sur le terrain parcouru.

20

Le jour, les quatre points cardinaux se définissent suivant la position du soleil. Ainsi, à 6 heures du matin le soleil est à l'est, à midi au sud, et à 6 heures du soir à l'ouest.

On remarque aux arbres que l'écorce est plus rugueuse, plus épaisse et souvent recouverte d'une plus grande quantité de mousse vers le côté nord, et, aux troncs d'arbres sciés, les anneaux marquant l'âge sont beaucoup plus resserrés du côté sud-ouest, le plus exposé à la pluie.

A midi vrai, l'ombre projetée par un jalon donne la direction du nord.

Il suffira donc, avant ou après midi, de placer sur l'ombre de ce jalon ou mieux encore, sur l'ombre projetée par un fil à plomb, une montre sur le terrain, de manière que la petite aiguille coïncide avec la ligne de l'ombre. Dans cette position, la ligne droite qui part de 6 heures, passe par 12 heures et est prolongée sur le sol, donnera la direction approximative du nord.

La nuit, on s'oriente suivant la position des astres. Si l'on se trouve vers le nord, on découvre immédiatement la *Grande-Ourse* ou le *Chariot* (fig. 9), dont les quatre étoiles principales forment un carré long. En prolongeant la ligne AB de la *Grande-Ourse*, on arrive à l'étoile *polaire* plus petite, mais plus brillante, qui indique le nord. Ainsi la nuit, en tournant le dos à l'étoile polaire, on aura derrière soi le nord, devant soi le sud ou le midi, à sa gauche l'est ou l'orient et à sa droite l'ouest ou l'occident.

On peut également s'orienter au moyen d'une petite boussole. C'est une aiguille aimantée à une de ses pointes (pointe bleue), qui tourne librement sur

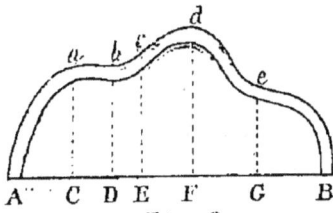

Fig. 6

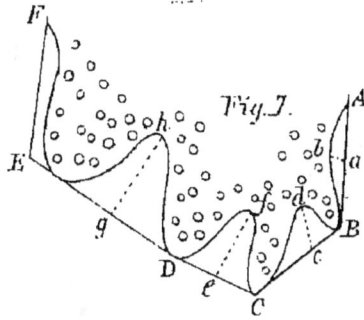

Fig. 7

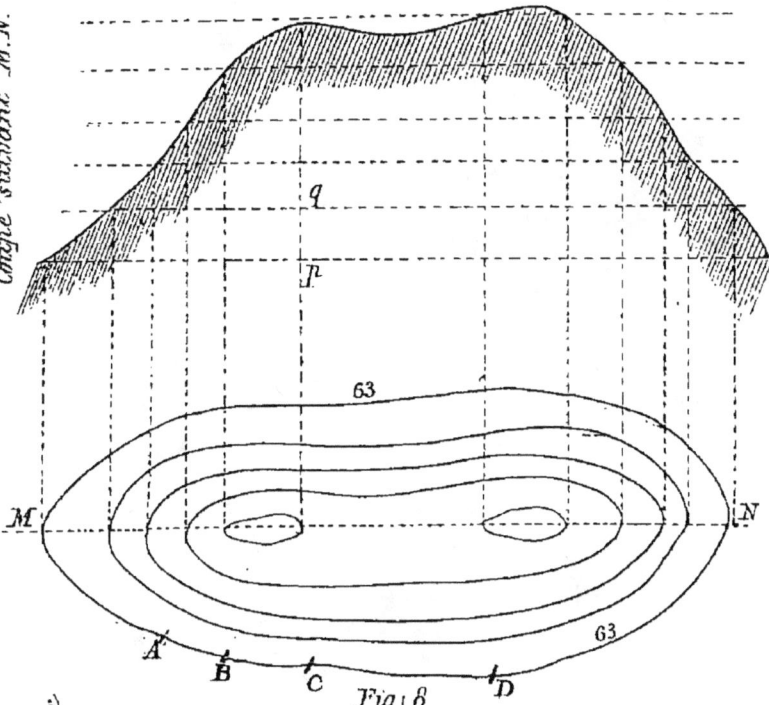

Coupe suivant M.N.

q

P

63

63

M

N

A

B

C

D

Fig. 8

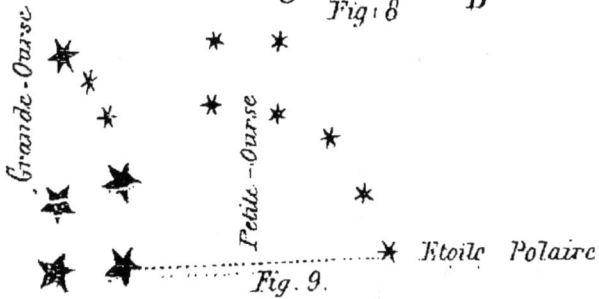

Grande-Ourse

Petite-Ourse

✱ Étoile Polaire

Fig. 9

un pivot situé au centre d'un cercle divisé en
degrés. Cette pointe bleue se dirige toujours vers
le nord avec une légère déviation appelée décli-
naison.

DESCRIPTION DES TERRAINS

AU POINT DE VUE MILITAIRE

PROGRAMME D'UN MÉMOIRE MILITAIRE.

1° Description physique.

Ce chapitre comprendra la configuration générale du terrain.

On fera connaître son aspect général : montueux ou en plaine ; couvert ou découvert; d'un accès facile ou coupé de haies, de fossés, de murs de clôture, d'escarpements, de rochers; couvert de bruyères; sec ou marécageux.

La description comprendra aussi la direction des montagnes, de leurs rameaux ou contreforts; leur hauteur; la forme et l'étendue des plateaux couronnant les hauteurs; les lignes de partage des eaux.

VALLÉES, VALLONS, RAVINS, GORGES : Leur longueur et leur largeur, hauteur des berges et inclinaison de leurs pentes; grands accidents de terrain qui détruisent leur régularité ou qui gênent la circulation; mamelons ou escarpements qui resserrent ou barrent les vallées, forêts, lacs, marais, etc.

COURS D'EAU DU TERRAIN RECONNU : Lieux où ils prennent leur source, leur direction générale; si le cours est en ligne droite ou sinueux; largeur et profondeur à l'état ordinaire et à la suite des crues; s'il est guéable ou navigable; variation de son lit; lieux où il se divise, importance des bras; encaissement du cours d'eau; pente par kilomètre. Signaler les changements de niveau, les chutes, les cascades, les barrages; vitesse par kilomètre; crues périodiques ou accidentelles, causes qui les produisent; leur hauteur au dessus de l'étiage.

INONDATIONS : Jusqu'où elles s'étendent; leur profondeur; digues, écluses; particularités remarquables sur les inondations et leurs effets.

NATURE DU FOND : Roche, gravier, sables, vases.

NATURE DES RIVES : en roche, sable, gravier, terrain fangeux; plates, en pente douce, escarpées, verticales, creuses; leur hauteur au dessus des eaux normales; couvertes de pierres, de bois, de prairies, de roseaux, les bords seulement plantés; commandement constant ou alternatif d'une rive sur l'autre.

LACS : Leur longueur, largeur et profondeur; nature des rives; s'ils sont poissonneux.

ÉTANGS : Permanents ou non; facilité de les vider; produits qu'on en tire par la pêche; leur influence sur la santé des habitants.

MARAIS : Leur étendue; s'ils sont traversés par des chemins découverts ou cachés; facilité de les dessécher.

Tourbières : Leur étendue.

Flaques d'eau, mares : Usage qu'en font les habitants ; si elles influent sur la salubrité.

Fontaines et sources : Si elles sont nombreuses, abondantes.

Citernes, puits : Ordinaires, naturels.

Puits artésiens : Leur profondeur ; abondance et qualité de leurs eaux.

Gouffres : Nature du sol : à la surface du terrain ; à différentes profondeurs ; production du sol ; forêts, bois, taillis, essences d'arbres, etc.

Minerais de toute espèce : Exploité ou non ; carrières ; sablières, etc.

2° Statistique.

Les notes statistiques auront pour objet d'indiquer la population et le nombre de feux de chaque commune, hameau ; les occupations de leurs habitants aux diverses époques de l'année, leur constitution physique, leurs mœurs, leur nourriture, leurs habitudes, leur instruction élémentaire, la langue qu'ils parlent, leur religion, le nombre d'écoles de toute espèce ; édifices publics, châteaux, hospices, prisons, halles, bâtiments remarquables, etc. L'étendue et les limites du territoire de chaque commune, sa division en terres labourables, prés, vignes, etc. ; les produits de l'agriculture, l'espèce et le nombre des voitures et des bêtes de somme, le nombre des bestiaux de toute espèce, la qualité de leurs races ; les usines, fabriques et manufactures, le nombre de leurs ouvriers, les procédés qu'on y emploie, la nature, la qualité et la valeur de leurs produits ; les différents commerces; les foires et les marchés qui s'y tiennent, leur importance.

Ci-dessous un tableau statistique à joindre aux rapports.

DÉSIGNATION DES OBJETS.	Bourg de...	Village de...
Population totale.		
Garde civique.		
Feux.		
Ressources pour le logement. { nombre d'hommes qu'on peut loger { au plus.		
nombre de chevaux qu'on peut loger { au plus.		
Moyens de transport { Voitures { à 2 roues.		
à 4 roues.		
Bateaux.		
Nacelles.		
Ressources pour la boulangerie. { Moulins pouvant moudre en 24 h. { à vapeur.		
à eau.		
à vent.		
à bras.		
Fours pouvant cuire en 24 h. { banaux.		
particuliers		
Étendue totale du territoire.		
Richesses communales. { Culture des terres. { Terres labourables.		
Vignes.		
Bois.		
Prairies.		
Friches.		
Récoltes annuelles. { Blé.		
Seigle.		
Orge.		
Avoine.		
Autres grains.		
Vin.		

(Indiquer le nombre)

DÉSIGNATION DES OBJETS.	Bourg de...	Village de...
Richesses communales (suite). Animaux domestiques. Chevaux		
Mulets		
Bœufs.		
Vaches		
Anes		
Moutons		
Chèvres		
Cochons		
Classement de la population mâle. Ouvriers d'administration. Boulangers		
Bouchers		
Tailleurs		
Cordonniers, selliers ou bourreliers		
Ouvriers en fer. Armuriers		
Taillandiers		
Serruriers		
Forgerons		
Maréchaux ferrants		
Ouvriers en bois. Charpentiers		
Charrons		
Menuisiers		
Tonneliers		
Professions non classées. Bateliers		
Laboureurs		
Vignerons.		
Autres professions		

3° Communications.

On recueillera des renseignements sur les grand'-routes, chemins communaux, pavés, ferrés ou en terrain naturel; sur les facilités ou les obstacles qu'on y trouve pour les charrois dans les diverses saisons de l'année.

On indiquera, pour chaque voie de communication, la direction générale, la largeur pavée et celle des accotements, les pentes d'enrayage et autres accidents; la longueur et la largeur des défilés. On dira si les routes sont bordées d'arbres, de haies, de fossés. On fera connaître les villes, villages, hameaux, etc., qu'elles traversent, la distance entre les lieux principaux, le temps nécessaire pour parcourir ces distances; la différence dans les pays coupés et montagneux entre le temps de l'aller et celui du retour; les moyens qu'offrent les localités pour entretenir, améliorer, créer ou détruire, au besoin, les routes et les communications.

Il est essentiel de renseigner si les routes et les chemins sont bien entretenus et praticables en toute saison pour l'infanterie, la cavalerie, l'artillerie et les voitures; si ceux qui conduisent dans la même direction sont en communication directe. Il est également fait mention des sentiers.

On doit indiquer si les chemins de fer sont à une ou à deux voies; les obstacles qu'ils traversent; les lignes télégraphiques.

Les observations sur les canaux, sur les rivières et les ruisseaux, considérés par rapport à la navigation et à la guerre, auront pour objets principaux la nature, l'élévation et la pente des rives, le commandement constant ou alternatif de l'une sur l'autre, les points les plus propres à l'établissement d'un pont et autres moyens de passage, la situation des ponts et ponceaux existants, leurs dimensions et la nature de leur construction, leur état d'entretien; les bacs, la durée de leur traversée, le nombre d'hommes, chevaux et voitures qu'ils peuvent transporter ; les gués, leur direction, la qualité de leur fond, leur largeur, longueur et profondeur ordinaires ; les moyens de les rompre ; les crues d'eau, le temps où elles arrivent et si elles occasionnent des inondations. Dans les points de passage, leur largeur, leur profondeur, leurs bords ; les chemins, sentiers qui aboutissent à ces points ; la distance entre les écluses ; le tirant d'eau des bateaux employés à la navigation.

4° Considérations militaires.

Elles comprendront la description des positions, tant pour l'offensive que pour la défensive, les moyens d'en augmenter la valeur par des ouvrages de campagne, des abatis et des inondations ; les parties de terre reconnues propres aux embuscades, aux surprises et à l'établissement des postes retranchés. On indiquera le nombre, l'espèce et la disposition des troupes qu'elles peuvent recevoir, le nombre d'hommes, de chevaux, etc., que les communes et les hameaux peuvent loger et nourrir, les lieux propres à mettre en sûreté un parc, un convoi ou une escorte. Le parti qu'on peut tirer des villes, villages, hameaux, châteaux, fermes, églises, cimetières, etc., pour y établir des postes de sûreté et de protection, pour former des dépôts et établissements militaires ; la longueur et la largeur des défilés. Pour chaque position, on indiquera les lieux d'où il faudra tirer les vivres, fourrages, l'eau et le bois. Il sera fait mention des chemins à suivre en cas de retraite ainsi que des positions qui pourraient être occupées avantageusement, soit en prenant l'offensive, soit en se retirant.

5° Dispositions militaires.

On expliquera le plus clairement et le plus succinctement possible, pour l'offensive comme pour la défensive, tout ce que l'on ferait pour résister à l'ennemi ou pour le vaincre selon ses opérations, que l'on devra toujours supposer d'après ce que l'on ferait soi-même, si l'on était à sa place.

6° Données historiques.

Enfin, on fera connaître, autant que possible, l'époque à laquelle l'histoire commence à faire mention des guerres anciennes ou récentes dont la contrée a été le théâtre, les champs de bataille et les positions militaires que les armées y occupaient et, entre parenthèse, on citera les ouvrages imprimés où manuscrits d'où ces renseignements sont tirés.

PETITES RECONNAISSANCES.

La reconnaissance n'a quelquefois pour objet que d'indiquer les particularités de la route qu'une colonne doit suivre. Elle prend alors le nom d'*iti-néraire*.

L'officier qui en est chargé marche à l'avant-garde ; il note soigneusement la qualité de la route, les montées, les descentes, les défilés, les points remarquables à droite et à gauche ; les noms des localités qu'elle traverse et les moyens de défense, etc., qu'elles offrent.

Il réunit toutes ces observations dans un tableau qu'il trace lui-même d'après un modèle qui lui est donné et, chaque soir, il l'envoie au commandant de la colonne.

Le colonel fédéral suisse Dufour a proposé de donner à ce tableau la forme suivante :

On prend une bande de papier d'environ 15 centimètres de largeur et aussi longue qu'il est nécessaire ; cette bande, divisée en trois colonnes, est roulée sur un petit bâton ; à mesure qu'on avance, on le déroule et on inscrit les notes et les signes qu'on juge nécessaires.

En tête du rouleau, c'est à dire au bas du croquis, se trouve l'indication de la route, le titre de l'itinéraire ; à gauche, la colonne des observations générales ; à droite, celle des observations particulières ; au centre, celle des signes conventionnels. Une ligne droite, tracée au milieu de cette dernière, représente la route, sans tenir compte de ses inflexions qui sont simplement indiquées par des points où elles se font, par les lettres initiales des noms des points cardinaux.

Les nombres placés à droite de la route indiquent le temps employé à parcourir, d'un signe à l'autre, les portions de *plaine*, et ceux placés à gauche, le temps employé à parcourir les *montées* ou les *descentes*, suivant qu'ils sont marqués du signe + ou —. On ne marque comme montées ou descentes que celles d'une grande étendue et celles où il faudrait enrayer; toutes les autres sont comptées comme plaines.

Nous en donnons ci-après un modèle.

ITINÉRAIRE de la route { de la ville / du village } de A... { à la ville / au village } de B...

OBSERVATIONS GÉNÉRALES.	SIGNES CONVENTIONNELS.	OBSERVATIONS PARTICULIÈRES.
Direction générale : S. N.	●B.	B. Village entouré d'un fossé. Facile à mettre en état de défense. Peut loger 1 bataillon et 150 chevaux.
La route est praticable aux trois armes; sa largeur est de...m., dont...d'accotements.	N.-E. 30 minutes.	Changement de direction à droite; N.-E.
Elle est bordée d'arbres de diamètre moyen de 0m35.	[Bois] [Château]	Bois taillis longeant la route sur une étendue de . . . . . m.
À l'est de la route et dans une direction qui lui est à peu près parallèle, il existe un chemin large de 6 mètres, tracé en terrain naturel et praticable pour les voitures dans toutes les saisons. Ce chemin se réunit à la route de A à B par le chemin qui aboutit au poteau indicateur.	20 minutes.	Chemin pavé conduisant au château de . . . . .; celui-ci est entouré d'un large fossé plein d'eau et assez profond. Un pont en pierre établit la communication avec l'extérieur.
	10 minutes.	Sentier vers . . . . . avec peu de travail on en ferait un bon chemin.
	15 minutes. Poteau indicat.	Ruisseau marécageux. Chemin en terre conduisant au hameau de X.; il est praticable en tout temps. Largeur 5 mètres.
	25 minutes. A 1,500 pas.	Chemin conduisant à une grande ferme située à 1,500 pas de la route. Établie et grange pour 20 chevaux.
	4,800 pas. o Hameau de X.	
La distance entre A et B est de 2 heures 5 minutes : Plaine . . . 1h55' Montée . . . 0 40 Descente . . . 0 10 — 2h05'	-A 500 pas. +10 minutes.	Chemin d'exploitation conduisant à un moulin à vent en bois, pouvant moudre . . . . . kilog. en 24 heures.
	Bois à 1,000 pas. +20 minutes.	Chemin traversant un bois de haute futaie, situé à 4,000 pas de la route. Ce chemin est presque toujours fangeux. On pourrait y remédier en le couvrant de rouleaux coupés dans le bois.
	-10 minutes. N.-O.	Ruisseau coulant de l'est à l'ouest, large de . . . . ., peu profond et peu rapide, bords escarpés, lit rocailleux, pont en bois peu solide et large de . . . . . Changement de direction à gauche; N.-O.
Le pays est en général découvert et bien cultivé depuis A jusqu'au poteau indicateur; à partir de ce point, il est couvert de parties boisées, etc.	+10 minutes. Maison isolée.	Maison isolée avec jardin entouré d'une haie. Chemin pavé conduisant au village D. . . . . Bordé de haies; a une largeur de 5 mètres. Il est praticable aux trois armes en toute saison.
	15 minutes. A 1,500 pas. 25 minutes. Croix + ▲A.	A. Village, peut loger 3 compagnies et 140 chevaux.
OBSERVATIONS GÉNÉRALES.	SIGNES CONVENTIONNELS.	OBSERVATIONS PARTICULIÈRES.

ERRATA

TABLE DES MATIÈRES

———◇◇◇———

TACTIQUE.

I. — DE L'INFANTERIE.

GUERRE DES RUES.

DES CHEMINS DE FER.

ARMEMENT.

THÉORIE DU TIR.

SERVICE INTÉRIEUR.

NOTIONS DE BARAQUEMENT.

www.ingramcontent.com/pod-product-compliance
Lightning Source LLC
Chambersburg PA
CBHW071636270326
41928CB00010B/1939